nd

auen
en
garn
ien

Russland

Kasachstan

Mongolei

China

Japan

el

Südkorea

ten

dan

Pakistan

Äthiopien

Myanmar

Laos

Thailand

Philippinen

Indien

Kenia

Indonesien

Madagaskar

Australien

Fiji

abwe
a

Die Traumwerkstatt von Kerala

Sabriye Tenberken

Die Traumwerkstatt von Kerala

Die Welt verändern – das kann man lernen

Kiepenheuer & Witsch

MIX
Papier aus verantwor-
tungsvollen Quellen
FSC® C083411

Verlag Kiepenheuer & Witsch, FSC® N001512

1. Auflage 2015

Umschlaggestaltung: Rudolf Linn, Köln
Umschlagmotiv, Autorenfoto und alle Fotos im Bildteil: © Paul Kronenberg
Karte: Oliver Wetterauer
Gesetzt aus der Minion
Satz: Buch-Werkstatt GmbH, Bad Aibling
Druck und Bindung: CPI books GmbH, Leck
ISBN 978-3-462-04717-2

In memoriam Lt. Gen. Sushil Pillai

Für Jane Pillai,
Ulrike und Joachim Hentze,
Sylvia und Martin Seiz
und Oliver Sacks

Inhalt

Prolog

Es war um die Mittagszeit, an einem strahlenden Septembertag. Gemeinsam mit Mitarbeitern und Studenten setzten wir uns im Speisesaal zu Tisch und genossen die Düfte, die ihren Weg aus der nahe gelegenen Küche fanden. Endlich wurden die Handwagen mit den unterschiedlichsten Speisen in die Halle gerollt und die Köstlichkeiten auf Teller geschöpft. Ich begann mit dem nach Zimt und Kokus duftenden Curry. Genüsslich ließ ich den ersten Bissen auf der Zunge zergehen, doch plötzlich: »Aaah, was ist *das* denn?« Ich sprang hoch und japste, schüttelte meine Hände, als stünden sie in Flammen. Im Nu war meine Stirn schweißnass. Eine heiße Wolke umhüllte mich. Alle Sinne waren in Alarmstimmung. »Was war das bloß?«, keuchte ich.

Prasanth, ein Kollege, brach in Gelächter aus: »Oh, keine Sorge, nichts Schlimmes, nur eine Kanthari!«

Für den, der noch nie von einer »Kanthari« gehört hat, nur so viel: Es handelt sich um eine besondere Chili-Art, die im südindischen Kerala überall wild wächst. Sie ist klein und harmlos in ihrer Erscheinung, aber scharf und feurig, wenn man sie kostet. Außerdem besitzt sie viele medizinische Eigenschaften, wirkt blutreinigend, schmerzlindernd und senkt den Blutdruck. Die Kanthari wächst wild im Abseits. Man pflanzt und pflegt sie nicht, sie sät sich selbst aus. Wenn sie es schafft, Wurzeln zu treiben, übersteht sie Dürren und Fluten.

Das war es doch, wonach wir so lange gesucht hatten! Ein perfektes Symbol für einen ganz besonderen Menschentyp, der wie eine Kanthari-Chili im Abseits zu finden ist und allen Widrigkeiten trotzt, der mit Biss und feurigem Engagement gesellschaftliche Konventionen verändern will. Jemand, der sich nicht scheut, gegen den Strom zu schwimmen und dabei, wie die Kanthari-Chili, nicht allen gefallen muss. Und deshalb nannten wir diesen ganz besonderen Typ Mensch fortan »kanthari«, mit einem kleinen »k«, – und hatten zugleich einen Namen für unser Institut in Kerala gefunden.

Das kanthari-Institut ist mehr als ein Ausbildungszentrum für Führungskräfte sozialer Initiativen. Es handelt sich um ein Trainingszentrum, in dem Menschen aus der ganzen Welt, manche blind, andere nicht, wieder andere als Minderheit ausgegrenzt in ihrer Gemeinschaft, lernen können, ihre Wut über erfahrene Benachteiligungen in konstruktive Lösungen zu verwandeln. kanthari soll eine Art Sprungbrett für ihre Projekte sein; hier können sie Netzwerke mit anderen sozialen Initiativen knüpfen, um gemeinsam lokale und globale Herausforderungen auf kreative und unkonventionelle Weise zu lösen.

Die Idee zu diesem Institut war schon vor langer Zeit entstanden. Ich lebte damals mit meinem Partner Paul Kronenberg im Autonomen Gebiet Tibet, und wir bauten unsere Blindenschule in Lhasa auf. Trotz vieler Warnungen, vieler Hürden und mancher Rückschläge haben wir unsere Pläne in etwa sieben Jahren weitgehend realisieren können – weil wir »naiv« und stur genug waren, an unseren Traum glaubten und nicht auf all die Bedenken und Warnungen hörten, die uns vielleicht entmutigt hätten.

Heute haben viele ehemalige blinde Schüler dieser Schule ihre eigenen Träume verwirklicht. Manche haben Geschäftsideen umgesetzt, andere soziale Einrichtungen geschaffen. Zwei unserer ehemaligen blinden Schüler leiten heute die Schule.

Viele fragen sich, wie es zu solchen Erfolgen kommen kann, in einer Region, in der Blindheit als Strafe gilt. Ganz einfach: Die blinden Schüler hatten nichts zu verlieren und konnten daher Risiken eher als Abenteuer ansehen und angehen. Da sie nicht zum »Mainstream« gehören, müssen sie niemandem gefallen und sind so in der Lage, ihre unkonventionellen Ideen zu verfolgen. Sie handeln sozial verantwortungsvoll, besitzen Durch-

setzungswillen und Energie und haben keine Scheu, Zukunftsvisionen umzusetzen. Damit waren sie bereits »kantharis«, auch
wenn es den Begriff damals noch nicht gab.

Wir fragten uns, warum die positiven Veränderungen, die
wir an den Blinden in Tibet erlebten, nicht auch für andere
Randgruppen, in welchem Land auch immer, möglich sein sollten. Warum nicht ein Institut für Außenseiter? Eine Traumwerkstatt, in der sie lernen, ihre Ideen wirklich werden zu lassen. Wir machten uns auf den Weg, einen geeigneten Ort für
unser neues Vorhaben zu finden.

Es gibt viele Gründe, warum unsere Suche nach einem geeigneten Standort schließlich an der Südspitze Indiens endete: interessierte Menschen, eine im Vergleich zum kargen tibetischen
Hochland üppige Natur … und dann natürlich das gute Essen!
Und noch etwas: Südindien ist geografisch der perfekte Ort für
ein solches Institut. Kerala ist zentral gelegen zwischen Afrika
und Südostasien, ein Sprungbrett für kantharis, die überall als
Problemlöser und Weltveränderer gebraucht werden.

Heute, nach sechs Jahrgängen, gibt es bereits 117 Absolventen
aus 37 Ländern, mit über 70 sozialen Initiativen, die wiederum
Tausende von Menschen erreichen.

Vor Kurzem besuchten Paul und ich, begleitet von Dokumen-
tarfilmern, einige dieser Initiativen der kanthari-Absolventen in
ihren Ländern.

Unsere Reise führte uns von Kerala nach Ostafrika, nach
Kenia, in die Region der Massai, in Slums und in den tiefsten
Busch. Von dort ging es in den Norden Ugandas, der vor nicht
allzu langer Zeit von Rebellen terrorisiert worden ist. Es ging
weiter in die Hauptstadt Kampala und da quer durchs Rotlichtviertel von Kabalagala.

Dabei erhielten wir einen direkten Einblick in die Arbeit der
kantharis, von der ich in diesem Buch erzählen will. Ich berichte
von ihren aufregenden Biografien und dem turbulenten Leben
auf dem kanthari-Campus in Kerala, aber auch von meinem

eigenen Weg und unseren Erfahrungen und Einsichten, die wir in Tibet und Indien weitergeben konnten. »Nur nicht die Wut verlieren« – so lautete meine erste Titelidee für dieses Buch, und für mich ist das nach wie vor ein gutes Motto für alle, die sich mit der Welt, wie sie ist, nicht abfinden können.

1. Feuertanz

Das Licht geht aus, es riecht nach Kerosin. Noch geschieht nicht viel, doch die Spannung steigt spürbar. Nur einige der etwa 500 Zuschauer fangen an zu applaudieren, um Tamás Mut zu machen. Alle anderen warten schweigend auf das in den Zeitungen angekündigte Spektakel: »Ein blinder ungarischer Feuerkünstler, Student am neu gegründeten kanthari-Institut, eröffnet in diesem Jahr das weltumspannende Surya-Kulturfestival in Trivandrum.«

Jetzt wird Tamás von Karthik, einem sehenden Kommilitonen, auf die Bühne gebracht, und die Jubelrufe werden lauter. Die Musik, die er sich zu seinem Feuertanz ausgewählt hat, beginnt mit Zischen und rhythmischem Fingerklicken. Zwei in Kerosin getränkte Bälle werden entzündet. Immer schneller lässt er die feuersprühenden Bälle an langen Seilen um seinen Körper kreisen. Sandeep, einer unserer Mitarbeiter, sitzt neben mir und beschreibt die Geschehnisse auf der Bühne. Seine Stimme überschlägt sich fast: »Er dreht sich um sich selbst, die Bälle drehen sich gegeneinander, jetzt miteinander. Er springt hoch, dreht sich mit den Bällen!«

Die Menge tobt. So etwas haben sie noch nie gesehen.

»Und jetzt legt er sich zurück«, ruft Sandeep über den Lärm hinweg, »er liegt auf dem Rücken, und die Bälle schwirren über seinem Körper, hoch und runter. Mann, was für eine Kraft! Hui, er steht wieder! Er tanzt mit dem Feuer. Und und … oh nein, da stimmt was nicht!« Seine Stimme stockt. Auch der Jubel des Publikums erstirbt plötzlich.

Einer der beiden Feuerbälle ist erloschen, doch Tamás ist der Einzige, der das nicht bemerkt. Sie kreisen weiter in rasender Geschwindigkeit, jetzt um seinen Hals und seinen Kopf. Karthik versucht, ihm etwas zuzurufen. Doch die Musik ist jetzt so laut, dass nur noch eines hilft. Karthik wirft sich zwischen die sich drehenden Bälle und riskiert dabei, von den Flammen erfasst zu werden. Es gelingt ihm, den zweiten Ball wieder zu entzünden, und Tamás wie Karthik bekommen tosenden Beifall.

»Ich will blinden und körperlich behinderten Menschen mit meinem Feuertanz neue Perspektiven eröffnen«, erklärt Tamás ein wenig später einer Gruppe von Journalisten. »Die Gesellschaft soll begreifen, dass man von Blinden viel erwarten kann. Manche von uns haben Feuer und Biss und können etwas bewirken.«

Auch durch Tamás' Auftritt wurde unser Institut im Herbst 2012 zu einem großen Thema in den indischen Zeitungen, die über das merkwürdige Projekt am Vellayani See mit dem verrückten Namen »kanthari« berichteten. Jeder in Kerala kennt Kanthari als die kleine, sehr scharfe Chilischote. Doch das machte alles noch rätselhafter. Man nennt Einrichtungen nach Blumen, wie Lotus oder Jasmin, nach Götterfiguren oder großen Persönlichkeiten, aber doch nicht nach Schoten. Und um was für ein Institut handelte es sich überhaupt? Die kanthari-Studenten kamen aus der ganzen Welt, Afrikaner, Asiaten, Europäer und Südamerikaner, Menschen aller Altersgruppen, Blinde und Sehende, Rollstuhlfahrer und Nichtbehinderte. Seltsamerweise handelt es sich bei den Gründern des kanthari-Instituts um ein unverheiratetes ausländisches Paar, das viele Jahre hoch im Himalaya, in Tibet, gelebt haben soll und sich jetzt aus unerfindlichen Gründen an den Südzipfel Indiens verirrt hat. Und um die Konfusion komplett zu machen, ist die Frau des Gründerpaars auch noch blind!

Fragen über Fragen zum kanthari-Institut und unseren wunderlichen Lebenswegen. Und doch, wenn wir unsere Geschichte erzählen, hat alles seine Folgerichtigkeit: die Erblindung, die mich antrieb, meine eigenen Wege zu gehen, dann die Begegnung mit Paul Kronenberg, der auf Reisen ging, um soziale Projekte auf die Beine zu stellen. Es folgte die Gründung unserer Organisation Braille ohne Grenzen und der ersten Blindenschule Tibets im Jahr 1998 und schließlich, sieben Jahre später, des internationalen Instituts in Kerala.

»Aber warum Kerala? Warum da unten im Hinterhof Indiens?«

Unsere Antwort: »Global gesehen ist Kerala ein zentraler Ort. Schauen Sie mal auf die Weltkarte. Der Süden Indiens liegt mittendrin zwischen Afrika auf der einen Seite und Asien auf der anderen. Und außerdem, sieht Südindien auf der Karte nicht wie ein Sprungbrett aus?«

An diesem Punkt kommt immer wieder die gleiche Frage: »Sie beschreiben alles so visuell, sind Sie wirklich blind? Können Sie wirklich nichts sehen?«

Manche sind skeptisch oder sogar misstrauisch und wedeln mir bei dieser Frage mit den Händen vor dem Gesicht herum. Andere haben einen traurigen Ton in der Stimme, und ich verspüre den Drang, sie zu trösten. Meist lächle ich einfach. »Ich kann Ihnen versichern, ich sehe rein gar nichts. Ich nehme noch nicht einmal den Unterschied zwischen Licht oder Dunkelheit wahr. Aber keine Sorge, ich habe verdammt viel Spaß am Leben!«

2. Route wird neu berechnet

Ich war nicht immer blind. Erst während meines zweiten Lebensjahrs diagnostizierten Augenärzte Anzeichen einer Augenerkrankung, die bis zur Pubertät zur völligen Erblindung führen würde. Meine Eltern erholten sich schnell von dem Schreck und gaben mir ein durchweg positives Lebensgefühl mit auf den Weg. Von der bevorstehenden Erblindung hatte ich keine Ahnung.

»Warum haben Ihre Eltern Ihnen denn nichts erzählt?« Das war wohl eine der häufigsten Fragen von Journalisten, die manchmal auch wie ein Vorwurf klang.

»Ich glaube, sie wollten mir keine Angst vor etwas Unbekanntem machen. Sehende gruseln sich vor dem Gedanken, blind zu werden, obwohl sie gar nicht wissen, wie das wirklich ist.«

Kinder nehmen vieles, was sie erleben, als selbstverständlich hin. Angst haben sie, wenn die Eltern Angst haben. Insofern war es richtig, dass meine Eltern sich keine übertriebenen Sorgen machten. Noch war ich ja nicht blind. Und wenn es irgendwann dazu käme, würden wir uns schon gemeinsam darauf einstellen und damit fertigwerden, davon waren sie überzeugt.

Heute sind sie sich nicht mehr ganz sicher, ob das so richtig war. Sie fragen sich, ob sie mir mit einer frühen Vorbereitung den Übergang von der Sehschädigung zur völligen Erblindung vielleicht erleichtert hatten. Aber ich glaube, es hätte nicht besser laufen können.

Ohne Angst vor etwas Ungewissem genoss ich das Leben in vollen Zügen. Ich erinnere mich an das Spielen mit farbigen Glastafeln, die ich voreinanderschieben konnte, um neue Farben zu erzeugen, an tanzende Lichtflecken auf welligem Wasser, an bunte Fische im Aquarium, an Leuchtreklamen und Litfaßsäulen.

Ich war als Kind ein Augenmensch, und der Gedanke an Blindheit hätte für mich etwas Trostloses gehabt. Ein Leben lang im Dunkeln dahinzustolpern, niemals mehr malen, Fahrrad fahren oder Schlittschuh laufen zu können – einfach grässlich! Und Freunde hatte man dann wohl auch keine mehr! Das war nichts für mich, denn ich wollte möglichst viele Freunde haben. Wie die anderen Kinder in meinem Dorf kletterte ich auf Bäume, ritt auf Pferden und raste mit meinem Fahrrad über holprige Feldwege. Dass ich hin und wieder auch mal von einem Baum herunterfiel, beim Traben durch Wälder an Ästen hängen blieb oder mit dem Fahrrad im Graben landete, schrieb ich nicht bewusst meinem mangelnden Sehvermögen zu. Auch dass ich Bilder und Fotos über die Jahre immer näher an die Augen bringen musste, fiel mir gar nicht auf.

Meine Eltern entschieden sich für eine integrative Schulbildung, und dank einer engagierten Kindergärtnerin und einiger sehr aufgeschlossener und motivierter Lehrer wurde ich, gegen vehemente Widerstände des Schularztes – wie ich später erfuhr –, in die erste Klasse einer Freien Waldorfschule aufgenommen. Heute würde man von einer »wilden Integration« sprechen, weil sie nicht von Sonderpädagogen begleitet wurde. Doch zunächst lief alles gut.

Mein Hirn spielte mir einen gehörigen Streich. Für mich – und auch für meine Klassenkameraden – war ich zunächst einmal ein sehendes Kind, das manchmal einfach ein bisschen näher zur Tafel rücken musste, eine Lampe am Tisch benötigte und lieber mit dicken Filzstiften als mit dem Füller schrieb, um die eigene Handschrift lesen zu können. Und wenn ich nicht alles so schnell lesen konnte, dann lernte ich es eben auswendig, und so erkannte selbst der Augenarzt lange nicht, dass ich die Sehtesttafel vom großen E bis zum kleinsten Buchstaben einfach aus dem Gedächtnis aufsagte.

Das ging so lange gut, bis ich im Alter von neun Jahren durch ein Missgeschick mit meiner zunehmenden Sehschwäche konfrontiert wurde. Ich stand am Ufer unseres mit Eis bedeckten Dorfweihers und wunderte mich, warum die Schlittschuhläufer alle im Uhrzeigersinn im Kreis fuhren. Der Weiher war nicht besonders tief und lag gleich hinter einer alten Mühle unter hohen Bäumen versteckt. Im Sommer wurde er von boshaften Schwänen gegen planschfreudige Kinder verteidigt. Aber im Winter gehörte der Weiher den Schlittschuhläufern, die normalerweise kreuz und quer über die Fläche rasten. »Verkehrsregeln« wie auf öffentlichen Schlittschuhbahnen gab es hier eigentlich nicht. Deshalb wurde ich fast ein bisschen ärgerlich, als ich die brav im Kreis fahrenden Dörfler beobachtete. Ich kletterte aufs Eis, scherte mich nicht um Regeln und sauste einfach durch die Mitte des Kreises.

Und dann der Schreck: Das Eis krachte, und ich brach ein. Nicht besonders tief, aber tief genug, um endlich zu kapieren, dass ich mich nicht mehr auf meine Augen verlassen konnte. Denn ich hatte das dünne Eis in der Mitte des Weihers, das alle anderen umfuhren, nicht gesehen.

Während der nächsten drei Jahre verschlechterte sich mein Sehvermögen rapide, aber ich versuchte mit aller Macht, die Veränderung vor Lehrern und Mitschülern zu verbergen. Das kostete mich eine Menge Energie. Von morgens bis abends konzentrierte ich mich auf nichts anderes als auf Vermeidungsstrategien. Ich machte große Umwege, wenn ich befürchten musste, dass ich zu vielen Menschen begegnen und in sie hineinlaufen würde, ich vermied schattige Gehwege und dunkle Höfe, und ich setzte mich in der Schule in die hinterste Reihe, da ich hoffte, dass so niemandem auffiel, dass ich am Unterricht eigentlich nicht mehr teilnehmen konnte.

Meine Klassenkameraden waren die Ersten, die begriffen, dass ich allen etwas vorspielte. Unsanft wurde ich darauf aufmerksam gemacht, dass ich sie nicht mehr erkannte, dass ich Farben verwechselte oder mit unterschiedlich gemusterten Socken in die Schule kam. Hin und wieder stieg ich auch in den falschen Schulbus, weil ich mich nicht traute zu fragen, denn damit hätte ich ja zugegeben, dass ich die Nummer des Busses nicht mehr erkennen konnte.

Von einem lebendigen Kind mit großem Mundwerk entwickelte ich mich in kürzester Zeit zu einem introvertierten, fast menschenscheuen Mädchen, das sich Schritt für Schritt von allem zurückzog.

Aber auch mein Umfeld verhielt sich mir gegenüber nun anders: Viele Erwachsene, darunter der eine oder andere Lehrer, versuchten meine Anwesenheit zu ignorieren, andere behandelten mich wie ein unmündiges Kleinkind, manche redeten mit mir ganz langsam und laut, als wäre ich schwer von Begriff. Manchmal zweifelte ich selbst an meinem Verstand. Mein größtes Problem war, dass ich die Ursache der Veränderung nicht wirklich benennen konnte. Denn dass man mich plötzlich nicht mehr ernst nahm, konnte doch nichts mit meiner Sehschädigung zu tun haben.

Die Kinder hatten es allerdings am schnellsten raus, was sich wirklich verändert hatte. Als eine Lehrerin einmal in einer Art Kleinkindersprache auf mich einredete, entfuhr es einem Mitschüler: »Nur weil sie blind ist, ist sie doch nicht blöd!«

Die Erkenntnis der Kinder, dass sich lediglich mein Sehvermögen verschlechterte, hielt die meisten aber nicht davon ab, mir mit Häme nachzustellen. Sie beobachteten mich, wie ich immer vorsichtiger durch die Gänge schlich und schützend die Hände vor mich hielt, um nicht in offen stehende Schrank- und Zimmertüren zu laufen. Das brachte mir einigen Spott ein. Natürlich merkte ich, wie man mich hinter meinem Rücken imitierte. Gnadenlos ließen die Mitschüler mich spüren, dass ich für sie wunderlich geworden war. Und deshalb gehörte ich nicht mehr dazu. Dank der täglichen Zurufe auf dem Schulhof – »Blindschleiche«, »blinde Kuh« und andere Schmeicheleien – wurde mir Stück für Stück bewusst, was wirklich vor sich ging. Ich wurde blind.

Die Angst vor der Blindheit, die Angst davor, irgendwann ohne Freunde zu sein, der Horror davor, eines Tages im Dunkeln zu stehen, verunsicherte mich von Tag zu Tag mehr. Ich zog mich jetzt ganz zurück und isolierte mich von der Außenwelt. Meine Eltern und mein Bruder spürten, dass sich etwas gehörig veränderte. Es gab Zeiten, da weigerte ich mich, zur Schule zu gehen, und manchmal habe ich selbst mit meiner Mutter über Tage kein Wort gewechselt. Und trotzdem bemitleideten sie mich nicht. Sie vertrauten offenbar auf meine Fähigkeit, aus eigener Kraft an die Oberfläche zu schwimmen. Sie gaben mir Zeit, mein Leben neu in die Hand zu nehmen, meine Route neu zu bestimmen.

3. Fatale Traditionen

Sand in den Augen, Staub in der Nase, Heu unter den Schuhen. Kletten finden ihren Weg in die Socken. Zikaden sirren so laut, als wären es Transformatoren. Die Luft ist erfüllt vom Geruch nach Feuerholz und Rinderfell. Und überall der Duft von Gras. Es ist leicht bewölkt, nicht wirklich heiß, nur manchmal kommt die Sonne zwischen den Wolkenfetzen hervor und verbrennt in wenigen Minuten Gesicht und Hände.

Der Wind bläst ungewöhnliche Geräusche in unsere Richtung. Es klingt, als presse jemand in schnellem Takt einen überdimensionalen Blasebalg. Die Geräusche nähern sich, und jetzt erkenne ich tiefe und hohe Männerstimmen, die in Rhythmen und Gegenrhythmen Luft aus ihrem Zwerchfell zu pumpen scheinen. Es ist eine kleine Gruppe von Männern, die langsam tanzend in einer Reihe auf uns zusteuert. Ich höre stampfende Füße, durch die Luft pfeifende und aneinanderklickende Stöcke und kleine Glocken, die wie bei einem indischen Tempelelefanten jeden Schritt akustisch begleiten. Dicht vor uns springen sie plötzlich in die Luft, wohl einen halben Meter hoch, einer nach dem anderen, und dann erhebt sich eine kreischende Männerstimme, die mit gurgelnden Lauten einen »Gesang« anstimmt, der keiner Melodie folgt, die mir in irgendeiner Weise vertraut wäre. Es scheint, als imitierten sie Naturgeräusche, vielleicht das Lachen der Hyänen oder das Meckern des Enkaleri, eines einheimischen weißen Reihers.

»Das sind die Krieger, die Wächter unserer Kultur«, flüstert mir Monicah zu. »Es sind traditionelle Tänze, zur Feier der Initiation.«

Später sitzen wir im Schatten einer Akazie, die ihre mit Dornen gespickten Äste wie einen Schirm weit über die Wiese spannt. Monicah reicht uns frisch zubereitetes Fleisch und Ugali, einen zu einem Kloß gekneteten Teig aus Maismehl. Wir essen schweigend. Meine Reisebegleiter sind überwältigt von der weiten hügeligen Landschaft, die sich vor uns ausbreitet, und ich bin beeindruckt von den ungewöhnlichen Darbietungen und besonders von Moses, einem der Tänzer, der uns seinen kunstvoll geschnitzten Stock, den mit bunten Perlen verzierten Kopfschmuck und seinen Speer vorführt. Und dann sein ganzer Stolz: die riesenhaften Ohrlappen, die, über Jahre durch schweren Schmuck gedehnt, eigentlich nur noch aus einem Hautring bestehen. Damit wir sie bestaunen können, muss er sie allerdings erst einmal von seinen Ohren abwickeln.

Eine Frau setzt sich neben mich ins Gras. Sie hat einen schlafenden Säugling auf dem Arm. »Gefällt dir unsere Kultur?«, spricht sie mich an.

»Oh, ja!«, schwärme ich. »Es ist alles so – urtümlich. Der Weg hierher, die Gerüche, die Tänze, Gesänge, Geräusche ... einfach umwerfend!«

Sie lacht leise, aber es klingt so, als sollte ich meine Begeisterung etwas zügeln. Ich weiß nicht, was in ihr vorgeht, da ich ihren Gesichtsausdruck nicht erkennen kann, und bevor ich in ein Fettnäpfchen trete, halte ich mich mit weiteren Äußerungen erst mal zurück.

Nach einigen Minuten sagt sie nachdenklich, während sie ihren Säugling hin- und herschaukelt: »Der rite de passage, der Übergangsritus ... Sie tanzen und feiern, während ein 12 Jahre altes Mädchen zur Frau gemacht wird.« Sie hält kurz inne, und das Baby fängt an zu schreien. Sie wendet sich wieder mir zu: »Weißt du, was FMG ist?«

Ja, das weiß ich. Ich hatte viel über die grausame Praxis der »Female Genital Mutilation« (FMG), der Weiblichen Genitalverstümmelung, gelesen, aber auch geglaubt, dass es sich, zumindest im Osten Afrikas, um eine weitgehend ausgestorbene Tradition handelt. Denn immerhin bemühen sich viele afrikanische Regierungen, den frauenverachtenden Brauch durch entsprechende Gesetzgebungen zu beenden. Doch Monicah hatte uns vor einigen Jahren im kanthari-Institut darüber aufgeklärt, dass manche afrikanischen Stämme noch weit davon entfernt sind, diese Praktiken vollkommen aufzugeben. Sie organisierte sogar eine öffentliche Ausstellung mit Fotos, welche die verheerenden Bräuche in unbarmherziger Deutlichkeit darstellten.

Unsere indischen Mitarbeiter waren damals schockiert und meinten, man könne solche Bilder der konservativen südindischen Gesellschaft nicht zumuten. Monicah erklärte jedoch brüsk: Man nehme eine Gesellschaft nicht ernst, wenn man ihr die Möglichkeit verwehre, sich zu empören. Und so marschierte sie trotz gut gemeinter Warnungen mit einem Stapel der Skandalbilder unterm Arm zum nächsten Copyshop nach Trivandrum und begann schon dort mit ihrer Aufklärungskampagne.

Vor einem Pulk von Neugierigen breitete sie ihre Poster und Abbildungen aus und beschrieb in allen Einzelheiten die unterschiedlichen Weisen der Beschneidung. Von Klitoridektomie, der teilweisen oder auch vollständigen Entfernung des äußerlich sichtbaren Teils der Klitoris, über die Exzision, das Herausschneiden der inneren Schamlippen, bis zur Infibulation, die Entnahme des gesamten äußeren Genitals samt der äußeren Schamlippen.

»Bei uns wird es mit Glasscherben oder alten Rasierklingen gemacht, und die Wunde wird dann mithilfe von Akaziendornen zugenäht. Man lässt nur eine kleine Öffnung, so groß wie ein Streichholz, zum Urinieren und für die Menstruation.«

Die Zuhörer standen da, paralysiert, mit offenen Mündern und Riesenaugen. Nur ein älterer Herr richtete sich an seine Landsleute: »Glaubt ja nicht, das gäbe es nur in Afrika. Es gibt diese Praktiken sogar in Asien, vereinzelt auch in Indien.«

Das Kind schreit, doch die Frau macht keine Anstalten, es zu trösten. Sie wirkt nachdenklich, fast ein wenig apathisch. Dann sagt sie: »Ich bin auf der Suche nach einem Arzt, der alles wieder in Ordnung bringen kann.« Viele Frauen erleiden nach der Beschneidung Komplikationen beim Gebären; wegen des Narbengewebes kann sich der Geburtskanal oft nicht richtig erweitern.

Sie war 12 Jahre alt, als sie beschnitten wurde. Da viele Menschen zusammenkamen und man ein großes Fest vorbereitete, wusste sie, was auf sie zukommen würde. Von Freundinnen hatte sie erfahren, wie schmerzhaft der Eingriff gewesen war. Doch die meisten Mädchen lassen es widerspruchslos über sich ergehen, denn die Beschneidung symbolisiert den Übergang vom Mädchen zur Frau. Und wer hat schon etwas dagegen, erwachsen zu werden. Nichtbeschnittene werden mit Spott und Ausgrenzung dafür bestraft, dass sie sich den Schmerzen nicht unterziehen wollten. Ihr wäre es egal gewesen, wie ihre Freundinnen und die Menschen in der Gemeinschaft zu ihr gestanden hätten. Sie hatte große Angst vor den Schmerzen und den Folgen der Beschneidung und wäre geflohen, hätte der Vater ihre Absichten nicht geahnt und dafür gesorgt, dass sie im Haus eingesperrt blieb. Die eigene Großmutter nahm die Genitalbeschneidung der Enkelin vor.

»Sieh dir Monicah an, sie ist stark, denn sie konnte entkommen«, sagt sie nachdenklich. Im Hintergrund hören wir, wie Monicah den anderen erklärt, wie wichtig es ist, einen Zufluchtsort zu haben.

Die Frau neben mir wirkt gedankenverloren. Doch dann sagt sie leise, und es klingt fast resigniert: »Ohne all das wäre mein Leben auch anders verlaufen. Jetzt habe ich nur einen einzigen Wunsch – eine Operation.«

Im Hintergrund höre ich die singenden Tänzer, die jetzt zur Hochform auflaufen. Aber jetzt hat das Ganze für mich eine andere Bedeutung.

Monicah nimmt Paul, mich und das Filmteam mit zu einer Dorfschule, in der sie vor einer Gruppe von Mädchen sprechen wird, und erklärt mir: »Es gibt heute weitaus mehr Mädchen, die sich nicht beschneiden lassen wollen. Manche laufen weg und suchen bei mir Unterschlupf. Oft kommen die Eltern mit der Polizei zu mir nach Hause und fordern ihre Töchter zurück.«

Sie plant ein Frauenhaus, einen Zufluchtsort für Mädchen, aber nicht nur für die, die vor der Beschneidung fliehen. Das weiter verbreitete Problem seien heute die Kinderehen. Mädchen würden mit 13, 14 Jahren verheiratet und müssten die Schule abbrechen.

»Das sind unsere Bräuche, unsere Werte! Ich werde den Verteidigern unserer Kultur gehörig auf die Nerven gehen!«

Monicah reist heute von Dorf zu Dorf, um die Eltern umzustimmen, und von Schule zu Schule, um die Mädchen wachzurütteln.

Vor einer Klasse von etwa 40 Mädchen erzählt sie die folgende Geschichte: Es war einmal ein König, der sollte seine Macht durch einen Tanz unter Beweis stellen. Das Problem war nur, dass der König ein miserabler Tänzer war. Und da die Frauen seines Landes nicht nur für ihre Schönheit und Stärke, sondern auch für ihre Anmut beim Tanz berühmt waren, hatte er Angst, sich lächerlich zu machen. Also kam er auf die Idee, allen Frauen seines Landes ein Bein abzuschneiden. Das hatte gleich mehrere Vorteile. Sie waren nicht mehr fähig, sich zur Wehr zu setzen, man konnte sie leichter kontrollieren, sie waren nicht in der Lage wegzulaufen – und sie würden nie mehr tanzen können.

Der König war schon lange tot, doch die Tradition setzte sich fort und verselbständigte sich. Jetzt hieß es, ein Mädchen könne nur zur Frau werden, wenn man ihm ein Bein abnahm.

Nach vielen Jahren kam eine Reisende ins Land und wunderte sich über die Frauen, die bedrückt und scheu auf einem Bein dahinhüpften. Sie fragte sie, was los sei, warum man ihnen ein Bein abgeschnitten habe. Doch die Frauen kannten den Grund nicht und meinten, es sei eben ihre Kultur.

Die Reisende kam aus dem Staunen nicht mehr raus, denn überall die gleiche Antwort: »Es sind unsere Bräuche, unsere Werte.«

Irgendwann traf sie auf eine uralte Frau, die sich noch sehr gut an den von Minderwertigkeitsgefühlen zerfressenen König erinnern konnte. Die Frauen seien nur aus Neid, Angst und Missgunst verstümmelt worden. Von diesem Zeitpunkt an sorgte die Reisende dafür, dass die lächerlichen Gründe für die Grausamkeiten bekannt wurden.

»Und was glaubt ihr, wie die Frauen reagierten?«, wendet sich Monicah jetzt direkt an die Kinder.

Schweigen.

»Was ist los mit euch? Hat es euch die Sprache verschlagen?«

Keines der Mädchen reagiert. Sie sitzen da wie paralysiert.

Endlich meldet sich ein Mädchen schüchtern zu Wort: »Was ist aber, wenn wir nicht mehr dazugehören? Dann sind wir verflucht.«

»Es ist noch ein langer Weg, bis sich alle wehren und unsere Kultur hinterfragen«, sagt Monicah ein wenig später, als wir die Schule verlassen. »Ich will, dass sie Fragen stellen, unabhängig denken und über ihren eigenen Körper bestimmen. Aber dafür müssen sie akzeptieren, dass es einen Wert haben kann, Außenseiter zu sein.«

Monicah ist Außenseiterin, seit sie auf der Welt ist. Als Tochter einer Kikuyu-Mutter und eines Massai-Vaters wuchs sie in zwei sehr unterschiedlichen Kulturen auf. Während die Kikuyu offen für einen modernen Lebensstil und meist auch wirtschaftlich erfolgreich sind, halten sich die nomadisch geprägten Massai an feste Traditionen, die das gesamte Leben der Stammesangehörigen bestimmen.

Monicah kam, offensichtlich zur Bestürzung des Vaters, als Mädchen zur Welt. Er hatte sich einen Jungen erhofft und ignorierte fortan die unerwünschte dritte Tochter. Monicah versuchte alles, um ein Junge zu sein. Doch das brachte ihr noch mehr Ärger ein, denn ein Mädchen hatte sich wie ein Mädchen zu verhalten. So lernte sie schon früh, dass Männer wertvoller sind.

»Meine jüngeren Brüder bekamen Taschengeld, um sich flotte Haarschnitte verpassen zu lassen. Ich musste mir die Haare von meiner Mutter schneiden lassen, und so sah es dann auch aus.«

Dennoch hat die Mutter sie gefördert. Als sie dann starb, wurde Monicah trotz guter Zensuren aus der Schule genommen, denn ein Mädchen musste nicht gebildet sein, um eine gute Partie abzugeben. Sie sollte mit 16 an einen Massai verheiratet werden und hatte große Angst vor der Ehe. »Ich hatte keine Ahnung, was Sexualität bedeutet. Ich erinnerte mich nur an einen Ausspruch meiner Mutter: ›Nimm dich vor Männern in Acht, sie brechen dir die Beine und schwängern dich!‹ Und wer will sich schon die Beine brechen lassen?«

Der vom Vater ausgewählte Massai-Krieger war fast zehn Jahre älter als sie. Sie hatte keine Chance, ihn vor ihrer Heirat näher kennenzulernen.

»Natürlich kam schnell heraus, dass wir überhaupt nicht zueinander passten. Ich glaube, ich ging ihm gehörig auf die Nerven, weil ich es nicht einsah, dass ich meine Mahlzeit erst einnehmen durfte, wenn er sich satt gegessen hatte, ob nun etwas übrig blieb oder nicht. Auch habe ich nicht einsehen wollen, warum ich mit seinen Freunden schlafen sollte. Das sei nun einmal Massai-Tradition. Aber ich fühlte mich der Massai-Kultur nicht zugehörig und wehrte mich. Ich war wieder Außenseiterin, fühlte mich einsam und war sehr unglücklich.«

Ihr einziger Trost waren die Tage, an denen sie die Rinder und Schafe ihrer Sippe hütete. Da saß sie dann, mitten im Busch in Schulbücher vertieft, und holte den verpassten Unterrichtsstoff der Oberschule nach.

Die Frauen ihres Stammes akzeptierten sie nicht. Das lag zum

Teil daran, dass sie kaum miteinander kommunizieren konnten. Die Sprache der Kikuyu unterscheidet sich beträchtlich von der des Massai-Stammes. Darüber hinaus war Monicah ihnen fremd. Sie war zu unabhängig, zu kritisch gegenüber den Stammesbräuchen. Und sie wusste genau, was ihre Rechte waren.

»Ich war nicht beschnitten. Die Kikuyu beschneiden ihre Mädchen nicht. Und da ich nicht so genau wusste, worum es ging, hatte ich zunächst auch nichts gegen eine Beschneidung einzuwenden, bis ich eine solche Prozedur mit eigenen Augen sah. Es war ein Mädchen in meinem Dorf. Sie wurde von Männern festgehalten und schrie so laut, dass es mich heute noch in meinen Träumen verfolgt.«

An diesem Tag beschloss Monicah, sich auch diesem Brauch zu widersetzen. Doch als sie den Frauen ihren Beschluss mitteilte, lachten diese nur und sagten: »Wir werden dich schon kriegen. Warte nur, bis du dein erstes Kind zur Welt bringst. Dann kannst du dich nicht wehren.«

Sie wurde schwanger, und die Angst vor der Geburt ihres ersten Kindes, die Angst davor, der Hebamme, die auch gleichzeitig die Beschneiderin sein würde, mit ihren Glasscherben und Dornen wehrlos ausgeliefert zu sein, wuchs von Monat zu Monat. Als sie im siebten Monat war, belauschte sie ein Gespräch und erfuhr, dass man mit der Drohung Ernst machen wollte.

Und dann kam der Tag vor der Geburt. Als ihre Fruchtblase platzte, schlich sie sich aus dem Lager. Es war Nacht, und ganz in der Nähe heulten hungrige Hyänen. Dreizehn Kilometer lief sie durch den Busch, stolperte über Felsbrocken und kletterte über Zäune und Erdwälle, begleitet von immer stärker werdenden Wehen, dabei immer die Ohren gespitzt, ob ihr jemand folgte. Ein paar Stunden vor der Geburt brach sie vor der Tür einer Freundin zusammen. Diese führte Monicah ins nahe gelegene Krankenhaus, und dort brachte sie ihren ersten Sohn gesund zur Welt.

Ihre Abschlussrede in unserem Institut beschloss sie vor einer erstarrten Zuhörerschaft von Hunderten von Keraliten mit folgenden Worten: »Meine Mutter hat immer gesagt, eine Frau werde nicht geboren, eine Frau werde gemacht. Und erst, als ich Augenzeugin einer der grausamsten Formen von Gewalt gegen Frauen wurde, verstand ich, was dieser Satz bedeutet. Ja, eine Frau wird gemacht, aber gleichzeitig wird ein Menschenleben zerstört! Man erlaubt einer Frau nicht, sie selbst zu sein. Sie wird zu einem Symbol für dies oder jenes, zur Mutter der Erde oder zur Hure des Universums. Das ist die Realität in der weltweit gepriesenen Kultur der Massai. Ich kann nicht anders, als gegen die Normen meines Stammes aufzubegehren. Und darum gehe ich zurück, um es den Wächtern unserer Kultur ungemütlich zu machen.«

Mit dieser Mission war sie 2010 zu uns ins Institut gekommen. Hier entwickelte sie ihre Konzepte und zukünftigen Aktionen. Mit einem Rucksack voller Ideen und Strategien ging sie zurück in ihr Dorf, um gegen alle Widerstände für die Selbstbestimmung der Frauen ihres Stammes zu kämpfen.

4. Nur nicht die Wut verlieren

Aufgewachsen bin ich in einem kleinen Dorf nicht weit von Bonn. Teil unseres lang gestreckten Hauses ist ein großzügiger Musikraum, der zu einer Begegnungsstätte für Musiker, Schauspieler, Schüler und Studenten wurde.

Ich erinnere mich noch gut an die unkonventionellen Künstler und politisch interessierten Studenten, die bei uns ein und aus gingen, an lebhafte und laute Diskussionen über Themen, die damals in den frühen Siebzigerjahren den Menschen unter den Nägeln brannten. Auch auf mich hatten diese Themen großen Einfluss.

Obwohl meine Eltern ihr Studium schon Mitte der Sechzigerjahre beendet hatten, waren sie solidarisch mit der 68er-Studentenbewegung. Politische und gesellschaftliche Vorgänge waren bei uns Tischgespräch, und es wurde viel gelesen. Da ich selbst nur noch mit umständlichen Vergrößerungsgläsern lesen konnte, wurde mir oft abends vorgelesen, neben »Pippi Langstrumpf«, »Momo« und den Büchern über Michel aus Lönneberga auch solche über Themen, die meine Eltern und ihre Generation beschäftigten. Meistens ging es um die Abkehr von Konventionen, um den Ausbruch aus der Normalität. Und auch wenn ich mich nicht mehr genau an einzelne Inhalte erinnere, wirken die Bücher bis heute nach. Ganz besonders erinnere ich mich an drei Sachbücher, die meine Einstellung zum Leben im Abseits sehr beeinflusst haben.

Da war der Titel »Philosoph in Haar« von Hermann Döll, einem Philosophiedozenten, der aufgrund einer Stoffwechselkrankheit zeitweilig Symptome von »Verwirrung«, wie Unruhe und Aggressivität, zeigte und in die psychiatrische Klinik Haar eingewiesen, mit Medikamenten stumpf gemacht und übergangsweise entmündigt wurde. Niemand konnte ihm helfen, denn er reagierte in den Augen der Psychiater genau so, wie man es von einem »Abnormalen«, nicht den Ansprüchen des Mainstreams Entsprechenden erwarten würde. Nur durch Reflexion und kritische Betrachtung seiner Umwelt war er in der Lage, sich selbst aus Haar zu befreien.

Was mich mit Hermann Döll verband, war die Tatsache, dass auch ich mich in Verhaltensmustern gefangen sah, die Lehrer und Mitschüler von mir zu erwarten schienen. Ich wurde nicht mehr für voll genommen und war irgendwann selbst davon überzeugt, dass ich es auch nicht besser verdiente. Und hier beginnt, wie bei Hermann Döll, ein Kreislauf, den man nur schwer durchbrechen kann.

Die geringen Erwartungen, die man an mich stellte, spiegelten sich nach und nach auch in meiner Selbsteinschätzung und in meinen Verhaltensweisen wider. Ohne meine Grenzen auszutesten, entschied ich bei Wettkämpfen im Sport, bei Aufgaben in der Schule oder bei Gesellschaftsspielen auf Geburtstagsfeiern oft für mich, dass ich nur im Weg stand. Bevor man mich mit gut gemeinten Entschuldigungen ausmustern konnte, trat ich lieber selbst an den Rand des Geschehens und sah der Welt aus dem Abseits zu. Das ging so lange, bis ich etwas Wichtiges begriff: Das Blindwerden war nicht das eigentliche Problem, das Problem waren die Menschen, die nicht flexibel genug sind, andere, die nicht der Norm entsprechen, als Gleichwertige zu behandeln. Und noch etwas beeinträchtigte mein Selbstwertgefühl: Ich war durch mein passives Verhalten Handlanger der Ausgrenzung geworden. Ich machte es meinem Umfeld leicht, indem ich mich freiwillig zurückzog und nicht aufbegehrte. Ich wurde für viele unsichtbar, weil ich nicht widerstand. Diese unangenehme Wahrheit gab mir den nötigen Stoß, Selbstzweifel in konstruktive Wut umzuwandeln. Und erst als ich meine Empörung über die Dummheit und Ignoranz der Sehenden äußern konnte, fing ich an, die Blindheit und das Leben als Außenseiter anzunehmen. Mit grimmigem Vergnügen stellte ich nach drei Jahren sozialer Isolation und Selbstisolation fest: Es gibt ein Recht, blind zu sein, ohne behindert zu werden.

Elektrisiert hatte mich auch eine Biografie, die meinem Vater Anfang der Achtzigerjahre in die Hände fiel. Sie handelte vom Leben der Philosophin und Sozialaktivistin Angela Davis. Sie war in der schwarzen Bürgerrechtsbewegung in den USA aktiv und wurde im August 1970, also knapp einen Monat vor meiner Geburt, verhaftet. Angeblich hatte sie die Schusswaffe besorgt, mit der beim Befreiungsversuch eines Häftlings vier Menschen getötet worden waren. Mein Vater konnte sich noch an die bis nach Europa reichende Solidaritätsbewegung erinnern. Angela Davis gehörte damals zu den bekanntesten politischen Gefangenen Amerikas, wurde aber 1972 in einem spektakulären Prozess, der mit der Todesstrafe hätte enden können, von allen Anklagepunkten freigesprochen.

An ihre Biografie erinnere ich mich nur bruchstückhaft wie an einen spannenden Thriller. Begeistert haben mich damals die Aktivisten der schwarzen Bürgerrechtsbewegung, besonders ihr Kampf um Gleichberechtigung und um Selbstachtung. Durch die Berichte über den in den USA vorherrschenden Rassismus der Sechziger- und Siebzigerjahre lernte ich zu meinem Erstaunen, dass es für Schwarze nicht selbstverständlich war, ihr Äußeres, ihre Hautfarbe, Gesichtszüge und die Beschaffenheit ihrer Haare, als schön zu empfinden. Man sprach von einem internalisierten Rassismus, der dazu führte, dass Schwarze versuchten, ihre Haut aufzuhellen und ihre Haare zu glätten. Man sah sich selbst aus der Sicht der weißen Unterdrücker und empfand dunkle Haut und krauses Haar als minderwertig und unschön.

Und dann die Kehrtwende in der schwarzen Bewegung, die Aussage, die mich wie ein Blitz traf: »Black is beautiful!«

Ich weiß, dass ich intuitiv die große Bedeutung dieses Statements begriff, denn dieser Satz ging auch mich etwas an. Es ging um die »unerhörte« Transformation oder Umkehrung einer Idee: von »schwarz« gleich »minderwertig« zu »schwarz« gleich »schön«. Und ich erinnere mich, wie ich nachts dalag und mit den wenigen englischen Wörtern, die ich kannte, in meinem Kopf spielte: »Black is beautiful«, »blind is black« und schließlich »blind is beautiful«. Wie die schwarzen Bürgerrechtler konnte ich durch diese Transformation Schritt für Schritt Scham- und Minderwertigkeitsgefühle in konstruktive Wut verwandeln.

Diese Transformation dauerte wohl einige Monate. Der finale Durchbruch vollzog sich dann schließlich während einer Reise, die ich zusammen mit meiner Mutter unternahm. Sie hatte mich aus Sorge über meinen aktiven »Rückzug« aus der Schule genommen und war mit mir auf eine stürmische Nordseeinsel gereist. Wir machten lange Strandspaziergänge, streiften durch die Hafenanlagen und ritten auf Isländern durchs Wattenmeer, und dennoch redete ich für eine Woche kaum ein Wort. Ich erinnere mich nur dunkel an diese Zeit, aber ich weiß noch sehr genau, dass ich etwas ausbrütete. Und dann fasste ich einen Entschluss: Ich musste mein Leben ändern. Ich musste es aktiv in die Hand nehmen. Nur indem ich meinem Leben als Sehende nicht mehr nachtrauerte, konnte ich mich auf die Vorzüge der Blindheit konzentrieren.

Und da kam das dritte Buch, und es kam genau zum richtigen Zeitpunkt. Es hieß »Der Mann, der seine Frau mit einem Hut verwechselte«. Der Neurologe Oliver Sacks beschreibt darin mit viel Leidenschaft, Humor und doch wissenschaftlich fundiert die Chancen und wunderbaren Eigenheiten körperlicher und neurologischer Dysfunktionen. Bei seinen Fallbeispielen geht es oft um augenscheinliche Defizite, die, sobald der Betroffene sie nicht mehr negiert und dagegen ankämpft, einfach als Eigenschaften, ja als Qualitäten angenommen werden können. Damals ahnte ich nicht, dass ich zwanzig Jahre später selbst zu einem von Sacks' Fallbeispielen werden sollte.

Oliver Sacks säte in mir den Gedanken, Blindheit als kuriose, aber doch lebenswerte Eigenschaft zu akzeptieren. Warum dem Sehen und all seinen Vorzügen nachweinen, wenn ich noch nicht einmal angefangen hatte, die Chancen der Blindheit auszuloten? Und so gestattete ich mir eine neue Sicht auf mich selbst und transformierte das Konzept der Blindheit, das von der Gesellschaft lediglich auf das Fehlen des Sehsinnes und auf Unfähigkeit im weitesten Sinne reduziert wird, zu einer besonderen Lebensform mit vielen Möglichkeiten und Vorteilen, die sich zwangsläufig ergaben.

Durch schmerzliche Erfahrungen mit meinen sehenden Mitmenschen lernte ich bald, dass ein Blinder in einer visuell ausgerichteten Welt schnell unsichtbar wird, wenn er sich nicht zu Wort meldet. Je weniger ich sah, desto mehr war ich gezwungen, sprachlich zu kommunizieren. Da ich mich nicht mehr nonverbal austauschen konnte, fokussierte ich mich sehr viel mehr auf die Sprache. Dadurch wurde ich präziser und klarer. Ich merkte schnell, wie wichtig eine deutliche Aussprache und klar formulierte Sätze waren, und ich lernte notgedrungen, komplizierte Sachverhalte strukturiert zu formulieren. Später wurde auch das Erlernen von Fremdsprachen sehr wichtig, denn schließlich wollte ich in der Lage sein, ohne sehende Begleitung zu reisen. Mit Händen und Füßen allein hätte ich es nicht weit gebracht.

Solange ich mich nicht von meiner damals noch verbliebenen Restsehfähigkeit ablenken ließ, konnte ich mich gut konzentrieren. So hatte sich mein Erinnerungsvermögen deutlich verbessert. Ich konnte mir Hunderte von Telefonnummern merken und lernte in für mich ungewohnter Geschwindigkeit und ohne Anstrengung Vokabeln. Dazu kam die Notwendigkeit, dass ich in einer sehenden Gesellschaft eigene Lösungen für Probleme entwickeln musste. Von morgens bis abends war ich damit beschäftigt, eigene Wege zu gehen, und war so gezwungen, unabhängig und eigenständig zu denken und zu handeln.

Diese neuen Erkenntnisse gaben mir die Kraft, nun, mit 12

Jahren, ein neues Leben als Blinde mit Offenheit und Eigenini-
tiative und auch Humor anzugehen. Jetzt wartete ich nur noch
mit Spannung auf die vollständige Erblindung und damit auf
die »absolute Dunkelheit«. Doch die Dunkelheit, die von Sehenden mit Blindheit gleichgesetzt wird und die ich als Kind so
gefürchtet hatte, stellte sich niemals ein. Obwohl ich im Laufe
der Zeit nachweislich nicht einmal mehr hell und dunkel unterscheiden konnte, wurde die Welt um mich herum immer heller und farbenreicher. Auch erinnere ich mich an visuelle Vorstellungen von Landschaften, Gebäuden und Gesichtern, die ich
real nie gesehen haben kann.

»Es ist vielleicht wie das Lesen eines Romans«, versuche ich
Sehenden meine Welt zu erklären. »Beim Lesen stellen sich bei
jedem Bilder von Dingen ein, die man nicht unmittelbar erfahren hat. Aber einen entscheidenden Unterschied gibt es doch:
Wenn ihr die Verfilmung eures Lieblingsromans seht, ist das
meist eine Enttäuschung. Das passiert mir nicht mehr.«

Meine visuellen Eindrücke entstehen so unmittelbar und
ohne Aufwand, dass ich mich fragen muss, ob es sich hier um
normale Vorstellungskraft wie bei Tagträumen oder auch beim
Lesen handelt. Ich und offensichtlich auch meine Gesprächspartner haben oft den Eindruck, dass ich sehe, ohne zu sehen.
In einem Gespräch stellen wir Augenkontakt her, und ich merke
sehr wohl, ob mich mein Gegenüber beim Sprechen anblickt
oder nicht. Auch meine ich mich hinterher an Gesichtsausdrü-
cke und Gesten zu erinnern.

Als ich zwanzig Jahre später Oliver Sacks aufsuchte, um mich
bei ihm für seinen großen Einfluss auf meinen Lebensweg zu
bedanken, fragte er, ob ich nicht doch ein wenig sehen könne:
»Sie schauen sich um, als ob Sie sehen könnten.«

»Ich schwöre, Dr. Sacks, ich sehe nicht das Geringste! Oder
vielleicht sehe ich, ohne sehen zu können.«

Und so wurde ich kurzerhand vom Leser seiner Bücher selbst
zum Forschungsobjekt.

In einem seiner späteren Werke, »Das innere Auge«, vergleicht er die sehr verschiedenen Erfahrungen von Späterblindeten. Meine Form der Wahrnehmung erinnert ihn an die des ehemaligen französischen Widerstandskämpfers und Autors Jacques Lusseyran. Auch Lusseyrans Erlebnisse hatten die Form detaillierter visueller Eindrücke – also auch ein Sehen, ohne zu sehen. Andere hatten ihre visuellen Erinnerungen durch rein räumliche, akustische und olfaktorische Vorstellungswelten ersetzt. Und ein späterblindeter Techniker trainierte tagtäglich, um sich das komplexe Innenleben von Maschinen visuell vorstellen zu können. Auch wenn wir höchst unterschiedliche Erfahrungen mit der Blindheit machten, gab es eine Gemeinsamkeit: Niemand von uns sprach von »Dunkelheit«, und wir alle sahen Blindheit nicht als unersetzlichen Verlust. Im Gegenteil: Alle nahmen das Nichtvorhandensein des Sehsinnes als Anlass, der Welt mit einem gesunden Maß an Widerspenstigkeit, mit großer Neugierde und Abenteuerlust zu begegnen.

Diese neu erworbene Einstellung zu meinem Leben erleichterte mir den Entschluss zu einem radikalen Schulwechsel. Und so kehrte ich mit 12 Jahren dem Integrationsversuch an der Waldorfschule den Rücken und floh in ein Internat nach Marburg, ein einzigartiges Gymnasium für Blinde und Sehbehinderte.

5. Scheitern als Option

»Potverdomme! Was für ein Fahrer!« Das ist Marijn, der holländische Dokumentarfilmer, den wir für unsere Reise durch Kenia und Uganda hatten gewinnen können. Wir sitzen in einem uralten Taxi und sausen über die nächtlichen Landstraßen Kenias. Paul hatte Marijn ein halbes Jahr zuvor von unserem Vorhaben erzählt, Absolventen unseres kanthari-Instituts und ihre sozialen Projekte zu besuchen, und Marijn hatte sich sofort bereit erklärt, seine Kamera einzupacken und uns zu begleiten. Zusammen besuchten wir 12 Projektinitiativen, und während wir mit Fahrzeugen aller Art, mit klapprigen Pick-up-Trucks, recht bequemen Überlandbussen und mit Taxis unterschiedlichen Risikograds von einem Projekt zum nächsten pesten, spürten wir, wie Marijn mehr und mehr von der kanthari-Idee gefangen wurde. Er war fasziniert von den ungewöhnlichen, meist schockierenden Lebensgeschichten der Projektgründer, die ihre Erfahrungen in soziale Initiativen hatten ummünzen können.

Die Projekte unserer ostafrikanischen Absolventen sind weit über die beiden Länder Kenia und Uganda verstreut, und so bekamen wir die mannigfaltigsten Einblicke in die Hinterhöfe und Randzonen der afrikanischen Gesellschaft. Jetzt sind wir auf dem Weg zu Steve, der in einem Dorf nicht weit vom Victoriasee ein Heim für Aids-Waisen gegründet hat.

»Potverdomme! Was für ein Fahrer!« Es geht in rasender Geschwindigkeit durch die Nacht. Wir sitzen eingepfercht auf der Rückbank eines uralten Taxis, links von mir Tomek, ein kanthari-Absolvent, dem es bei der Raserei wohl die Sprache verschlagen hat, und daneben Marijn, der hin und wieder einen holländischen Fluch ausstößt. Rechts von mir die Autotür, bei der ich mir nicht ganz sicher bin, ob sie richtig geschlossen ist oder nur vom Fahrtwind zugedrückt wird.

Paul hatte lange mit dem Fahrer über den unerhörten Preis diskutiert. Aber der Fahrer meinte, wir sollten doch verstehen, dass es spät sei, seine Großtante im Sterben liege, er den langen Weg zurück in die Stadt ganz allein fahren müsse – und die Nacht sei doch sooo dunkel!

Paul hatte sich schließlich geschlagen gegeben, denn es war wirklich schon spät, und wir waren hundemüde. Als wir alle Taschen und auch die Reisenden verstaut hatten, ging es los, mit afrikanischen Rapsongs aus knisternden Lautsprechern, begleitet von dem beunruhigenden Scheppern der Heckklappe. Doch erst als wir schon unterwegs waren, verstanden wir, was der Fahrer mit dem Satz gemeint hatte, die Nacht sei doch sooo dunkel!

Ein lautes Aufstöhnen vonseiten Marijns: »Shit, Mann, der fährt ja ohne Licht!«

Da kommt wieder Leben in meine müden Reisegenossen. Alle protestieren. Als der Fahrer nicht reagiert, versucht Paul vom Beifahrersitz aus, mit einer kleinen Taschenlampe die Straße zu erhellen, richtet aber nicht viel aus. Gerechterweise muss man sagen, dass viele der uns entgegenkommenden Laster ebenfalls ohne Licht fahren. Sie werden zu heranrasenden dunklen Geschossen vor einem ebenfalls dunklen, wolkenverhangenen Nachthimmel.

»Wir haben ja schon eine Menge schlechter Fahrer überlebt«, meint Paul, »aber das ist mir jetzt doch zu wild.«

Marijn und Paul zwingen den zunächst uneinsichtigen Fahrer anzuhalten, damit er zumindest einen der Scheinwerfer repariert. Mit halber Leuchtkraft, aber doppelter Geschwindigkeit geht es danach weiter.

Ich fühle mich angespannt, doch ahne ich nicht, was wirklich vor sich geht. Erst später erzählen meine Mitreisenden, wie der Fahrer bei einem Tempo von 80 Stundenkilometern auf relativ schmaler Landstraße immer wieder den Kopf aus dem Fenster hielt. Es war nicht ganz klar, ob zur Abkühlung oder um besser sehen zu können. Bei diesen Aktionen schleuderte das Fahrzeug hin und her und machte Bocksprünge. Glücklicherweise führte ich das nicht auf den Fahrer und die überhöhte Geschwindigkeit, sondern lediglich auf schlechte Straßenverhältnisse zurück.

Nach einer Stunde Daueranspannung verlassen wir die Schnellstraße und holpern, jetzt im Schritttempo, durch einen noch dunkleren Dschungel, der sich von beiden Seiten immer näher an unser Fahrzeug zu drängen scheint. Blattwerk, Sträucher und Äste kratzen an den Seitentüren entlang und peitschen über das Wagendach. Wir schlingern und rumpeln von Schlagloch zu Schlagloch, und hin und wieder bleibt das Fahrzeug so plötzlich stehen, als sei es vor eine Wand gefahren.

»Pass auf, dass du keinen Elefanten überfährst!«, versucht Paul einen Scherz.

Doch der Fahrer gibt humorlos und ein wenig kleinlaut zurück: »Hier gibt's keine Elefanten, nur Hyänen und Leoparden.«

Und dann endlich ein Ausruf: »Seht mal, der Mond! Ein Dorf!« Als wären wir nach wochenlanger Tour durch die Wildnis endlich auf besiedeltes Gebiet gestoßen, ruft Marijn entzückt: »Jambo! Die Schönheit Afrikas!«

Wir sind in Seme eingetroffen, einem kleinen Dorf irgendwo im Busch. Es ist mitten in der Nacht, aber hier scheint niemand zu schlafen. Hunde jaulen, Kinder tanzen, alle wollen uns, die weit gereisten Mzungus, die Weißen, sehen, mit denen »Uncle Steve« im Süden Indiens ganze sieben Monate verbracht hat. Uncle Steve, Vater von fünf eigenen Kindern und zwanzig angenommenen Aids-Waisen, ist hier offensichtlich die von allen verehrte Respektsperson. Obwohl er mit Mitte 40 bei Weitem nicht der Älteste ist, wird alles, was er mit lebendiger, fast jungenhafter Stimme zu den herumwuselnden Dörflern sagt, sofort ausgeführt. Ein paar Worte auf Luo, der lokalen Sprache, und schon strecken sich uns von überall her Hände entgegen, um die Rucksäcke in Empfang zu nehmen. In einem Pulk von Kindern,

Kälbern und Kühen laufen wir über eine Wiese auf den Gebäudekomplex des Waisenheims zu. Nur, von einem Komplex kann man hier eigentlich nicht sprechen. Das Heim besteht aus einer Ansammlung von kleineren und größeren Hütten, einem rauchigen Küchenverschlag, Stallungen, die nach Rindern und frischem Heu duften, und einem geruchlich leicht zu identifizierenden Latrinenhäuschen, das wohl auch in der schwärzesten Nacht nicht zu verfehlen ist. Jetzt aber scheint der Mond und beleuchtet den schmalen Pfad, der sich an kleinen Tümpeln mit laut quakenden Fröschen entlangschlängelt und direkt auf die Haupthütte zuführt.

Auf einer Veranda drängen sich ein paar ängstliche Kinder zusammen, bewacht von bedrohlich knurrenden großen Hunden. Steve redet in Luo auf die Kinder ein, doch sie ziehen sich immer weiter in sich zurück. »Das sind unsere Neuankömmlinge, sie sind noch sehr scheu.«

Während wir anderen ein wenig Abstand halten, wohl mehr der Bestien als der eingeschüchterten Kinder wegen, kennt Marijn keine Berührungsängste. Er ist ein Riese von Mensch und strahlt in jeder Situation Zuversicht aus. Ungeachtet der zähnefletschenden Wächter stellt er sich breitbeinig vor die Kinder hin, gibt jedem die Hand und begrüßt sie mit dröhnendem Bass: »Hallo, ich heiße Marijn und ich bin hier, um einen Film zu drehen!«

Es wird erst ganz still, und ich denke schon, dass die Kinder gleich vor Angst zu weinen anfangen. Doch dann höre ich, wie ein Mädchen zögernd seinen Namen auszusprechen versucht: »Margin«, ein anderes wiederholt das merkwürdige Wort, und schließlich rufen sie im Chor: »Margin, Margin!«

Marijn lacht laut. »Margin oder Marijn, ihr könnt mich nennen, wie ihr wollt!«

Marijn ist auf unserer Reise oft der Eisbrecher. Dabei begegnet er allen, ganz gleich, ob furchtsamen Waisenkindern, misstrauischen Prostituierten, wichtigtuerischen Offiziellen oder grimmig dreinschauenden Polizisten, mit der gleichen liebenswürdigen Dreistigkeit.

Typisch für Marijn ist die folgende Situation. Wir sind im Norden Ugandas unterwegs und fahren gerade langsam auf eine Brücke zu, die sich über eine ganze Landschaft von Wasserfällen spannt. Alle wollen begeistert die Fotoapparate zücken, als unser Fahrer auf die herannahenden Soldaten zeigt. »Kameras weg!«, zischt er ängstlich. »Auf Brücken darf man nicht fotografieren!«

Paul reagiert sofort, denn wir sind durch 15 Jahre Tibet auf Fotografierverbote und unnahbare Soldaten konditioniert. Schnell schiebt er Marijns Riesenkamera unter seinen Sitz und setzt eine Unschuldsmiene auf, die wir uns in unserer Zeit in Tibet antrainiert haben. Der Anblick der Soldaten, die jetzt auf unser Fahrzeug zusteuern, weckt in uns beiden ein über lange Jahre erlerntes Verhaltensmuster: Ruhe bewahren. Freundlich alle Fragen beantworten. Nur nicht patzig werden, auch wenn man noch so schikaniert wird.

Unser Fahrer dreht das Fenster herunter und redet auf die Soldaten mit unterwürfiger Stimme ein. Es gibt einen kurzen Wortwechsel, und dann wendet sich einer der Soldaten an uns: »Aussteigen!« Doch dann lacht er und sagt: »Ihr seid Touristen, macht ein paar Fotos. Schaut euch um, es ist wunderschön hier!« Marijn deutet auf seine Kamera, die nicht wirklich als Touristenausstattung durchgehen kann, doch der Soldat nickt und meint: »Klar, auch mit der großen.«

Nach kurzer Fotosession stellt sich Marijn neben den Soldaten, legt ihm freundschaftlich den Arm um die Schultern und tippt mit der Kamera an dessen Gewehr. »Das ist deine Knarre. Und das hier«, er hebt die Kamera in die Höhe, »ist meine Knarre.«

Seit etwa zehn Jahren dreht Marijn Filme, immer mit sozialkritischem oder politischem Hintergrund. Mit seinen Filmen will er inhumane Traditionen anprangern und zeigen, wie Menschen auch unter schwierigen und gefährlichen Umständen für soziale Veränderungen eintreten. Dabei scheut er keine Risiken. Auf unseren langen Touren durch Afrika erzählt Marijn unter lautem Gelächter und manchmal auch mit sehr nachdenklicher Stimme von den Personen, die sein Leben verändert haben.

»Der Mensch, den ich am meisten bewundere, ist ein älterer Priester im Kongo. Er hat es sich zur Aufgabe gemacht, den vielen geschundenen, vergewaltigten Frauen durch Alphabetisierung ein bisschen Würde zurückzugeben. Bei meinem Dreh im Kongo habe ich durch ihn erlebt, was Mut bedeutet.«

Der Priester und er hatten ihr motorisiertes Kanu am Ufer eines Flusses befestigt, um an Land einen befreundeten Priesterkollegen zu interviewen. Als sie nach kurzem Aufenthalt zurück ans Ufer kamen, hörten sie Männerstimmen und sahen dunkle Gestalten vor dem Abendhimmel. Es waren bis an die Zähne bewaffnete kongolesische Rebellen, die sofort in aggressiver Weise eine Diskussion mit dem Priester begannen. Es ging um das übliche Schmiergeld. Ohne das wollten sie das Boot nicht freigeben.

Die Situation war sehr angespannt, und Marijn fühlte sich so schutzlos, dass er in diesem Moment alles gegeben hätte, um nur so schnell wie möglich wegzukommen. Doch der Pfarrer blieb standhaft: Es gebe in diesem Land kein Gesetz, das Reisende verpflichte, Wegzoll zu zahlen. Sie hätten alle notwendigen Reisegenehmigungen, und damit solle man sich zufriedengeben.

Die Rebellen wurden wütend und zeigten ihre Waffen. Doch der Priester, äußerlich unberührt, forderte sie auf, endlich Platz zu machen.

»Ich verstand bis dahin nicht genau, was gesagt wurde, sie sprachen Kongolesisch. Aber plötzlich wurde mir eiskalt, denn ich sah, wie unser friedliebender Priester ein großes Fleischermesser aus dem Boot holte. Das wirkte so bedrohlich, dass ich in diesem Moment eine gewalttätige Reaktion erwartete. Der Priester blieb gelassen. Er wollte nicht drohen, sondern mit dem Messer ein Zeichen setzen. Er drückte es einem der Rebellen in die Hand und bat ihn, das Messer seinem Priesterkollegen zu übergeben. Dann forderte er die Rebellen noch mal auf, gefälligst Platz zu machen. In diesem Moment verstanden sie offenbar, dass sie es mit einem Mann Gottes zu tun hatten, und rückten zur Seite, sodass wir ins Boot springen konnten. Der Bootsmann war vor Angst paralysiert. Erst auf den drängenden Ruf ›Los, los!‹ startete er den Motor.

Ich saß mit dem Rücken zu den schussbereiten Rebellen und hatte ebenfalls Todesangst; noch lange spürte ich ein Kribbeln im Nacken. Erst nach einer Flussbiegung atmeten wir auf, und ich fand den Mut, den Priester zu fragen, warum er das Schmiergeld nicht einfach ausgehändigt habe. Seine Antwort hat mein Leben verändert: ›In diesem Land herrscht Angst vor der Macht, und das gibt den Rebellen die Möglichkeit, alles zu kontrollieren und alle friedliebenden Menschen zu unterdrücken. Nur wenn wir nicht nachgeben, wenn wir nicht vor den Gefahren weglaufen, können wir etwas verändern!‹«

Marijn hatte mit dem Gedanken gespielt, in den Kongo zurückzugehen, um dem Priester bei seiner humanitären Arbeit zu helfen. Dann aber wurde ihm klar: Sein Mittel, etwas zu verändern, würde der Dokumentarfilm sein. »Der Mut des Priesters hat mich dazu gebracht, Risiken nicht zu scheuen.«

Inzwischen dreht Marijn in den verschiedensten Kriegs- und Krisengebieten der Welt. Meist ist er dabei allein oder zu zweit unterwegs, um den Geschichten der Menschen so nah wie möglich zu sein. Nur manchmal ist er bewaffnet, so in Pakistan, wo zu der Zeit etliche Filmemacher und Journalisten von den Taliban entführt und umgebracht wurden. Seine eigentlichen Überlebensstrategien sind positive Lebenseinstellung, Sinn für Humor und emotionale Intelligenz, Eigenschaften, die ihm überall die Türen öffnen.

Paul kennt Marijn schon seit vielen Jahren. Marijn hat einen ungewöhnlichen Lebensweg. Er wuchs in einem Dorf im Süden der Niederlande auf, nicht weit von Pauls Heimatstadt Venray entfernt. Eine leichte Hörschädigung beendete seine Schullaufbahn vorzeitig. Manche Lehrer nahmen ihn nicht für voll und hielten ihn wohl für »zurückgeblieben«, da er aufgrund seiner Hörprobleme manchmal nicht schnell genug auf Fragen im Unterricht reagieren konnte. Marijn wurde zunächst Friedhofsgärtner. Das hielt er nur ein halbes Jahr aus. Dann kam er zu dem Schluss, es müsste sich etwas grundlegend ändern, bevor er sich sein eigenes Grab schaufelte. Er entdeckte seine Leidenschaft für grafische Gestaltung und nahm eine Stelle als Layouter bei einer lokalen Zeitung an. Von da aus machte er einen Sprung in eine forensische Klinik in Venray, wo er mit psychisch kranken Gewalttätern kunsttherapeutisch arbeitete.

»Da habe ich das Leben kennengelernt, die merkwürdigsten Menschen und ihre unglaublichen Geschichten. Im Unterschied zu den Absolventen des kanthari-Instituts zerbrechen die Insassen der Klinik in der Regel an ihrer Vergangenheit und werden für andere und für sich selbst zur Gefahr. Eines hat mich dabei immer fasziniert: Wir alle haben meistens mehrere Wege, Krisen zu bewältigen. Entweder machen wir etwas daraus oder wir resignieren oder wir wandern in den Knast. Aber diejenigen, die den alternativen, konstruktiven Weg wählen, haben mich am Ende immer am meisten interessiert.«

Und so kehrte er den Straftätern den Rücken und begann sein Leben als Filmemacher. Am Anfang stand jedoch ein Riesenflop. Sein erstes Werk sollte ein monumentaler Spielfilm werden. Es ging um nichts weniger als um die mittelalterliche Artussage und den Heiligen Gral, die er nach den Anschlägen vom 11. September 2001 als Spiegel der ewigen Geschichte von Machtgier und lähmender Furcht nutzen wollte.

Die Vision war groß, aber das Budget sehr begrenzt. Das Organisationsteam bestand nur aus vier Personen. Alle waren sie

Amateure, und dennoch schafften sie es, unzählige Freiwillige anzuwerben, indem sie sich an die vielen Rollenspielgruppen wandten, die nichts lieber tun, als an Wochenenden in selbst genähten Feen- oder Ritterkostümen durch Wälder und alte Burgruinen zu ziehen.

»Diese Rollenspieler waren einfach großartig! Sie kamen in selbst geschneidertem Ornat. Bei einer Kampfszene waren es 550 Statisten! Sogar der Bürgermeister von Venlo kam in mittelalterlichem Kostüm und kämpfte vor der Kamera.«

Ein Bauer stellte seine Heuwiesen als Schlachtfeld zur Verfügung. Der Bäcker und der Metzger sorgten an Drehtagen für Verpflegung. Asylsuchende, die in der weiteren Umgebung untergebracht waren, engagierten sich als Maskenbildner und Kulissenbauer. Sechs lange Jahre, Wochenende für Wochenende, wurde geplant, gebaut und gedreht, und so wurde das Projekt bald zu einer lokalen Legende.

»Wir hatten kein Geld und eigentlich auch keine Ahnung, also die besten Voraussetzungen dafür, groß zu träumen und diese Träume auch umzusetzen.«

Und dann, als alles im Kasten war, gingen die vier Filmemacher an die Arbeit. Es wurde gesichtet, ausgewählt, geschnitten und …

»Wir waren im zweiten Monat des Schnitts und besprachen eine fertige Szene, als die Festplatte, unsere einzige Festplatte, plötzlich zu qualmen anfing. Es war uns sofort klar, dass da etwas ganz Schreckliches geschah! Alle Computer wurden heruntergefahren und die Festplatte umgehend zu einem Spezialisten gebracht. Doch es war nichts mehr zu machen. Nur wenige Aufnahmen konnten gerettet werden. Die Arbeit von sechs Jahren war buchstäblich in Rauch aufgegangen!«

Zwei lange Wochen versuchte Marijn sich selbst und den anderen etwas vorzumachen, aber dann traf ihn der Schock mit aller Wucht. »Das Problem war nicht so sehr die Frustration über die verlorene Arbeit. Wirklich schmerzhaft war die Scham, auf so fahrlässige Weise versagt zu haben! Ja, und natürlich das Schuldgefühl, das wir den vielen Freiwilligen gegenüber hatten. Es war einfach entsetzlich peinlich.«

Doch Marijn zerfleischte sich nicht lange mit Selbstvorwürfen. »Ich empfand es als egozentrisch und als Zeitverschwendung, sich lange in Schuldgefühlen zu suhlen.«

Jetzt musste er an die Menschen denken, die sich über Jahre, Wochenende für Wochenende, engagiert hatten. Und so fasste er einen Entschluss: »Es war an uns, etwas zurückzugeben.«

Er drehte einen neuen Film, einen Film über neun Jahre Produktionszeit, über Hunderte von Freiwilligen, über große Filmträume und ein Budget von null Euro, über Freundschaften und über das Scheitern.

Der Publikumsandrang bei der Premiere war überwältigend, der Kinosaal voll mit Zuschauern, die gekommen waren, um dem Scheitern zuzusehen.

»Ich glaube, es war einer meiner schwersten Augenblicke, mich diesem Publikum zu stellen. Und dann: Die Zuschauer waren begeistert. Offenbar verstanden sie: Es gibt im Leben große Krisen, aber immer auch wunderbare Auswege. Jetzt bin ich überzeugt, dass dieser Film der bessere war.«

6. Eine ganz besondere Schule

Der Tag, an dem ich zum ersten Mal ohne sehende Begleitung mit dem Kajak einen Wildwasserfluss befuhr, war für mich ein entscheidender Wendepunkt. Diese Kajakfahrt war ein Schlüsselerlebnis, von dem ich noch lange zehrte.

»Und, nervös? Wirst du's schaffen?«, fragte mich Salli, ein Klassenkamerad, ein bisschen lauernd.

Ich merkte schon, wie mir ein wenig heiß wurde, aber ich schob es auf den feuchtwarmen Neoprenanzug, auf Schwimmweste, Spritzdecke, den Helm und auf die Morgensonne, die sich langsam über die Berggipfel schob, und versuchte das Rauschen des Flusses erst einmal auszublenden.

Unsere Sportlehrer hatten uns beim Frühstück gefragt, wer sich von uns traue, den Fluss für einige Kilometer im Einzelkajak hinunterzupaddeln. Sie hatten sich eigentlich an diejenigen mit Sehrest gewandt. Aber ich hatte mich angesprochen gefühlt, denn, blind oder nicht blind, runter kommt man doch irgendwie immer!

Es war kein unbekannter Flussabschnitt, wir hatten in den Tagen zuvor im Doppel- und im Einzelkajak verschiedene Strecken befahren und unsere Techniken an Flussblockaden und in Walzen erprobt. Einige Stromschnellen hatten wir schwimmend durchquert, immer mit den Füßen voran, um so die Ober- und Unterströmungen direkt am Körper zu erfahren. Und trotzdem war ich erstaunt, dass meine Lehrer mich nicht davon abhielten, jetzt den gesamten Abschnitt alleine zu meistern. Sie schienen sich sogar zu freuen und erklärten mir, worauf ich bei meiner Tour achten sollte.

»Der Einstieg ist in einem flachen Kiesbecken. Von da aus paddelst du bis in die Hauptströmung. Die wird schneller und schneller, und dann, am Beginn einer S-Kurve, fängt der Spaß richtig an! Du wirst wahrscheinlich die Orientierung verlieren. Du wirst dich drehen, viel schneller als im Doppel. Halt die Balance, bleib ruhig, und dann kommst du schon raus.«

Kurt Pape und Helmut Karges, die beiden Gymnasiallehrer, waren selbst leidenschaftliche Kajakfahrer und hatten für ihre blinden und sehgeschädigten Schüler eigene Lehrmethoden und Techniken entwickelt. Unsere Wildwassergruppe fuhr jedes Jahr gemeinsam auf Tour, irgendwo in Deutschland, nach Schweden oder wie jetzt an die obere Isar in Österreich. Wir zelteten, machten Wanderfahrten und praktizierten unsere im Schwimmbad oder auch im Marburger Übungskanal erlernten Techniken. Traversieren, Kehrwässer, rollen, das alles ging hervorragend unter Aufsicht und in kontrollierten Zonen, aber auf natürlichen Flussläufen wurden die Bootstouren zum großen Abenteuer.

Es lag am Zutrauen meiner Lehrer, dass ich nicht lange an Probleme und Risiken dachte, sondern Schwierigkeiten einfach anging. Ich musste nur die erlernten Methoden und Techniken einsetzen und dann, so Kurt und Helmut, stand mir die Welt offen.

Ich erinnere mich noch heute an die Begeisterung der beiden, als sie mich auf das bevorstehende Abenteuer vorbereiteten. In allen Einzelheiten malten sie mir den Flusslauf mit Wirbeln, Felsbrocken und Strömungen in die Hand. »Nach der Linkskurve gibt es Steinblöcke, die du umfahren musst, Slalom hier und da, und dann hörst du schon den Wellenbruch an der großen Felswand, die da in den Fluss hineinragt. Pass hier auf, das Boot könnte dagegenkrachen und Schaden nehmen. Du musst rechtzeitig vorher nach rechts traversieren. Und dann ist auch schon die Ausstiegsstelle erreicht. Du wirst uns wahrscheinlich nicht hören. Wir laufen aber am Ufer mit und halten dich im Blick.«

Gemeinsam trugen wir das Boot ins seichte Wasser. Ich schob

meine Beine durch die Einstiegsluke und klemmte die Spritzdecke fest. Dann nahm ich mein Paddel und glitt langsam in die Mitte der Strömung.

Ich hörte, wie meine Klassenkameraden mir Glück wünschten, und wusste, dass ich jetzt auf mich gestellt war. In solchen Situationen überkommt mich immer ein Gefühl, dass ich nur mit euphorischer Gespanntheit beschreiben kann. Ich bin äußerlich ruhig, aber alle meine Sinne sind aufs Äußerste geschärft.

Durch die dünne Wand des Kajaks spüre ich den Sog der Unterströmung, auf den von Tropfwasser benetzten Händen einen leichten, kühlen Wind, der mich, schneller als es mir recht ist, flussabwärts zu schieben scheint. Ich lausche den kleinen Wellen, die jetzt noch harmlos an meinem Boot hochspritzen, und den Stimmen meiner Klassenkameraden, die langsam hinter der ersten Flussbiegung verschwinden. Mit dem Paddel halte ich mich, so gut es geht, in der Mitte der Strömung. Immer, wenn ich dem Ufer zu nahe komme, kratzt das Boot über den Kies, oder ich spüre überhängende Zweige, die über Helm und Spritzdecke streifen.

Kurt und Helmut klettern wohl irgendwo parallel zu mir über Felsbrocken und kämpfen sich durch den dichten Uferbewuchs, aber ich höre sie tatsächlich nicht. Und da ich sie nicht hören kann, sind sie für mich nicht da, und so konzentriere ich mich lieber auf das, was sich nach der nächsten Flusskrümmung ankündigt.

Erst ist es ein fernes Rauschen, ein Geräusch, das uns auf unserer Fahrt entlang der Wildwasserstrecke in all den Nächten im Zelt begleitet hat. Paddelstoß um Paddelstoß wird das Rauschen zum Getöse. Und jetzt zieht die Strömung kräftig an. Die Wellen werden höher, der Bug taucht tief ein. Um die Balance zu halten, paddle ich schneller. Und nur wenn ich das Gefühl habe, aus der Hauptströmung hinauszudriften, lasse ich mich treiben, und schon lenkt der Flusslauf die Nase meines Bootes wieder flussabwärts, hinein in das wilde Chaos …

Sportliche Aktivitäten wie das Wildwasserfahren gehörten zum Lehrprogramm meines Gymnasiums für Blinde und Sehgeschädigte. Blinde Kinder und Jugendliche sollten durch die Bewältigung von Herausforderungen aller Art auf die Welt vorbereitet werden. Meine Eltern hatten von diesem besonderen Gymnasium, der Carl-Strehl-Schule, gehört, und ohne viel darüber zu wissen, war ich mir sicher, dass ich dorthin wollte. Nach sechs Jahren Integrationsversuch an der Waldorfschule war ich bereit zu einem radikalen Schulwechsel.

Doch bei meinem Vorstellungsgespräch stellte sich heraus, dass ich nicht annähernd die geforderten Qualifikationen mitbrachte. Von der Brailleschrift hatte ich noch nie etwas gehört, und mein Sehvermögen war so schlecht geworden, dass ich nicht einmal mehr mit Vergrößerungsgeräten lesen konnte. Auch die ganz anderen Lerninhalte in Marburg würden mir bei einem Schulwechsel gehörige Schwierigkeiten bereiten. Und trotzdem entschied der Schulleiter, mir eine Probezeit zu gewähren, in der ich mich auf das Lesen und Schreiben der Brailleschrift und auf das Nachholen des gymnasialen Unterrichtsstoffes konzentrieren sollte. Diese Probezeit war mit Nachhilfe in drei Fächern mehr als anspruchsvoll. Aber ich sah sie als einmalige Chance an. Ich hatte das Gefühl, aus einem langen Winterschlaf zu erwachen, und machte in wenigen Monaten, ausgehungert nach Lehrstoff, einen riesigen Satz nach vorne.

Die Trennung von meiner Familie und meinem Umfeld machte mir nicht viel aus. Es gab so viel Neues zu erleben, und die Anforderungen und Erwartungen waren so hoch, dass es kaum eine Gelegenheit für Heimweh gab. Im Gegenteil: Ich genoss die neue Unabhängigkeit, die ich mir auch durch intensives Mobilitätstraining erwarb.

Gleich zu Beginn meiner Marburger Zeit bekam ich meinen

eigenen Mobilitätstrainer, der mir zeigte, wie ich meinen dahinschwindenden Sehsinn kompensieren konnte. Und so lernte ich, praktisch mit den Ohren und der Nase zu sehen. Es dauerte nicht lange, da waren meine Sinne so sensibilisiert, dass ich offen stehende Türen und Treppenstufen am Echo beim Fingerschnipsen oder lauten Auftreten erkannte und Geschäfte und Läden allein am Geruch identifizieren konnte.

Im Straßenverkehr sollte ich einen weißen Langstock in pendelnder Bewegung vor mir hertragen. Das war für mich wie für viele andere Späterblindete zunächst eine große Überwindung. Ich hatte mir meine eigenen Strategien angeeignet, mich zwar langsam, aber doch weitgehend unauffällig durch die Welt zu bewegen. Ich sah den Stock damals vor allem als Symbol für Blindheit und scheute die Stigmatisierung, die er in meinem Verständnis mit sich brachte. Doch mit der Zeit überwand ich meinen Widerwillen und war überrascht, wie viel schneller, sicherer und unabhängiger ich mit diesem Hilfsmittel unterwegs war. Während ich auf früheren Touren ohne Stock dunkle Wege, Treppen oder Menschenansammlungen mied, gab es für mich jetzt praktisch keine überraschenden Hindernisse mehr, und selbst Menschenmengen teilten sich wie durch Magie, wenn ich mit neu erworbener Freiheit treppauf, treppab durch die Marburger Altstadt peste.

Das intensive Training war aber kein reines Zuckerschlecken. Ich erinnere mich an das stundenlange Herumstehen am Rande einer unübersichtlichen Straßenkreuzung, die Schuhe im aufgeweichten Schneematsch, die Augen hinter einer schwarzen Binde, damit ich mich von meinem damals noch vorhandenen geringen Sehrest nicht ablenken ließ. Ich sollte allein durch das Hören die Verkehrssituation erkennen, um selbst zu entscheiden, wann ich die Kreuzung gefahrlos überqueren konnte.

Allein mit dem Stock, meinem Verstand und den verbliebenen vier Sinnen konnte ich mich bald in bekannten und unbekannten Vierteln meiner neuen Heimatstadt Marburg zurechtfinden.

Und dann beschloss mein Trainer, mich einer Abschlussprüfung zu unterziehen. Wir fuhren nach Frankfurt, und er setzte mich in der Innenstadt aus. Die Aufgabe war, ihn ein paar Stunden später am Flughafen am Lufthansaschalter wiederzutreffen.

Ich wusste nicht, dass er mir unauffällig folgte, sondern ging davon aus, dass er am Flughafen auf mich warten würde. Also nahm ich mir vor, mein Ziel so schnell wie möglich zu erreichen. Ich fragte mich zur U-Bahn durch und machte schnell neue Bekannte, die in dieselbe Richtung fuhren und mich gerne mitnahmen. So hängte ich ihn ab und war schon nach einer halben Stunde am verabredeten Ziel.

Erst geraume Zeit später traf mein Trainer ein, aufgeregt und nicht besonders guter Laune. »Eigentlich hast du die Prüfung nicht bestanden«, meinte er grimmig.

Er hatte ja recht, ich hatte fast keine der Techniken angewandt, die er mir mühevoll beigebracht hatte. Aber das Wissen, über all die notwendigen Fertigkeiten zu verfügen, gab mir das Vertrauen, auf Leute zuzugehen, frei zu kommunizieren und Hilfe anzunehmen.

Die Carl-Strehl-Schule ist eine Einrichtung, die sich mit den anspruchsvollsten Schulprojekten weltweit messen kann. Um das Selbstvertrauen der blinden und sehgeschädigten Schüler zu fördern, bietet das Gymnasium ein umfassendes Sportprogramm mit Abfahrtski und Skilanglauf, Reiten und Voltigieren, Rudern, Wildwasserfahren, Windsurfen und vielen anderen Disziplinen an, die man gerne als Risikosportarten bezeichnet und Blinden oft nicht zutraut. Doch die speziell zugeschnittenen Lehrpläne sorgten dafür, dass wir die jeweiligen Sportarten gut genug beherrschten, dass wir uns weitgehend selbst absichern konnten.

In Klassen von acht bis zwölf Schülern wurden wir von engagierten Lehrern individuell und fachübergreifend gefördert. Manche unserer Lehrer waren zunächst nicht sonderpädagogisch geschult. Und das waren oft die Kreativsten, da sie aus reiner Faszination für »unsere Welt« eigene Unterrichtsmethoden und -techniken entwickelten. Meist brachten sie auch eigene Interessensgebiete ein und boten zusätzlich Arbeitsgemeinschaften für Italienisch, Altgriechisch oder Astronomie an. So gab es ein ökologisches Freilandlabor, einen Planetenlehrpfad und ein Medienzentrum, das tastbare Karten, Zeichnungen und Modelle insbesondere für naturwissenschaftliche Fächer entwickelte.

Etliche Pädagogen galten sogar überregional als Experten. Da gab es Sportlehrer, die aus dem Leistungs- und Wettkampfsport kamen; Musiklehrer, die außerhalb der Schule Konzerte gaben; Lehrkräfte, die an der Marburger Universität Pädagogikseminare abhielten. Und es gab sogar einen Chemielehrer, der hessenweit als Feuerwerksexperte galt. Angesichts ihrer Leidenschaft für den Lehrstoff konnten wir gar nicht anders, als uns auch dafür zu begeistern.

Auch das Internat war ungewöhnlich. Wir lebten in über die Stadt verteilten Wohngemeinschaften, wir hatten Studenten-WGs oder Familien als direkte Nachbarn, und wir wurden schon früh dazu gebracht, unseren Haushalt selbst zu führen, einzukaufen, zu kochen und Wäsche zu waschen. Um zu lernen, mit Geld umzugehen, bekamen wir Monatsbudgets, mit denen wir haushalten mussten. Es ging bei dieser Schule immer um Förderung der Eigenständigkeit im Denken und Handeln. Zeigten wir besonderes politisches Interesse an Umwelt- oder Friedensthemen, wurden wir auch mal für eine Demonstration vom Unterricht freigestellt. Theater- und Konzertabonnements sollten uns dazu ermuntern, das Marburger Kulturangebot zu nutzen, und so integrierten wir uns aktiv in die sehende Gesellschaft.

Es war ein Glück, dass wir von so hervorragenden Pädagogen betreut wurden. Es waren Menschen, die sich mit uns auf Augenhöhe auseinandersetzten, sich für unser Leben interessierten, sich aber dennoch der Tatsache bewusst waren, dass sie sich niemals vollends in uns hineinversetzen konnten. Ein Lehrer sagte einmal zu uns: »Glaubt ja nicht, dass wir eine Ahnung haben, wie es ist, blind zu sein. Wir können euch nur geeignete Techniken zeigen, um euch auf Herausforderungen in der Zukunft vorzubereiten. Aber das Leben in die Hand nehmen, das müsst ihr schon selbst.«

An diesen Satz dachte ich später viele Male. Einmal, als ich während meiner Studentenzeit in Nepal unterwegs war. Während einer Exkursion auf einem Wildwasserfluss wurde ich von einer Welle aus dem Raft gespült. Von Wellen hin und her geworfen, setzte ich automatisch die Methoden ein, die ich vor Jahren bei meinen Kajakstunden gelernt hatte: Füße voraus, Kopf schützen und nicht die Ruhe verlieren. Und natürlich denke ich jedes Mal an meinen Mobilitätsunterricht, wenn ich durch Beijing, Mumbai oder Delhi irre, ausgestattet allein mit einem Stock und mit Techniken, mich meiner Sinne und meines Verstandes zu bedienen.

Manchmal frage ich mich, ob ich mir all dies auch in einer inklusiven Schule hätte aneignen können. Ich glaube nicht. Ich wäre ohne die Fertigkeiten, die mir die Marburger Schule mitgegeben hat, nicht auf das Leben, das ich jetzt führe, vorbereitet gewesen.

7. Die Toten von Seme

In Seme, dem kleinen Dorf in der Nähe des Victoriasees, habe ich es gut getroffen. Während Marijn, Tomek und Paul mit einer Art Stall vorliebnehmen müssen, erhalte ich das »Gästezimmer« in der Haupthütte. Es besteht aus einer aufgebockten Matratze hinter einem Vorhang. Steve hat für uns alle Moskitonetze besorgt. Man hatte ihn gewarnt, Mzungos reagierten auf Mücken besonders empfindlich, weil sie glauben, bei jedem Stich gleich an Malaria zu sterben. Wir sind froh über die Fürsorge und lassen die Hänseleien gerne über uns ergehen.

In der Nacht wache ich auf. Wir sind mitten im Dschungel. Eigentlich für mich nichts Ungewöhnliches, denn es klingt ein wenig wie in Kerala: laute Grillenkonzerte, aufdringlich rülpsende Kröten, irgendein zirpender Nachtvogel und natürlich Mücken, die in Schwärmen bluthungrig um das Netz sirren.

»Ihr kriegt mich nicht!«, rufe ich leise. Oder doch? Ich würde eigentlich gerne das Toilettenhäuschen aufsuchen. Aber etwas hält mich zurück. Ein Geräusch, das ich so nicht aus Kerala kenne. Es ist ein fernes, nicht nach einem Menschen klingendes Kichern, das sofort tiefes Knurren bei unseren beiden riesenhaften Bestien auslöst, die etwa zwei Meter von mir entfernt auf der Veranda Wache halten. Mit voller Blase bleibe ich hinter meinem Vorhang versteckt und hoffe inständig, dass weder die Hunde noch die wilden Tiere da draußen Interesse an frischem Mzungo-Fleisch haben.

Am nächsten Morgen erfahre ich, dass es richtig war, die Haupthütte nicht zu verlassen. Auch Steve hat das Kichern gehört: Es waren wohl hungrige Hyänen. Manchmal schleichen sie nachts auf der Suche nach Nahrung um das Dorf herum. Die Hunde hätten das Heim und seine Angehörigen schon verteidigt, aber ob sie uns Fremde auch als schutzwürdig angesehen hätten – er lacht laut auf –, das wisse er nicht.

Dass wir uns in einem Kinderheim befinden, habe ich fast vergessen, denn die Kleinen benehmen sich sehr unauffällig, man hört kaum etwas von ihnen. Während wir in den Morgenstunden auf der Veranda unseren Tee genießen, beobachtet Paul die Jungen und Mädchen, die sich für die Schule fertig machen. Manche gucken vergnügt, lachen über Pauls Grimassen und blicken neugierig in Marijns Kamera. Andere jedoch scheuen jeden Augenkontakt und haben leere Blicke, als wären sie nicht von dieser Welt.

Steve hat wohl Pauls nachdenklichen Ausdruck bemerkt. »Viele Kinder sind tief verletzt. Sie haben miterlebt, wie ihre Eltern qualvoll zugrunde gingen.«

Seine Frau Rosemary hat zunächst schweigend zugehört. Doch jetzt mischt sie sich in das Gespräch ein und sagt mit leicht bitterem Unterton: »Sie würden freiwillig niemals über den Tod ihrer Eltern sprechen. Obwohl Aids in der Schule ein Thema ist, bleibt die Krankheit ein Tabu. Das allgemeine Schweigen macht die Überlebenden einsam.«

Steve stimmt ihr zu: »Die Kinder ziehen sich zurück. Unsere Aufgabe ist es, ihnen neue Hoffnung zu geben.«

Steve hatte am kanthari-Institut Strategien entwickelt, wie man die Sprachlosigkeit der Kinder und der erwachsenen Verwandten und Nachbarn hier in Kenia durchbrechen könnte. Die Kinder lernen nun in seinem Heim, ihre eigenen traurigen Lebensgeschichten zu erzählen und in Rollenspielen darzustellen. Daraus werden dann Theaterstücke und Filme. So können sie sich langsam von ihrem Trauma lösen.

»Den Kindern hilft es, sich mit ihren schmerzhaften Erfahrungen auseinanderzusetzen. Aber die Erwachsenen haben große Angst vor der Realität. Sie wollen die Krankheit nicht wahrhaben und stecken sich gegenseitig weiter an.«

»Und was ist mit Kondomen?«, höre ich Tomeks nachdenkliche Stimme.

Steve nimmt sich Zeit und schlürft geräuschvoll seinen Tee. »Kondome zu bekommen, ist kein Problem, aber unsere Priester sind dagegen.« Er lacht, jedoch es klingt eher wie ein verlegenes Räuspern. »Würden die Kirchenleute sagen: ›Habt Spaß miteinander, aber benutzt bitte Kondome‹, ja, dann sähe es hier anders aus!«

Seine Initiative, sich der Aids-Waisen in Seme und Umgebung anzunehmen, war aus der Not geboren. Steve und Rosemary, beide Sozialarbeiter von Beruf, hatten das »Hope Restauration Center« zunächst als Tagesstätte und Anlaufstelle für die immer größer werdende Gruppe von Kindern gegründet, die sich von ihren Verwandten nicht angenommen fühlen. Später wurde es zu einem Heim, in dem die verstörten und vereinsamten Kinder auch über Nacht Zuflucht suchen konnten.

Zu den ersten Waisen des neuen Heims gehörten Steves eigene Nichten und Neffen, die Kinder seiner an Aids verstorbenen Brüder. Bald kamen andere Aids-Waisen hinzu, die nach dem Tod ihrer Eltern zunächst bei ihren Großeltern gelebt hatten. Die Großeltern waren oft zu alt und zu schwach, um die vielen Enkel aufzuziehen.

»Die überlebenden Angehörigen wohnen alle in der Nachbarschaft, aber ihre Enkelkinder leben bei uns.«

Der Dorfkern von Seme besteht aus etwa dreißig Lehmhütten, manche mit Gras bedeckt, andere mit Blech. Die Hütten stehen scheinbar wahllos verstreut zwischen Feldern und Wiesen. Nur eine der Hütten, die seines Nachbarn, ist ans Stromnetz angeschlossen. Und daher, so Steve, sei die Dorfgemeinschaft ihm gegenüber immer besonders freundlich. »Oh ja, wir sind aufeinander angewiesen. Einmal in der Woche darf ich meinen Laptop aufladen, damit ich meine E-Mails checken und mit der Welt da draußen kommunizieren kann.«

Steve ist in diesem Dorf groß geworden, wo es keine Autos, Fernseher oder Gefriertruhen gibt. Seine Eltern waren Bauern, die von der Hand in den Mund lebten. Als Kind hatte er oft nichts zu essen. Die Banknachbarn in der Schule machten sich lustig über seinen knurrenden Magen, und das einzige Nahrhafte, das er bekommen konnte, war eine alkoholhaltige Brühe, die seine Mutter morgens für den Verkauf zubereitete. »Uh, wenn ich die getrunken hatte, dann war zwar mein Magen still, aber ich war jeden Morgen betrunken. Das hat mir in der Schule nicht besonders geholfen, wie ihr euch denken könnt.«

Die meisten Menschen in der Gegend lebten damals wie auch heute unterhalb der Armutsgrenze. Aber das sei heute nicht die größte Herausforderung.

»Kommt, ich zeig euch was!«

Gemeinsam laufen wir über staubige Sandwege durch die Nachbarschaft des Heimkomplexes. Paul beschreibt mir seine Eindrücke: ein Dorf wie aus einem Bilderbuch. Gepflegte Gärten, saubere Felder, nur wenig Abfall an den Wegrändern. Und doch spüren wir, dass trotz dieser Idylle etwas Bedrückendes in der Luft liegt. Verstärkt durch die Hitze und die ungewöhnliche Stille des Tages, die alle nächtlichen Dschungelgeräusche verdrängt hat, fühlt es sich an, als wäre alles von einer schweren, staubigen Wolldecke umhüllt.

»Wo sind denn die Menschen?«, fragt Tomek.

»Menschen?« Steve lacht bitter. Er zeigt auf etwas, und ich höre, wie meine Mitreisenden die Luft einziehen.

»Überall Holzkreuze«, raunt Paul mir zu. Mit Schrecken bemerken die anderen, dass jede Hütte über ihren eigenen Friedhof verfügt.

»Es gibt keine Familie, die nicht mindesten zwei Aids-Tote zu verbuchen hat. Seht mal da, unser Nachbar. Fünf Söhne sind tot, und der sechste ist schon im Krankenhaus und wird es nicht mehr lange machen.« Steve spricht ruhig, so als erzählte er den Kindern seines Heims eine Geschichte. Manchmal lacht er kurz und heiser auf, und in diesen Momenten klingt es, als habe er alle Hoffnung aufgegeben. »Mehr als ein Drittel der Bevölkerung dieser Region ist an Aids gestorben. Die Mehrzahl der

Übrigen ist bereits HIV-positiv, die meisten lassen sich jedoch nicht testen und verlieren so wichtige Jahre, in denen sie lebensverlängernde Medikamente einnehmen könnten.«

Steve und seine Frau gehören zu den wenigen Erwachsenen, die nicht HIV-positiv sind. »Außer uns gibt es fast nur Kinder und alte Menschen.«

Während er erzählt, erreichen wir den Dorfrand. Über einen schmalen gewundenen Pfad, der von trockenen Sträuchern überwuchert ist, klettern wir eine Anhöhe hinauf. Oben setzen wir uns auf sonnenwarme Felsbrocken und lassen für einen Augenblick unsere Füße baumeln. Ein erfrischender Wind vertreibt das dumpfe Gefühl in der Magengegend. Hier gibt es sogar ein paar Insekten, die leise durch das Buschwerk summen. Es duftet nach Kräutern, Holz und trockener Erde, und alle genießen den Blick über das Tal unter uns, das sich weithin bis zum Victoriasee erstreckt.

Etwas raschelt im trockenen Laub unter unseren Füßen. »Gibt es hier giftige Schlangen oder Spinnen?«, fragt Paul alarmiert.

»Oh, ja!« Steve klingt fast entzückt. »Äußerst giftig, die Schwarzen Mambas! Genau zu dieser Tageszeit kommen sie aus den Löchern und suchen sich einen sonnigen Platz wie diesen.« Steve scheint es zu genießen, ein wenig Unruhe unter uns Mzungos zu verbreiten, und fährt in heiterem Ton fort: »Manchmal sieht man auch genau hier eine Leopardenfamilie in der Sonne dösen. Dann sollte man sich besser davonmachen.«

»Dann mal los«, drängt uns Tomek, der die Reise minutiös geplant hat, »wir müssen weiter. Der Überlandbus fährt bald.« Wir folgen ihm bereitwillig, denn was nützt die schönste Aussicht, wenn die Gefahr besteht, sie mit Schwarzen Mambas und Leopardenfamilien teilen zu müssen.

Wir verabschieden uns von Steve und Rosemary, und Tomek ruft ihnen noch zu: »Ich bin bald wieder da, und dann machen wir zusammen einen Film!«

8. Paprika oder Chili

Tomek ist ein Betriebswirt aus Polen. Im Jahr 2013 hatte er zur selben Zeit wie Steve das siebenmonatige kanthari-Programm absolviert. In seiner Abschlussrede stellte er die Frage, ob er, der anders als die meisten anderen persönlich keine Ausgrenzung oder soziale Not erlebt hatte, sich wirklich einen »kanthari« nennen könne.

Während alle anderen seines Jahrgangs von Anfang an eine klare Vision verfolgten – einige hatten sogar schon mit ihren sozialen Projekten begonnen –, war ihm erst während der Zeit in Kerala klargeworden, was er wirklich wollte. Nach Gesprächen mit Ehemaligen, die ihm über ihre Anfangsschwierigkeiten berichteten, entwickelte er den Plan, ein Unterstützungsprojekt für kanthari-Absolventen zu starten. Denn, so erklärte er in seiner Rede: »Sieben Monate haben wir zusammen gelernt, gelitten und gelacht. Und jetzt stehen wir auf dieser Bühne, einer nach dem anderen, und halten unsere Abschlussreden. Und dann? Was geschieht, wenn es wieder nach Hause geht? Können wir unseren Enthusiasmus, unsere Ideen und Pläne in die Wirklichkeit hinüberretten?«

Tomek hatte einen wunden Punkt getroffen. Wir hatten schon oft erlebt, wie kanthari-Absolventen mit großem Enthusiasmus und neuen Ideen in ihre Heimatorte zurückkehrten und dort keineswegs immer mit Begeisterung empfangen wurden. Viele fallen nach dem ersten freudigen Wiedersehen mit Freunden, Ehepartnern und Kindern erst mal in ein tiefes Loch. Sie fühlen sich einsam und von ihrem Umfeld nicht verstanden. So auch Sristi, eine nepalesische Absolventin. Sie berichtete, wie viele ihrer Angehörigen und Freunde sich erst einmal von ihr distanzierten. »Sie können den intensiven Prozess, durch den wir gegangen sind, nicht nachvollziehen. Sie haben sich in den sieben Monaten, die wir weg waren, persönlich nicht weiterentwickelt und keine Chance gehabt, ihre konservativen Lebenseinstellungen zu hinterfragen und eventuell auch abzulegen.«

Die meisten kantharis erleben bei ihrer Rückkehr auch Druck von der Familie:»Du bist verheiratet, du hast Kinder, du brauchst einen Job! Was stellst du dir vor? Ein soziales Projekt bringt kein Fleisch auf den Tisch.«

Einige geben nach. Und da sie im kanthari-Institut alles lernen, was eine Führungskraft braucht, bekommen sie im Privat- oder auch Regierungssektor mit Leichtigkeit einen Job. So Mohamed Shihab, dem die Regierung von Kerala nach Abschluss des kanthari-Kurses eine gut bezahlte Beamtenstelle anbot. »Ihr hättet mal meine Eltern und Verwandten sehen sollen. Alle redeten auf mich ein, ich solle so eine Chance nicht vertun. Und ich hatte irgendwann keine Energie mehr, mich dem zu widersetzen. Jetzt sitze ich schon zwei Jahre lang hinter staubigen Akten und denke jeden Tag an mein eigentliches Traumprojekt. Ob ich es jemals schaffe, hier wieder rauszukommen?«

Eine andere Schwierigkeit beim Projektstart ist es, Spendengelder zu akquirieren. Viele leben, wie Steve, im Abseits, in kleinen Dörfern, und haben nur selten Internetzugang. Für potenzielle Sponsoren ist es oft mühsam, die Initiativen in abgelegenen Regionen aufzusuchen. Da sie keinen direkten Eindruck von den sozialen Veränderungen bekommen können – oft erhalten sie nicht einmal eine Einreisegenehmigung in das entsprechende Gebiet –, geben die Sponsoren schnell auf und konzentrieren sich auf andere Initiativen, die zwar vielleicht weniger spektakulär, aber besser zugänglich sind.

Nicht selten werden unsere kantharis von den eigenen Leuten boykottiert, da sie Ziele verfolgen, die sich gegen traditionelle Wertvorstellungen richten. Als zum Beispiel Battihun nach sieben Monaten im südindischen Kerala in ihr Heimatdorf im Nordosten Indiens zurückkehrte, erklärten ihr die

Dorfältesten, dass sie nun nicht mehr dazugehöre. Sie sei eine Fremde mit fremden Ideen. In der Tat hatte sie sich sehr verändert. Sie kam mit klaren Vorstellungen, wie man dem zerstörerischen, Gewalt provozierenden Alkoholkonsum ihrer Stammesangehörigen begegnen könne, und stellte sich zudem offen gegen die traditionelle Kinderehe. Dass sie nun auch noch David, einen US-amerikanischen kanthari-Absolventen, geheiratet und mit in den Dschungel gebracht hatte, konnte man ihr nicht verzeihen. Die Dorfobersten streuten das Gerücht, sie stehe mit schwarzen Mächten in Verbindung. Anders konnten sie sich ihren unbändigen Tatendrang, der weit über ein Eigeninteresse hinausging, nicht erklären. Von Beginn an stellten sie sich ihren Initiativen in den Weg und verhinderten so jeden Fortschritt in der Region.

Aus Verzweiflung änderten Battihun und David ihre Strategie: Aus einem Frauenhaus und einer regionalen Kampagne gegen häusliche Gewalt wurde eine Abendschule für Grundschüler. Die Kinder, die morgens in der Schule von verkaterten und demotivierten Lehrkräften vollkommen vernachlässigt wurden, fühlten sich bei David und Battihun aufgehoben, denn ihre Abendschule bot mehr als Englisch und Mathematikunterricht. Die Schüler bekamen auch ganz neue Ideen vermittelt, die sie wiederum in ihre Familien trugen. So wurden die Kinder zu Botschaftern gegen häusliche Gewalt und gegen maßlosen Alkoholmissbrauch, und sie widersetzten sich selbst dem Familiendruck, schon im Alter von 12 oder 13 Jahren heiraten zu müssen.

Für uns ist es ein Wunder, dass die meisten der Absolventen in der Lage sind, entgegen all dem Misstrauen, dem übermäßigen Druck des Mainstreams, trotz ihrer eigenen Einsamkeit und der Geldnot ihre Ideen in die Tat umzusetzen. Die Frage ist nur, zu welchem Preis? Etliche mussten während der schwierigen Startphase ihrer Projekte die Befriedigung persönlicher Bedürfnisse hintanstellen. Mancher startete sein Trainingszentrum oder seine Schule zunächst in der eigenen Hütte und zog damit den Zorn der restlichen Familie auf sich.

Tomek hatte die Not der kantharis erkannt. In seiner Rede erklärte er: »Um all diese Probleme aufzufangen, benötigen wir mehr als einen lockeren E-Mail-Austausch von Ehemaligen. Ich werde nicht nach Polen zurückgehen und eine eigene Initiative auf die Beine stellen. Ich werde anderen Absolventen in schwierigen Situationen und besonders in der wichtigen Startphase zur Seite stehen. Sie brauchen jemanden, der ihre Probleme versteht und sie in kritischen Phasen vor Ort unterstützt.«

So entstand »kanthari+« (»kanthari plus«), ein internationales Netzwerk von kanthari-Alumni, den Absolventen der verschiedenen Jahrgänge. Tomek, der in unserem Institut Spaß am Filmemachen gefunden hat, reist nun mit seiner Kamera von Projekt zu Projekt, um die jeweilige Arbeit mit kurzen Videoclips zu dokumentieren. Diese Videos erreichen mehr und mehr Menschen, die sich gerne in irgendeiner Weise, sei es finanziell oder auch als freiwillige Arbeitskraft, am Aufbau eines sozialen Projektes beteiligen möchten. Darunter gibt es viele Experten, die Tomek mit den kantharis in Verbindung bringt. Durch einen Kurzfilm auf das Projekt aufmerksam geworden, den Tomek über Steves Kinderheim gedreht hatte, installierte zum Beispiel ein polnischer Ingenieur dort eine Solarwasserpumpe. Steve kann nun das ganze Jahr über, auch in der Trockenzeit, seine Felder bewässern. Die überschüssige Energie wird in Batterien gespeichert. So kann er seinen Laptop selbst laden und darüber hinaus ein kleines Geschäft betreiben. Bauern aus Seme und Umgebung kommen jetzt zu ihm, um ihre Mobiltelefone aufzuladen.

Tomek ist begeistert von seinem neuen Leben. »Wir Ehemaligen fragen uns jeden Tag, warum wir die Dinge tun, die wir tun. Wir wissen es nicht genau. Nur eines ist klar: Nach solch intensiver Zeit im kanthari-Institut kann man nicht mehr einfach in sein gewohntes Leben zurückkehren, um die alten Fäden wieder aufzunehmen. Wir haben uns verändert und damit auch unseren Blick auf die Welt.«

Die Fenster des Überlandbusses stehen weit offen. Der gleichmäßig tuckernde Dieselmotor übertönt den Straßenlärm, und der Fahrtwind verweht die Unterhaltungen. Nur manchmal dringen Satzfetzen zu mir durch. Jetzt höre ich Marijns Bass, der den wummernden Motor mühelos übertönt: »Und wie bist du überhaupt auf kanthari gestoßen?«

Dann Tomeks etwas leisere, höhere Stimme: »Oh, das ist ziemlich kompliziert.«

In diesem Moment denkt sich wohl der Busfahrer, uns ein wenig bei Laune halten zu müssen, und beschallt den Bus mit überlautem afrikanischem Pop. Einer der Lautsprecher ist genau über mir platziert, und der Bass sorgt für ein rhythmisches Kribbeln im Magen. Damit bin ich zunächst einmal von der Welt ausgeschaltet. Paul hat wenigstens noch die kenianische Landschaft, die an seiner Seite vorbeifliegt.

Ich hätte zu gerne Tomeks Ausführungen gehört und habe jetzt nur die Notizen von einigen Interviews, in denen er seinen Ausbruch aus der Normalität beschreibt.

»Damals arbeitete ich als Personalchef bei einer großen Firma. Ich war verantwortlich für das Heuern und Feuern. Ein angesehener Job. Aber ich hatte ihn bald satt.«

Auf der Suche nach einem sinnvollen Leben warf er alles hin und machte eine Weltreise. Es ging zunächst nach Griechenland und von da weiter in den Norden Indiens. In einem Ashram erzählte man ihm von einer ganz besonderen Zugreise, die jedes Jahr Hunderte junger Inder durch das ganze Land führt. »Jagriti Yatra«, so der Name des ungewöhnlichen Projektes, richtet sich an College-Absolventen, die sich dem Druck ihrer Familie und ihres konservativen Umfelds entziehen wollen. Die Initiatoren wollen neue Impulse für ein selbstbestimmtes Leben setzen.

18 Tage lang leben die Jugendlichen im Zug auf engstem

Raum zusammen. Es gibt einfache Schlafgelegenheiten, Sanitäranlagen mit Duschen und Waggons, in denen Diskussionen veranstaltet werden. Auf dieser Reise tauschen sich die Jugendlichen über ihre Sorgen, Nöte und Ideen aus. Und sie besuchen unterwegs soziale Initiativen. Im Jahr 2009 kamen sie auch bei uns im kanthari-Institut vorbei. Es waren mehr als 500 junge Leute, die sich in unserem Speisesaal zusammendrängten. Sie sangen so laut und tanzten so wild, dass wir uns ein wenig Sorgen um die Statik des gerade frisch eingeweihten Auditoriums machten.

Paul reiste damals für einige Tage mit und erlebte Indien aus einer ganz neuen Perspektive. Er lernte junge Menschen kennen, deren ganzes Leben durch Druck von außen bestimmt ist. Es beginnt mit dem Lerndruck in der Schule, Familiendruck, wenn es darum geht, das richtige Studium zu wählen, den richtigen Lebenspartner zu heiraten, früh genug Kinder zu kriegen, und natürlich Druck im Job, viel einzubringen, aber nicht zu eigenständig zu denken. Während dieser Reise fühlen sie sich das erste Mal frei, über all diese Sorgen und Zwänge zu sprechen. Das Treffen mit Persönlichkeiten, die sich bereits von gesellschaftlichen und familiären Zwängen emanzipiert haben, gibt den jungen Menschen den Mut, ihr Leben ebenfalls selbst in die Hand zu nehmen.

Tomek nahm bei seinem ersten Besuch in Indien als freiwilliger Helfer an der Jagriti-Yatra-Reise teil und begegnete Khom, einem kanthari-Absolventen des ersten Jahrgangs.

Khom ist blind und engagiert sich im Westen Nepals für die Rechte der Blinden. Im malerischen Pokara gründete er nach Abschluss des kanthari-Kurses ein Computertrainingszentrum und eine Sprachenschule für Blinde. Tomek besuchte ihn später dort und half ihm, zusätzlich ein Internetcafé einzurichten.

»Khom hatte das Feuer, nach dem ich gesucht hatte. Er musste viele Hindernisse überwinden, aber er ist immer seiner Vision treu geblieben. Das hat mich angestachelt, über meinen eigenen

Traum nachzudenken. Die Frage war nur, hatte ich überhaupt einen Traum? Und wenn ja, würde ich den Mut haben, diesen Traum auch umzusetzen?«

Angesteckt von Khoms Engagement, bewarb sich Tomek für den kanthari-Kurs.

»Das war nicht ganz einfach. Denn es gab für unseren Jahrgang weit über 400 Bewerber aus der ganzen Welt, ›soziale Visionäre‹, Menschen, die einen ›pinching point‹ erlebt hatten. Und ich rätsele noch heute, was eigentlich *mein* ›pinching point‹ ist.«

Den Studenten an unserem Institut ist gemeinsam, dass sie alle irgendwann ein Schlüsselerlebnis hatten, das ihrem Leben eine neue Richtung gab. Wir nennen das den »pinching point« (»Kneifpunkt«), ein schmerzhaftes Erlebnis, das es einem nicht erlaubt, in der gewohnten Weise fortzufahren. Dieser Schmerzpunkt erzeugt Energie und kreative Wut. Er verändert die Grundprämisse des Lebens; das Ziel wird neu bestimmt, die Route neu berechnet.

Während des Auswahlverfahrens steht nicht nur die Idee einer sozialen Initiative im Vordergrund, wir interessieren uns besonders auch für die Lebensgeschichten der Bewerber und wie sie ihre schmerzhaften Erfahrungen und Krisen einsetzen, um neue Lösungen zu finden. Wie zum Beispiel Monicah, die in der Nacht vor der Geburt ihres ersten Kindes vor der Genitalbeschneidung fliehen musste. Wut auf die Verfechterinnen der grausamen Tradition, aber auch Empathie mit den leidtragenden Mädchen, die es nicht schaffen, sich rechtzeitig in Sicherheit zu bringen, gaben Monicah die Stärke und das Durchhaltevermögen, ihre Projektidee zu realisieren. Oder Steve, der sich plötzlich gezwungen sah, die Kinder seiner an Aids gestorbenen Brüder großzuziehen. Das hat sein Leben umgekrempelt. Einmal angefangen, nahm er sich auch anderer Kinder an. In seinem Heim sorgt er nicht nur für eine sichere Unterkunft, sondern gibt den Kindern durch kreative Film- und Theaterarbeit auch Hoffnung und Selbstvertrauen.

Die Auswahl der Studenten zieht sich in der Regel über mehrere Monate hin. Bewerber werden dabei von einem internationalen Team aus erfahrenen Aktivisten, Entwicklungshelfern, Unternehmern und Psychologen, die wir »Katalysatoren« nennen (nach der Substanz, die eine chemische Reaktion beschleunigt), zu ihrer Idee und ihrem Lebensweg interviewt.

Tomek beschrieb seine Erfahrungen in einem Interview: »Als ich glaubte, ich hätte es endlich geschafft, wurde ich noch einmal zu einem finalen Onlinegespräch gebeten, diesmal aber mit sechs Katalysatoren, die mich über eine Stunde in die Zange nahmen. In diesem letzten Gespräch wurde mir klar, dass ich mit all meinen Universitätsabschlüssen und Arbeitserfahrungen hier keine Vorzugsbehandlung bekommen würde. Ich musste in meinen Gedanken und Aussagen viel klarer werden und mein bisher erworbenes Wissen erst einmal auf Eis legen. Ich wurde schließlich aufgenommen, bestimmt nicht wegen meiner damals sehr konventionellen und nicht durchdachten Projektideen, auch nicht, weil sie in mir den typischen kanthari sahen, wohl aber aufgrund der Tatsache, dass ich offen für eine Richtungsänderung, für ein neues Leben war.«

Im Mai 2013 nahm er, zusammen mit 21 anderen Studenten, seinen Kurs auf. »Da gab es nicht nur einen Khom. Ich lebte und arbeitete tagtäglich mit vielen Khoms, mit charismatischen, extrovertierten und daher manchmal sehr anstrengenden Menschen aus der ganzen Welt. Alle hatten unterschiedliche Zielsetzungen. Und alle hatten eine Energie, die mich ein wenig einschüchterte.«

Tomeks Jahrgang bestand in der Tat aus vielen nicht zu bändigenden Temperamenten. Es gab Teilnehmer aus Stämmen der Ureinwohner Nord- und Südindiens, die sich für Menschenrechte starkmachten, engagierte Feministinnen aus Kerala und Nigeria, die sich gegen männliche Gewalt und Unterdrückung einsetzten. Es gab einen Sambier, der zuerst bei einem Busunglück sein rechtes Bein und einige Jahre später durch einen

Hirntumor seinen Sehsinn verloren hatte. Er wollte eine Farm für Blinde und körperlich Behinderte aufbauen, die sich an der Farmgain-Bewegung für nachhaltige Landwirtschaft orientieren sollte. Und da war Thomas, ein Überlebender des liberianischen Bürgerkriegs, Dichter und Rapper, der mittlerweile ein Poetry-Slam-Café aufgemacht hat, um den vom Bürgerkrieg traumatisierten, gewalttätigen Jugendlichen neue Formen anzubieten, ihre Aggressionen zu kanalisieren.

»Was mich an kanthari am meisten faszinierte, war die Tatsache, dass sich keiner hier als Opfer betrachtete. Alle akzeptierten das, was sie erlebt hatten, denn sie fühlten sich jetzt stark genug, neue Wege zu gehen und Risiken als Abenteuer anzunehmen.«

Tomek war der einzige Europäer unter Afrikanern und Asiaten. »Ich habe den interkulturellen Austausch sehr genossen, aber manchmal hatte ich auch das Gefühl, nicht wirklich dazuzugehören. Denn was hatte ich schon an Lebenserfahrung zu bieten?«

Die Pop-CD des Busfahrers ist inzwischen abgespielt, und wir haben unser Gehör wieder zurückgewonnen.

Auf der anderen Seite des Ganges sprechen Marijn und Tomek immer noch miteinander:

»Bei all dem Temperament der anderen Studenten habe ich mir wieder und wieder die Frage gestellt: Bin ich ein kanthari, eine rote, scharfe Chilischote oder nur einfach eine grüne Gemüsepaprika?«

Marijn lacht dröhnend: »Und zu welchem Ergebnis bist du gekommen?«

Während Tomek über die Antwort nachdenkt, erinnere ich mich an den Beginn seiner Abschlussrede, in der er sich genau darüber Gedanken machte: »In der rechten Hand halte ich eine Paprika und in der linken eine Kanthari, eine kleine, aber sehr scharfe Chili. Die Paprika nimmt in Gerichten stets den

Geschmack anderer Zutaten an. Sie ist gefällig und immer bekömmlich. Die Kanthari hingegen passt sich nicht an. Sie setzt sich mit ihrer Schärfe durch.«

»Und?«, drängt Marijn.

»Ich glaube, ich bin mittlerweile ein kanthari geworden. Vielleicht gehöre ich nicht zu den schärfsten Sorten. Aber jetzt bin ich sicherlich scharf genug, um meinem früheren Leben etwas entgegenzusetzen.«

Das Gespräch endet in lautem Gelächter.

Was die kanthari-Persönlichkeiten unterscheidet, ist die jeweilige Herangehensweise. Bei unserer langjährigen Arbeit mit sozialen Visionären aus aller Welt haben wir bisher fünf unterschiedliche Typen identifiziert: Aktivisten, Initiatoren, Erfinder, Künstler und Unternehmer. Und jedem dieser speziellen Typen widmen wir eine bestimmte Kanthari-Chili. Tatsächlich gibt es mindestens fünf verschiedene Sorten, die sich in Farbe, Geschmack und Wirkung unterscheiden. So ist die rote Kanthari schärfer und feuriger als alle anderen. Sie enthält die stärkste, unmittelbarste Energie. Schon der erste Biss verursacht eine Explosion, ein Feuerwerk auf der Zunge. Die Schärfe der grünen und der violetten Kanthari entfaltet sich dagegen bedeutend langsamer. Ich habe oft beobachtet, wie Chili-Liebhaber erst ein wenig enttäuscht sind, denn die grünen und violetten schmecken zunächst wenig scharf und fast ein wenig säuerlich, ähnlich wie eine unreife Erdbeere. Die Wirkung lässt auf sich warten. Doch dann beginnt sie sich bemerkbar zu machen, erst irgendwo weit hinten am Gaumen. Dann aber: Schweiß auf der Stirn, Adrenalin, der vergebliche Versuch, das Feuer mit kühlem Wasser in Schach zu halten.

Die gelben und orangen Kantharis sind eher gemäßigt und sogar für Chili-Verächter gut zu ertragen. Sie reizen die Geschmacksknospen nur so weit wie nötig, um der Mahlzeit etwas Pfiff zu geben. Für alle Kantharis gilt jedoch: Sobald das Sinnesspektakel abgeklungen ist, fühlt man sich durchgeputzt und aufgeweckt.

So verschieden die Kanthari-Sorten sind, so unterschiedlich sind auch die Persönlichkeiten, die wir kantharis nennen. Gemeinsam ist allen ein feuriges Engagement für die Sache, für gesellschaftliche Veränderungen. Gemeinsam ist ihnen auch, dass sie dabei keine Scheu haben, unbequem zu sein oder sich sogar unbeliebt zu machen. Angepasste, brave Menschen würden die Spannung nicht ertragen, die immer entsteht, wenn Konventionen hinterfragt und gesellschaftliche Zustände verändert werden.

»kanthari« als Name für unser Institut und als Symbol für unsere Studenten ist erst entstanden, als bereits zwei Generationen von Projektinitiatoren das Trainingsprogramm absolviert hatten.

Gegründet wurde das Institut im Jahre 2009 mit dem eher sperrigen Namen »IISE« (International Institute for Social Entrepreneurs), ein Name, der entstanden war, weil wir uns mit der Idee, die hinter dem Begriff des »Social Entrepreneurs« oder »Sozialunternehmers« steht, identifizieren konnten.

Es war die weltbekannte Organisation Ashoka, die den Begriff »Social Entrepreneur« geprägt hat. Wir waren von Anfang an sehr angetan von der Wortkombination »sozial« und »Unternehmer«, denn da, wo aktives Handeln und kreatives Denken gefordert sind, ist auch immer ein unternehmerischer Geist gegenwärtig. Zudem sind Unternehmer bereit, Risiken einzugehen, und oft auch in der Lage, Probleme auf kreative Weise zu lösen. In unserer Vorstellung sollten »Social Entrepreneurs« von einem sozialen Idealismus erfüllt sein. Sie sollten in besonderem Maße Leidenschaft für die Sache aufbringen. Sie brauchen, vielleicht sogar noch mehr als andere Geschäftsleute, langfristiges Durchhaltevermögen, denn bei *ihrer* Definition von Erfolg geht es nicht einfach nur um schwarze Zahlen, sondern vor allem um die Vision einer besseren Welt. Social Entrepreneurs sollen das »Business as usual« infrage stellen.

All diese Überlegungen führten dazu, dass wir zu Beginn unsere Absolventen wie auch uns selbst als »Social Entrepreneurs« bezeichneten.

Aber schon bald wurde uns bewusst, dass der Begriff zu eng war. Das Wort »Unternehmer« wird im Allgemeinen mit »Geschäft« und »Geschäftstüchtigkeit« in Verbindung gebracht. Doch nicht alle, die sich für soziale Veränderungen starkmachen, sind auch automatisch gute Geschäftsleute. Nach unserer Erfahrung stehen viele Menschen, die ihr Leben in den Dienst einer sozialen Veränderung stellen, mit dem Begriff »Business« eher auf dem Kriegsfuß. Für viele Aktivisten, Initiatoren, Erfinder und Künstler ist Geld ein notwendiges, doch irgendwie lästiges Mittel, aber niemals Selbstzweck.

So sahen wir die Notwendigkeit, eine eigene Begrifflichkeit zu entwickeln, und machten uns auf die Suche nach einem neuen Namen für unser Institut. Wer ist denn überhaupt in der Lage, aus innerer Motivation heraus langfristige soziale Veränderungen zu bewirken? Wer hat den Mut, unsoziale Konventionen infrage zu stellen, den Status quo herauszufordern? Für uns sind es meist Menschen aus den Randzonen der Gesellschaft, die aus eigener Anschauung und der Erfahrung erlittenen Elends heraus handeln. Nicht einfach nur »Großmut«, »Mitleid« oder ein karitatives Ideal sind ihre Motivation, sondern auch Leidenschaft, existenzielle Not und konstruktive Wut. Wir benötigten also ein Symbol für den »gesellschaftlichen Visionär«, den Veränderer mit Temperament, wachem Geist und scharfer Zunge.

Und als wir das Gesuchte identifiziert hatten, war das Symbol schnell gefunden. Es lag im wahrsten Sinne des Wortes gleich vor unserer Nase, in einem Gemüsecurry.

Die Kanthari-Chili ist für ihre Schärfe und für ihre medizinische Wirkung bekannt. Spricht man in Kerala jedoch Kinder auf die Chilischote an, lachen sie laut auf, denn »Kanthari«

wird von Erwachsenen oft als Schimpfwort für aufmüpfige Kinder und Jugendliche gebraucht. Man beschimpft diejenigen mit »du Kanthari!«, die sich von Autoritätspersonen nicht alles gefallen lassen. Manche unserer einheimischen Mitarbeiter und Freunde erzählten uns, nicht ohne Stolz, wie sie von ihren Verwandten abfällig als »Kantharis« bezeichnet wurden, weil sie ihrem eigenen Studienwunsch nachgingen oder sich einer arrangierten Ehe widersetzten.

Alle, die einheimischen wie die ausländischen Mitarbeiter, waren wie elektrisiert von diesem neuen Namen, von diesem Symbol. Und es machte Spaß, unser Institut mit einem so schmeichelhaften »Schimpfwort« zu bezeichnen. Zudem hatten wir einen neuen Begriff entdeckt für all diejenigen, die es wagen, ein bisschen Würze in den Mainstream zu bringen.

Heute, nur wenige Jahre nach der Namensgebung, wissen wir, dass der Begriff sich bewährt hat. Durch unsere Absolventen – eben die kantharis – verbreitet sich der Begriff über die ganze Welt. Auf diese Weise kamen zwei Studentinnen der schwedischen Jönköping International Business School zu uns nach Kerala. Nach ausführlichen Interviews mit Paul und mir, mit Studenten und Absolventen, schrieben sie ihre Examensarbeit über das »kanthari-Phänomen« und erhielten dafür einen Zukunftspreis europäischer Universitäten in der Kategorie »Innovation«. Die Arbeit handelte im Besonderen von der Vorgeschichte der kanthari-Idee, die weit entfernt von Kerala, im tibetischen Hochland, begann.

9. Auf unterschiedlichen Wegen nach Tibet

Es war im Sommer 1997, als mein Leben eine neue Wendung nahm. Ich war im vorletzten Jahr meines Tibetologiestudiums und hatte ein Urlaubssemester beantragt, um im Autonomen Gebiet Tibet für meine anstehende Magisterarbeit zu recherchieren. Das war zumindest der offizielle Grund. Meine eigentliche Motivation waren Lust am Abenteuer und Interesse für das Leben der Blinden in Tibet. Ich hatte erfahren, dass Blinde dort damals keine Möglichkeit hatten, in die Schule zu gehen. Und das brachte mich auf die Idee, eine Blindenschule in Lhasa, der Hauptstadt des Autonomen Gebiets, zu gründen.

Ich reiste durch Tibet ohne Freunde und Verwandte. Ich reiste allein oder gemeinsam mit Einheimischen, weil ich hoffte, so leichter mit interessierten Menschen zusammenzutreffen. Meine Rechnung ging auf. Der »Alleingang« öffnete mir Tür und Tor zu Familien mit blinden Kindern. Da sie meine Selbstständigkeit mitbekamen, waren sie eher bereit, mir ihre Kinder anzuvertrauen. So konnte ich auch die Verantwortlichen in den Behörden davon überzeugen, mir die notwendigen Papiere auszustellen. Zudem stellte man mir Räumlichkeiten in einem Waisenheim zur Verfügung.

Zu der Zeit traf ich Paul. Es war Zufall, dass er nach Tibet gekommen war. Ebenso zufällig sind wir uns in einer der vielen Backpacker Lodges, im Banak Shol, begegnet.

»Stell dir mal vor«, sagt er manchmal, »wenn der Himmel in Xi'an und Beijing nicht so grau gewesen wäre, wäre ich wohl nie auf die Idee gekommen, nach Tibet zu reisen.«

Meine Antwort: »Was wäre gewesen, wenn du nicht im Banak Shol abgestiegen wärst, sondern in einem anderen Hostel? Dann hätten wir uns vielleicht nie getroffen.«

Er lacht schallend: »Dann wäre uns vieles erspart geblieben.«

Paul ist einer der wenigen Menschen, die ich kenne, die das Leben mit all seinen Facetten, mit Höhen und Tiefen, von Grund auf genießen. Unzählige Male höre ich ihn sagen: »Was haben wir es gut!«, und manchmal macht mich dieser Ausspruch richtig wütend, denn wir hatten es in den letzten 17 Jahren bestimmt nicht immer gut. Zeitweise ging es uns richtig dreckig. Besonders in der Anfangszeit, als wir die Schule gründeten, stolperten wir von einer Krise in die nächste. Viele Male waren wir kurz davor, alles hinzuschmeißen.

Einige Male sollte die Schule geschlossen werden, und fast wären wir des Landes verwiesen worden. Unser erster deutscher Trägerverein boykottierte unsere Arbeit und unterminierte unser Verhältnis zum Bundesministerium für wirtschaftliche Zusammenarbeit und Entwicklung (BMZ). Auch mit der Leitung des Waisenheims gab es Probleme. Paul hatte Unregelmäßigkeiten in der Buchführung entdeckt. Da diese auch uns betrafen – die Tochter des Heimleiters hatte versucht, Spendengelder für private Ausgaben zu nutzen –, machte er die Verantwortlichen darauf aufmerksam. Das ließ sich der Heimleiter nicht gefallen und setzte uns im Januar 1999 mit sechs blinden Kindern bei Temperaturen von minus 20 Grad kurzerhand auf die Straße. Zum Glück kamen wir bei der Familie einer Mitarbeiterin unter.

Oft waren wir so pleite, dass andere Hilfsorganisationen mit Lebensmitteln, Schuhen und Winterkleidung für die Kinder aushelfen mussten. Als Folge ging es uns auch gesundheitlich nicht gut. Paul war dermaßen abgemagert, dass seine Mutter bei einem überraschenden Heimatbesuch etwas Zeit brauchte, ihn wiederzuerkennen.

»Nein, wir hatten es wirklich nicht immer gut!«

»Was hast du denn?«, wundert sich Paul über meine Entrüstung. »Es ist doch alles gut gegangen.«

Er hat ja recht. Im Rückblick betrachtet, haben sich alle unsere Tiefschläge für den Verlauf des Projektes als vorteilhaft erwiesen. Die Krisen mit den Behörden haben uns schließlich einen soliden Regierungspartner, die tibetische Behindertenorganisation, eingebracht. Wir beendeten die fruchtlose Zusammenarbeit mit dem BMZ und standen damit notgedrungen auf eigenen Beinen, was sich auf längere Zeit in jeder Hinsicht als vorteilhaft erwies. Der Rauswurf aus dem Waisenheim, das sich in einem Außenbezirk Lhasas befand, hatte zur Folge, dass wir ein Haus mitten in der Stadt fanden, das sich als ideal erwies. Seitdem ist das Haus als Blindenschule Tibets bekannt und eine Anlaufstelle für Besucher aus der ganzen Welt.

Geholfen hat uns sicherlich die Kombination unserer beider Charakterzüge. Mein Dickschädel, gepaart mit Pauls unerschütterlichem Optimismus.

Pauls Lebensgeschichte ist ein gutes Beispiel dafür, wie ein Mensch aus Schicksalsschlägen Antriebskraft und Durchhaltevermögen gewinnen kann.

Er stammt aus einer Kleinstadt in Holland, einem sehr behüteten Nest. Die ersten 16 Jahre seines Lebens verbrachte er hier. Seine Eltern betrieben eine Bäckerei gleich im Stadtkern von Venray. Der Kindergarten befand sich auf der gegenüberliegenden Straßenseite, dahinter die Grundschule und nicht weit davon entfernt die Mittelschule. Erst mit dem Studium erweiterte er seinen Radius. Von da ab ging es in immer größeren Kreisen hinaus, bis er schließlich in Tibet landete.

Das hatten sich seine Eltern sicherlich anders vorgestellt. Sie waren zunächst verständlicherweise nicht gerade entzückt, als er ihnen im Frühjahr 1998 eröffnete, sein Leben nun im fernen Tibet verbringen zu wollen.

Es dauerte einige Jahre, bis sie sich an die Situation gewöhnt hatten. Tibet war weit und unser Leben so außergewöhnlich, dass sie lange glaubten, unsere Arbeit sei nur eine verlängerte Urlaubsbeschäftigung. Wenn wir uns ausgetobt hätten, würde Paul schon wieder vernünftig werden und in seine Heimatstadt zurückkehren. Alles würde nach Plan verlaufen: Heirat, Familie, geordnetes Leben. Dabei übersahen sie, dass in Pauls Leben, trotz scheinbar geordneter Verhältnisse, bisher nicht viel nach Plan gelaufen war.

Es war eine ungewöhnliche allergische Krankheit, die sein Leben anfänglich aus den Angeln gehoben hatte. Als er elf Jahre alt war, entdeckte seine Mutter bei ihm rote Punkte auf Rücken und Schultern. Es sah aus wie Masern. Sie brachte ihn zum Arzt. Der schien ratlos und gab ihm irgendeine Salbe und Tabletten. In einer Woche sollte er wiederkommen, dann seien die Punkte sicherlich weg. Der Arzt hatte recht. Nach einer Woche waren die Punkte weg, aber seine Haut ebenfalls. Das war der Anfang einer langen Tortur, denn in den folgenden sechs Jahren blieb eine offene, blutige Wunde, die sich von den Schulterblättern über den halben Rücken erstreckte.

Die Schmerzen waren unerträglich. Viel schlimmer aber war die Angst, andere würden bemerken, was mit ihm los war, und ihn wie einen Aussätzigen behandeln. In den ersten Jahren konnte er das ziemlich gut verbergen. Aber sein Leben bestand hauptsächlich aus Vermeidungsstrategien: Nach dem Fußballspiel duschte er nicht mit den anderen. Damit niemand das Blut auf seinem Rücken bemerkte, wählte er sorgsam die Farben seiner T-Shirts aus. Infrage kamen nur dunkle Hemden, schwarz oder dunkelblau. Damit das Blut nicht durchsickerte, trug er oft mehrere T-Shirts übereinander. Nach langen Tagen klebte die Kleidung an der Wunde fest. Um sie nicht wie einen Klettverschluss losreißen zu müssen, ging er abends angezogen in die Badewanne, um die über den Tag gebildete Kruste aufzuweichen. In der Nacht schlief er auf dem Bauch, damit das Bettlaken morgens nicht an der Wunde festklebte.

Obwohl er gerne Ball spielte, war er beim Völkerball nicht voll einsatzfähig, denn er versuchte, so gut es ging, seinen Rücken zu schützen. Das fiel besonders zwei Jungen auf. Sie hatten ihn für einige Zeit beobachtet und pirschten sich nun regelmäßig an ihn heran, um ihm mit der flachen Hand auf den Rücken zu schlagen. Der Schmerz ließ ihn jedes Mal in die Knie gehen.

»Ein ganzes Jahr ließ ich mich piesacken, und dann wurde es mir doch zu bunt. Ich zeigte meinen Peinigern die Wunde, und ich kann mich noch gut an ihre Gesichter erinnern. Der Schock war so groß, dass sie meinen Rücken nie mehr berührten.«

Während seiner gesamten Jugendzeit fühlte er sich isoliert. Er vermied enge Freundschaften aus Angst, die Freunde in die Flucht zu schlagen. Nicht einmal sein Vater und seine Geschwister ahnten, durch welche Hölle er ging. Nur die Mutter wusste Bescheid. Jeden Morgen wusch sie die blutigen Laken. Sie brachte ihn zu verschiedenen Ärzten, darunter auch zu dem einen oder anderen Wunderheiler. Aber keiner konnte helfen.

»Mit 15 bekam ich den nächsten Dämpfer. Ich hatte mich schon länger in ein Mädchen, eine Klassenkameradin, verguckt. Sie war intelligent und warmherzig und hatte sich wohl auch für mich erwärmt. Die Bedingungen standen also gut, dass sie mich mit meinem großen Geheimnis akzeptieren würde, wenn ich mich ihr offenbarte. Ich nahm all meinen Mut zusammen und sprach sie an. Wir kamen uns tatsächlich näher, und ich Dummkopf glaubte, ich könnte ihr vertrauen. Also zeigte ich ihr meinen Rücken. Das entsetzte Gesicht, das sie machte, und der Schreckensschrei, den sie ausstieß, bevor sie davonrannte, versetzten meinem Selbstwertgefühl einen Schlag. Von da an konnte ich für einige Jahre niemandem, besonders aber keinem Mädchen, mehr vertrauen. Ich konnte noch nicht mal Augenkontakt mit jemandem aufnehmen.«

Seine Jugendjahre musste er erst einmal abhaken. Fortan konzentrierte er sich auf die Schule und die anschließende Fachhochschulausbildung im Bereich Technik und Maschinenbau.

Paul war schon als kleiner Junge leidenschaftlicher Techniker. Angeregt durch die Beschäftigung mit Lego-Bausätzen, mussten alle technischen Geräte, die er in die Finger bekam, untersucht und auseinandergenommen werden. Jetzt machte er seine

Leidenschaft zum Beruf. Eigentlich hätte ihm alles ohne Weiteres zufliegen müssen, aber sein Selbstwertgefühl war durch die Jahre der Ausgrenzung so beeinträchtigt, dass er sich zunächst nicht einmal mehr die einfachsten Handgriffe zutraute.

»Ich hatte ständig Angst, wann immer ich etwas zusammenschraubte oder -schweißte, dass es sowieso nicht halten würde. Aber das Vertrauen meiner Lehrer und kleinere Erfolge während meiner Ausbildung gaben mir Schritt für Schritt das Gefühl zurück, dass ich doch zu irgendetwas gut war.«

Zum Beispiel wurde er während eines Praktikums beauftragt, zusammen mit einem Team eine Laufbrücke in einer Fabrikhalle anzubringen. Mehrere Stunden hing er in Seilen unter der Decke, 12, 13 Meter hoch, um stählerne Ausleger an senkrecht stehenden Stahlträgern festzuschweißen. Auf diesen Auslegern wurden Gitter befestigt. Bei der Eröffnung der Fabrikhalle standen da mehr als hundert Leute, und er beglückwünschte sich leise, dass die Konstruktion wirklich hielt.

Noch während seiner Ausbildung sollte er eine Druckmaschine auseinandernehmen, damit sie in die USA verschifft werden konnte. »Ich musste die Maschine zusammen mit einem Kollegen entmanteln und die vielen gekappten Drähte mit Nummern versehen, damit man sie später wieder richtig zuordnen konnte. Mein Kollege wurde krank, und ich war nun der Einzige, der wusste, wie man das Ganze wieder zusammensetzte. So wurde ich kurzerhand mit der Druckmaschine nach Amerika verschifft, um da alles wieder aufzubauen. Ich hatte nun die Verantwortung für eine millionenschwere Anlage. Alles gelang, und für mich war das der Wendepunkt meines Lebens. Von diesem Zeitpunkt an wurde alles gut. Was ich auch immer anfing, es funktionierte. Vielleicht nicht so, wie ich es ursprünglich geplant hatte, aber dann doch auf die eine oder andere Weise.«

Und noch etwas sorgte für Aufwind in seinem Leben: Sein Onkel, Krankenpfleger von Beruf, wurde auf seinen Rücken aufmerksam. Er riet ihm, Kartoffelmehl auf die Wunde zu streuen. Ein altbewährtes Mittel unter Kriegsverwundeten. Das Kartoffelmehl verhinderte, dass der Stoff an der Wunde festklebte. Langsam, aber sicher entstand eine dünne Haut, die sich später wieder normalisierte.

Obwohl er sich jetzt gut bezahlte Arbeitsstellen hätte aussuchen können, studierte er weiter an der Fachhochschule und absolvierte vier verschiedene Studiengänge: Steuerungstechnik, Wirtschaftsingenieurwesen, Informatik und Kommunikationstechnik.

Nachdem er sein Leben in den Griff bekommen hatte, spürte er den Drang, die Welt zu sehen. Während des Studiums arbeitete er nebenher und verdiente genug, um als Freiwilliger bei Entwicklungsprojekten in Afrika und Osteuropa einzusteigen. Er baute Schulen, installierte sanitäre Anlagen, legte Gärten an und kümmerte sich um alle technischen Angelegenheiten. Er hatte viel zu tun, denn hauptberufliche Entwicklungshelfer haben gewöhnlich zwei linke Hände und sind oft hilflos, wenn Stromaggregate ausfallen, Computer neu installiert oder auch nur Bretter an die Wand geschraubt werden müssen.

Kurz nach dem Mauerfall zog es ihn in den Osten. In Polen und Weißrussland arbeitete er mit geistig und körperlich behinderten Kindern und entdeckte in einer Einrichtung ein schauriges Geheimnis. Die freiwilligen Helfer hatten sich schon länger über die vielen Bestattungen gewundert und erkundigten sich bei einem Mitarbeiter. Mutig zeigte er ihnen, was sie niemals hätten sehen dürfen: Es war ein geheimer Trakt. Hier wurden viele der Kinder, wenn sie sich nicht mehr verständlich machen konnten, einfach hineingelegt und nicht mehr ernährt.

Ein paar Jahre später ging er nach Afrika, zunächst nach Lesotho. Es war 1992, während der großen Dürre.

»Wir hatten damit begonnen, eine Schule zu bauen, aber es gab fast kein Wasser. Hätten wir das letzte Wasser für die Betonherstellung genutzt, hätten die Kinder nicht überlebt. In diesem Sommer lernte ich, jeden Tropfen Wasser zu schätzen, Zähne trocken zu putzen und Gras und Blätter zu essen. Seitdem macht es mich wütend, wenn ich sehe, wie sorglos man in Europa mit wertvollem Trinkwasser umgeht.«

Paul reiste weiter nach Simbabwe, um sich in den überfüllten Krankenhäusern nützlich zu machen. Doch die Situation war da noch katastrophaler.

»Zum ersten Mal bin ich richtig mit dem Tod konfrontiert worden. Überall um uns her fielen die Menschen einfach um. Kinder kommen auf einen zu, brabbeln etwas vor sich hin, und plötzlich kippen sie zur Seite und sind tot. In Mutare gab es für die Bevölkerung noch für acht Tage Wasser. Daher sah ich keinen Grund, dort zu bleiben. Ich war ja kein Arzt, und als Techniker konnte ich mich nur nützlich machen, wenn die gröbste Not gelindert war. Also bin ich bei Mutare über die Grenze nach Mosambik. Und da gab es neben der Trockenheit eine weitere Herausforderung: Landminen. Durch Erdrutsche wurden die vorher lokalisierten Landminen wieder über die Felder verteilt, und man war nirgendwo mehr sicher. Ich fand eine Arbeit in einem Krankenhaus. Von überall her kamen Frauen und Kinder, ohne Arme, ohne Beine. Nach solchen Erlebnissen kann man sich nicht mehr in einen ›geordneten‹ Alltag einfügen. Mir ist klar geworden, dass ich die Freiwilligenarbeit zum Beruf machen wollte.«

Nach einigen weiteren Bauprojekten in Gambia und Senegal entschied sich Paul, China zu erkunden. Bei dieser Reise hatte ihn ein mit Salmonellen verseuchtes Eis für einige Zeit außer Gefecht gesetzt. Der Rat eines durch China reisenden deutschen Arztes, das Klima zu wechseln, der trostlose, bleigraue Himmel über Xi'an und seine Sehnsucht nach Sonne hatten ihn schließlich auf das Hochland von Tibet getrieben. In seinen ersten Stunden in Lhasa, im Banak Shol, einer bei Backpackern beliebten, etwas heruntergekommenen Herberge, kreuzten sich unsere Wege. Ich erzählte ihm von meiner Idee, eine Schule für

Blinde zu eröffnen, und während andere etwas ungläubig nach-
fragten, wie ich das denn ohne Erfahrung, ohne ein Netzwerk
und ohne Geld schaffen wolle, war er von Beginn an begeistert,
und es brauchte etwa ein Jahr später nur einen Telefonanruf, um
ihn für das Projekt zu gewinnen. Das war der Anfang einer sehr
intensiven und spannenden Zeit.

Basierend auf meinen im Sommer 1997 gesammelten Eindrücken der Lebenssituation blinder Menschen, starteten wir unser Tibetabenteuer mit einer klaren Vision: Wir wollten nichts
weniger, als die tibetische Gesellschaft davon überzeugen, dass
Blindheit nicht als Strafe für Vergehen in einem früheren Leben
gesehen werden muss, sondern als Chance verstanden werden
kann. Außerdem wollten wir blinde Menschen darauf vorbereiten, ihr Leben eigenständig in die Hand zu nehmen. Kinder
sollten in der Lage sein, sich selbstbewusst und weitgehend unabhängig in reguläre Schulen und eventuell später auch in Universitäten zu integrieren. Und blinde Erwachsene sollten in Berufen ihrer Wahl ausgebildet werden. Dafür benötigten wir ein
Vorschulprogramm und ein Berufsausbildungszentrum. Beides
war nicht als karitative Einrichtung gedacht, wir sahen die Programme eher als eine Art Sprungbrett. Es sollte die Blinden wieder in die Gesellschaft hineinkatapultieren. Es war ein kühner
Plan, der nur deshalb gelingen konnte, weil wir nichts von den
bevorstehenden Hindernissen ahnten.

10. *Barrieren überwinden*

In den ersten Jahren konzentrierten wir uns allein auf die Förderung der Schüler. Das war nicht ganz einfach, denn viele der Kinder waren traumatisiert. Die Vorstellung, Blindheit sei eine Strafe für Missetaten in einem früheren Leben, und der Aberglaube, Blinde seien von Dämonen besessen, sind weitverbreitet. Familien schämen sich oft ihrer blinden Kinder und verstecken sie vor Nachbarn. Noch heute entdecken wir hin und wieder blinde Kinder, die ihr Leben lang, ans Bett oder an einen Stuhl festgebunden, vor sich hinvegetieren. Obwohl sie keine geistige Behinderung aufweisen, haben manche von ihnen niemals richtig sprechen gelernt.

Hin und wieder werden Kinder auch einfach aus dem Familienkreis verbannt, sodass sie sich gezwungen sehen, auf der Straße um Nahrung und Geld zu betteln. Allerdings haben wir erlebt, dass gerade diese Kinder die unabhängigsten und lebenstüchtigsten sind. Sie finden sich im Straßenlabyrinth der Städte gut zurecht, sind notgedrungen sehr kommunikativ und haben ein gewisses Selbstvertrauen, das sie vor Übergriffen schützt. Als einige der Straßenkinder in unserer Schule aufgenommen wurden, konnten die anderen Schüler von ihnen lernen, wie wichtig es war, sich durch alltägliche Hänseleien und Beschimpfungen wie »Bettler« oder »blinder Dummkopf« nicht aus der Fassung bringen zu lassen. Eines der ehemaligen Straßenkinder meinte einmal: »Dumm sind diejenigen, die nicht erkennen, dass wir nur blind, aber nicht auf den Kopf gefallen sind.«

Damit die Kinder gut auf ein eigenständiges Leben vorbereitet sind, lernen sie in verblüffend kurzer Zeit, innerhalb von zwei oder drei Jahren, drei Sprachen (Tibetisch, Chinesisch und Englisch) zu lesen, zu schreiben und zu sprechen. Darüber hinaus alle Techniken und Methoden, die auch ich an der Marburger Carl-Strehl-Schule gelernt habe: lebenspraktische Fertigkeiten wie Essen zubereiten, Hausarbeit, Körperpflege, Orientierung mit dem Blindenstock in fremder Umgebung. Dazu kommt die Fertigkeit, mithilfe einer Sprachausgabe einen Computer zu bedienen, wobei Texte und Computerbefehle vom Rechner »vorgelesen« werden. Mit dieser Ausbildung in Sprachen und praktischen Fertigkeiten sind sie den sehenden tibetischen Kindern und Jugendlichen ihres Alters weit voraus. Und sie verstehen, dass Blindheit nicht unbedingt eine Behinderung sein muss. Manche sehen sogar in ihrem »Schicksal« einen klaren Vorteil.

Der neunjährige Gyurmi brachte es auf den Punkt. Er erklärte uns einmal, er habe Glück gehabt, blind geboren zu sein. Wir waren zunächst etwas überrascht und fragten ihn, wie er das meine. Seine Antwort war überzeugend: »Ich bin der Einzige in meiner Familie, der lesen und schreiben kann. Ich bin der Einzige in meinem Dorf, der drei Sprachen spricht, und ich bin der Einzige in meiner Region, der einen Computer bedienen und im Internet surfen kann. Und das, obwohl oder gerade weil ich blind bin.«

Auch wenn sich unsere Grundideen und Lehrmethoden sehr an meiner Marburger Ausbildung orientierten, waren wir uns darüber im Klaren, dass wir hier in Tibet keine zweite Carl-Strehl-Schule aufbauen konnten. Wir versuchten es mit einem anderen Weg. Angeregt durch die aus der Ferne beobachteten Inklusionsdebatten in Europa, entwickelten wir ein eigenes Konzept der »Selbstintegration«. Sie beruht auf unserer Überzeugung, dass ein blindes Kind in der Lage sein sollte, sich selbst aktiv, ohne sonderpädagogische Betreuung, in die Regelschule zu integrieren. Allerdings bedarf es einer sorgfältigen Vorbereitung. Es ist ein Trugschluss zu glauben, dass es nur ein entsprechendes Gesetz braucht, um die Integration einzuleiten. Ein blindes Kind ist in einer Klasse mit sehenden Kindern nicht ohne Weiteres integriert, es erzielt nicht automatisch gute Noten und verbreitet naturgemäß auch nicht nur Freude.

Aber auch die Gesellschaft muss die Möglichkeit haben, Vorurteile gegenüber Blinden abzubauen. Blinde gelten in weiten Teilen der tibetischen Gesellschaft nicht als förderungswürdig, denn wie soll ein Mensch ohne Sehsinn Sinnvolles zur Gesellschaft beitragen können? So denken die tibetischen Verantwortlichen. Und sogar ausländische Entwicklungshelfer fragten uns, warum wir auf die Alphabetisierung der Blinden so viel Wert legten, wenn noch nicht einmal alle Sehenden in Tibet lesen und schreiben können.

Nach etwa zwei Jahren waren einige der Kinder so weit, den Sprung in die Regelschule zu wagen. Die Kinder waren bereit, nicht aber die tibetische Gesellschaft. Sowohl die Regierung als auch sämtliche Schulleiter, die wir auf einen möglichen Schulbesuch ansprachen, äußerten größte Bedenken, die wir im Grunde genommen auch nachvollziehen konnten. Die Lehrer waren nicht sonderpädagogisch geschult, die Schulgebäude waren nicht behindertengerecht, und überhaupt gab es kein Gesetz, das den Schulbesuch eines blinden Kindes vorschrieb. Wir hörten die Bedenken, nahmen sie ernst und machten trotzdem das, was wir für richtig hielten.

Paul und ich fragten uns zunächst: Wer sind denn die Schlüsselpersonen, welche ist die entscheidende Zielgruppe, die den größten Einfluss auf den Erfolg des Projektes haben kann? Sind es die blinden Kinder, ihre Eltern, ist es die Regierung, oder sind es die Lehrer der Regelschule?

Die blinden Kinder waren bei diesem Pilotprojekt natürlich die Hauptpersonen. Schließlich geht es um ihre Ausbildung und um ihre Zukunft. Wir wählten die ersten vier Kandidaten sorgfältig aus. Dabei waren nicht allein gute Schulleistungen ausschlaggebend. Wichtig war für uns, dass sie in der Lage waren, sich ohne jede Sonderbetreuung in einer Regelschule zu behaupten. Da sie gelernt hatten, ihre eigenen Probleme weitgehend selbstständig anzugehen und sich Wissen anzueignen, machten wir uns um sie keine Sorgen.

Aber was war mit ihren Eltern? Würden sie die Integration befürworten oder dem Ganzen kritisch gegenüberstehen? Da viele der Eltern aus ländlichen Gebieten stammten – die meisten waren Bauern oder Nomaden –, hatten sie selbst keine Schulbildung und konnten mit der Fragestellung, ob ihr Kind nun eine Regelschule besuchen sollte, gar nichts anfangen. Zudem stellten sie sowieso keine höheren Erwartungen an einen Blinden und waren daher froh, dass wir ihnen die Entscheidung abnahmen. Wir waren auch froh, dass die meisten Eltern sich nicht in den Werdegang ihrer Kinder einmischen wollten. Ich hatte in Marburg mitbekommen, wie Eltern meiner blinden Klassenkameraden bei schulischen Angelegenheiten ständig hineinredeten und so, aus lauter Sorge um ihre Kinder, den schulischen Ablauf störten. In dieser Hinsicht brauchten wir uns bei den tibetischen Eltern keine Sorgen zu machen.

Und die Regierung? Normalerweise läuft im Autonomen Gebiet Tibet nichts ohne deren Zustimmung. Wir hätten also erst die entsprechende Gesetzgebung abwarten müssen. Da wir, Paul und ich, eher ungeduldige Menschen sind und weil die vier ausgewählten Kinder gar nicht zu bremsen waren, ließen wir die Behörden zunächst außen vor und konzentrierten uns auf die Bedenken der Lehrer.

Der anfängliche Unwille sämtlicher Lehrer, mit denen wir sprachen, blinde Kinder in ihre Klassen aufzunehmen, war für uns vollkommen nachvollziehbar. Sie hatten keine Erfahrung mit Behinderungen und konnten sich nicht vorstellen, was ein blindes Kind leisten kann. Auch die Angst vor zusätzlichem Arbeitsaufwand konnten wir gut verstehen, denn die Schulklassen in Tibet sind im Vergleich zu denen in Deutschland recht groß, sie bestehen meist aus 40 bis 50 Schülern. Außerdem stand die Frage im Raum, was es den Lehrern und den anderen Schülern bringen sollte. Ein Lehrer protestierte lautstark, als er von dem bevorstehenden Projekt erfuhr: »Lasst mich bloß aus dem Spiel! Ich habe schon genug Arbeit und Verantwortung und schlaflose Nächte. Wofür soll das gut sein, nur für ein besseres Gewissen?«

Mit einem »guten Gewissen« konnten und wollten wir den Lehrern nicht kommen. Wir mussten schon andere Argumente finden.

Zunächst war es für uns wichtig, die grundsätzlichen Hindernisse zu erkennen: Unwissenheit, Angst und Unwille gehören zu den häufigsten Barrieren, die zugunsten einer Veränderung überwunden werden müssen. Dabei schien es uns nicht klug, solche negativen Einstellungen direkt anzugehen. Ein unwissender Lehrer, der nie zuvor mit Blinden konfrontiert worden ist, wird nicht so ohne Weiteres zu einem Sonderpädagogen. Angst kann nicht einfach in Mut und Unwille nicht in Enthusiasmus verwandelt werden. Um das Projekt erfolgreich durchführen zu können, durften wir die Veränderung nur schrittweise einleiten.

Wir suchten uns eine passende Internatsschule und fanden sie 80 Kilometer außerhalb von Lhasa, ganz in der Nähe der berühmten Klosteruniversität Ganden. Die Schulen auf dem Land werden in der Regel etwas vernachlässigt. Unsere Strategie war, den Lehrern und dem Schulleiter das Projekt schmackhaft zu machen, indem wir sie auf die Möglichkeit einer Aufwertung der Schule in der Öffentlichkeit hinwiesen.

Um die Lehrer zu motivieren, luden wir sie alle zu einem Besuch in unserer Schule ein. Es waren fast 40 Personen, die von den vier ausgewählten zukünftigen Schülern Gyendsen, Bungzo, Nyima Chokpa und Yudon gleich am Tor empfangen wurden.

Das Erste, was Besucher bei uns sehen, ist ein bunt geschmücktes Schultor mit zwei vorgelagerten Holzsäulen. Paul hatte sie mit ertastbaren tibetischen und lateinischen Schriftzeichen verzieren lassen. Unter jedem Schriftzeichen steht das entsprechende Brailleschriftsymbol. Die Botschaft ist jedem sofort klar: Dies ist ein Ort, wo das Lesen und Schreiben der Brailleschrift an oberster Stelle steht. Das ist für eine Blindenschule heute nicht mehr selbstverständlich. Selbst viele Sonderpädagogen sind der Meinung, die computergesteuerte Sprachausgabe mache die »antiquierte« Brailleschrift überflüssig. Unserer Meinung nach ist aber eine wirkliche Alphabetisierung blinder Menschen nur durch das Erlernen dieser Schrift möglich. Die Sprachausgabe gibt die äußere Struktur eines Textes nicht richtig wieder. Absätze, Überschriften, Fußnoten können nur unzureichend über die Sprachausgabe erfasst werden. Auch die Rechtschreibung bleibt bei blinden Kindern, die niemals Braille gelernt haben, meist auf der Strecke.

Das alles erklärte Yudon den staunenden Lehrern, während sie mit den Fingern über die Braillezeichen strichen.

»Und jetzt kommen Sie mit!«, kommandierte Bungzo. Und ein wenig verschmitzt fügte sie hinzu: »Haben Sie keine Angst, wir sind ja bei Ihnen.«

Damit war das Eis gebrochen. Lachend folgte die Lehrerdelegation ihr in den kleinen rechteckigen Innenhof, der von zwei L-förmigen Gebäuden, einem alten Stadthaus und einem neueren Schultrakt, eingerahmt wird.

Die Pause war gerade eingeläutet, und das Erstaunen war groß, als aus allen Gebäudeteilen kleinere und größere Kinder kullerten. Als sie die Besucher bemerkten, hielten sie inne, griffen ohne Scheu nach der einen oder anderen Hand und führten sie ungefragt in ihre Klassenzimmer. Unsere vier Hauptdarsteller waren nicht besonders entzückt über diese Entwicklung, denn schließlich war das doch ihre Show. Sie warteten nicht lange und holten die Lehrer, die sich über die gesamte Schule verteilt hatten und sich von den anderen Kindern ihre Schulbücher zeigen ließen, wieder in den Schulhof zurück und sorgten dafür, dass nun alle das vorgezeichnete Programm strikt einhielten. Eine Rede von Gyendsen über die unterschiedlichen Brailleschriftsysteme – tibetisch, chinesisch, englische Voll- und Kurzschrift und natürlich, nicht zu vergessen, die mathematische Brailleschrift – ließ die Lehrer erstaunt und verwirrt dreinschauen. Um ihnen zu demonstrieren, wie gut sie die Brailleschrift beherrschten, lieferten sie ihnen eine Leseprobe in fließendem Chinesisch und akzentfreiem Englisch. Daraufhin ließ sich Yudon einen Text in beliebiger Sprache diktieren, den sie in rasender Geschwindigkeit in die Brailleschreibmaschine tippte. Das Publikum war fasziniert. Als dann noch Nyima Chokpa eines ihrer eigenen tibetischen Gedichte vortrug, war der Applaus überwältigend.

Schließlich übernahm Bungzo die Führung durch die Schule. Dabei bot sie einigen Lehrern an, ihr mit Augenbinde und Blindenstock zu folgen. Die Kinder amüsierten sich köstlich über die Hilflosigkeit der Lehrkräfte. Eine Bande von aufmüpfigen Fünf- und Sechsjährigen machte sich einen Spaß daraus, sich den Lehrern, die mutig versuchten, sich mit der Augenbinde zurechtzufinden, einfach in den Weg zu stellen. Sie hielten die Stöcke fest und sorgten dafür, dass die Gäste sich im Kreis drehten und so vollkommen die Orientierung verloren. Und wenn sie dann etwas verzweifelt um Hilfe riefen, boten sie ihnen großzügig den Arm, um sie wieder sicher zur Gruppe zu geleiten. Es war ein bisschen verkehrte Welt, und alle hatten einen Riesenspaß.

Am Ende des Tages war die Angst der Lehrer in Neugierde und ihre Ahnungslosigkeit in Verständnis umgeschlagen. War bis dahin noch ein gewisser Unwille vorhanden, sahen sie jetzt durch das Projekt eine Möglichkeit, etwas für das Ansehen ihrer Schule zu tun.

11. Ein Sprungbrett in Kenia

»Wageni, wageni, karibu!« (Besucher, Besucher, seid willkommen!) Aufgereiht wie Soldaten stehen dreißig Kinder von drei bis sechs Jahren da und singen aus voller Kehle. Dabei tippeln sie aufgeregt mit den Schuhen im Takt, als wollten sie nichts lieber, als aus den von Lehrern und Eltern streng bewachten Reihen auszubrechen und loszutanzen.

Wir fühlen uns unangenehm an so manche Begrüßungszeremonie in unseren Tibetzeiten erinnert, wenn die blinden Kinder gegen ihren und unseren Willen vor Regierungsbeamten und anderem hohem Besuch aufmarschieren und strammstehen mussten. Doch Nicholas, der Schulleiter, ist offenbar zufrieden, und nachdem das Begrüßungsständchen gut über die Bühne gegangen ist, strecken sich uns, wie in unserer eigenen Schule in Lhasa, ohne Scheu von überall her Dutzende Hände entgegen, die uns hierhin und dorthin zerren und in den Innenhof führen. Die Schule ist übergangsweise in einer Kirche untergekommen. Nicht mehr lange, erklärt Nicholas, denn sein Großvater hat ihm ein Stück Land vermacht. Dort möchte er ein eigenes Gebäude errichten, mit Spielplatz und Schulgarten.

Seine vorbereitende Grundschule liegt in einem abgelegenen Dorf außerhalb der Stadt Machakos im Südosten der kenianischen Hauptstadt Nairobi. Hier, eingebettet in eine ländliche Idylle, zwischen grünen Hügelketten und üppigen Wiesen, erlebte Nicholas seine Kindheit, die von einer trostlosen Schulzeit überschattet wurde. Es war ein hilfloser Integrationsversuch, mit ignoranten, ja missgünstigen Lehrern, die keine Gelegenheit ausließen, ihn zum Gespött der ganzen Schule zu machen. Diese Erfahrung will er den behinderten Kindern durch gute Vorbereitung ersparen.

Nicholas ist hochgradig sehgeschädigt und stammt aus einer Bauernfamilie, die nicht die Mittel hatte, ihn in eine Spezialschule in einer größeren Stadt zu schicken. Normalerweise wäre er, wie die meisten sehgeschädigten Kinder Kenias, einfach zu Hause geblieben, doch der Großvater setzte sich dafür ein, dass er mit den anderen Dorfkindern in der lokalen Grundschule angenommen wurde. Nicholas wurde von den Lehrern zwar zähneknirschend akzeptiert, dann aber vollkommen vernachlässigt. »Ich werfe den Lehrern nicht vor, dass sie sich nicht mit speziellen Unterrichtsmethoden auskennen, das wäre zu viel verlangt. Aber ein bisschen Einfühlungsvermögen müsste jeder Lehrer mitbringen.«

Nicholas hat sich für unseren Besuch genau wie die Schüler und Lehrer festlich herausgeputzt. Er wirkt mit den knarrenden neuen Lederschuhen, mit steifem Hemd und Krawatte ein wenig deplatziert, wie er da auf dem staubigen Feldweg steht. Aber er ist nicht mehr der eingeschüchterte junge Mann, der im Jahr 2011 ans kanthari-Institut kam und sich dort nur langsam, Schritt für Schritt, aus dem Schatten seiner Vergangenheit befreite und die ersten Ideen für seine Schule entwickelte.

Tatsächlich dauerte es eine Weile, bis Nicholas mir im Institut unter all den vielen Exzentrikern auffiel, denn er hielt sich aus den meisten Diskussionsrunden heraus und überließ den anderen Studenten in ihrem Darstellungsdrang gerne den Vortritt. Obwohl Improvisationen, Reden, Theater zum Kernbereich des kanthari-Programms gehören, schaffte er es zunächst auf wundersame Weise, Auftritte weitgehend zu vermeiden. Sobald er sich im Zentrum des Geschehens wähnte, fing er an zu stottern, manchmal sogar so schlimm, dass er aufgab und gar nichts mehr sagte.

»Meine Lehrer in der Schule haben mich stumm geschaltet«, erklärte er mir lakonisch, als wir eines Morgens im Park unseres kanthari-Campus am Seeufer saßen und ich ihn behutsam, aber doch neugierig auf den Grund seiner »Redehemmungen«

ansprach. Es schien, als hätte dieses Gespräch eine Barriere nie-
dergerissen. Für Nicholas war es das erste Mal in seinem Leben,
dass er frei über seine Kindheitserfahrungen redete, und es war
das letzte Mal, dass ich ihn stottern hörte. Wir hatten uns über
unsere beiderseitigen negativen Integrationserfahrungen ausgetauscht, und er, der sonst so schweigsam war, fing bereitwillig
an, von seinen Erlebnissen zu erzählen. Erst stockend und immer noch stolpernd über Silben und harte Konsonanten; dann
aber immer flüssiger, bis es schließlich aus ihm herausplatzte.
Er erzählte, wie er, um besser sehen zu können, bei jedem Ab-
satz, den der Lehrer an die Tafel schrieb, nach vorne lief, ihn
in Kürze auswendig lernte, dann schnell zurück an seinen Platz
stürmte, um alles ins Heft zu schreiben; ein Ritual, dass mich
sehr an meine eigene frühe Schulzeit erinnerte. Nicholas hatte
aber im Gegensatz zu mir keine Chance, die Schule zu wechseln,
und wurde durch alle Jahrgangsstufen hindurch sowohl von seinen Mitschülern als auch von den Lehrern drangsaliert und ver-
spottet.

»Bei allem, was ich tat, spürte ich, wie man mich beobachtete.
Ich hatte das Gefühl, dass alle nur darauf warteten, dass mir etwas misslang, dass ich stolperte oder mich beim Rückweg von
der Tafel auf einen falschen Platz setzte. Ich fühlte mich minderwertig und unbegabt. Das hatte wohl auch mit dem Unterrichtsstoff zu tun. Denn in der Schule lernten wir, dass von allen fünf Sinnen der Sehsinn der wichtigste sei. Achtzig Prozent
aller Informationen würden über die Augen wahrgenommen.
Für ein sehgeschädigtes Kind, das fast ausschließlich von den
übrigen vier Sinnen abhängig ist, eine äußerst schlechte Nachricht – war ich vielleicht nicht nur sehgeschädigt, sondern auch
noch zurückgeblieben? Und meine Lehrer taten alles, um mir
genau dies zu demonstrieren. Einmal sollte ich mit zwei anderen Schülern die Morgenandacht halten. Meine beiden Klassenkameraden hatten die Aufgabe, erst aus der Bibel vorzule-
sen und dann etwas zu singen. Schließlich sollte ich ein Gebet

sprechen. Du kannst dir nicht vorstellen, wie die Angst langsam in mir hochkroch, während die anderen lasen und sangen. Ich war der Letzte und ich spürte, dass alle nur darauf warteten, dass ich versagte. Das Lied, das mein Mitschüler gleich vor meinem Gebet sang, hörte ich nur durch ein Rauschen. Als ich selbst an der Reihe war, merkte ich, wie sie sich alle, die gesamte Schülerschaft und alle Lehrer, zusammenrissen, um nicht gleich loszuprusten. Und dann ließ mich meine Zunge im Stich, sie hing am ersten Wort, am ersten Konsonanten fest. Es war ganz still, so still, dass ich mein Blut in meinen Ohren pochen hörte. Und dann stolperte ich über einen Kelch mit geweihtem Wasser und gab allen damit den Freibrief, endlich loszulachen. Ich habe bis zum Eintritt ins kanthari-Institut nie wieder auf einer Bühne gestanden.«

Wir hatten kurz zuvor mit den Studenten über die Schwierigkeiten und Möglichkeiten der Selbstintegration am Beispiel der Blindenschule in Lhasa diskutiert, und Nicholas, der selbst eine Vorschule für lernbehinderte Kinder plante, hatte sich das erste Mal an einer Debatte aktiv beteiligt. Es ging um das Für und Wider einer integrativen Schulbildung, und es ergab sich ein hitziger Austausch von unterschiedlichen Standpunkten: Einige Studenten glaubten, Integration funktioniere nur mit sonderpädagogischer Begleitung. Andere waren der Ansicht, dass jede Sonderschule vorzuziehen sei. Manche der blinden Studenten, die alle mehr oder weniger gelungene Integrationsversuche hinter sich gebracht hatten, protestierten vehement gegen beide Standpunkte. Sie waren der Meinung, dass blinde Kinder auf den Unterricht in einer Regelschule nur vernünftig vorbereitet werden müssten, dann würden sie sich schon zurechtfinden. Eine blinde ehemalige Gymnasiallehrerin, die wie ich als Schülerin auf die Marburger Schule gegangen war, gab zu bedenken, dass es durchaus hervorragende Sonderschulen für Blinde und Sehgeschädigte gebe und man Sonderschulen nicht in Bausch und Bogen verurteilen dürfe.

»Auch wenn meine Schulzeit ein Minenfeld war, bin ich nicht mehr grundsätzlich gegen Integration«, erklärte Nicholas an jenem Morgen nachdenklich. »Ich hätte als Kind sicherlich keine spezielle Begleitung benötigt. Mir fehlte nur das Selbstvertrauen, meine Lehrer und Klassenkameraden davon zu überzeugen, dass man mich und meine Beiträge im Unterricht ernst nehmen sollte.«

Angeregt von den Argumenten seiner blinden Mitstudenten und inspiriert von unseren Erfahrungen in Tibet, entwickelte Nicholas ein neues, ganz eigenes Konzept für eine vorbereitende Grundschule für Kinder mit Lernbehinderungen. In seiner Schule sollten die Kinder durch Tanz, Musik und Sprachen auf den Unterricht in der Regelschule vorbereitet werden.

»In normalen Klassenzimmern in Kenia gibt es nichts, was einen zum Lernen anregt. Das ist Methode, denn die Lehrer wollen, dass man sich ganz auf sie und auf die Schulbücher konzentriert. In meiner vorbereitenden Grundschule wird es aber vieles geben, das die Kinder inspiriert und alle fünf Sinne gleichermaßen anspricht. Es wird einen Garten mit Blumen und frischem Gemüse geben, mit Kräuterbeeten und Früchten. Überall sollen die Kinder Papier und Malstifte finden können, und an den Wänden werden Windspiele und klimpernde Ketten hängen.«

Nur drei Jahre später besuchen wir Nicholas in seiner bereits florierenden Schule, mit mehr als 30 Kindern, teils körperlich behindert, teils lernbehindert. Er leitet ein Team von engagierten Lehrern und unterstützenden Eltern, die uns versichern, dass ihre Kinder dank der Schule wie umgewandelt, aktiv und lernbegierig seien. Viele der Siebenjährigen, die die Ausbildung erfolgreich abgeschlossen haben, werden aufgrund ihrer guten Schulleistungen nun in reguläre Grundschulen aufgenommen. Das ist nicht selbstverständlich, denn normalerweise werden Kinder mit Lernbehinderungen in Kenia noch nicht in Regelschulen akzeptiert.

Das neue Schulhaus ist fast fertig, die Eltern zahlen gern einen kleinen Beitrag, um die Schule zu unterstützen, und dennoch sorgt sich Nicholas täglich um das Überleben seiner Einrichtung. Er schreibt Finanzanträge, die nicht bewilligt werden, weil die Schule noch nicht offiziell registriert ist. Und er kämpft gegen korrupte Behörden und prinzipientreue Beamte an, die sich immer neue Gründe einfallen lassen, die Registrierung aufzuschieben. Es gebe kein abgesegnetes Curriculum, die Lehrer seien keine ausgebildeten Sonderpädagogen, und Nicholas sei als hochgradig Sehgeschädigter selbst auf Hilfe angewiesen, wie solle er da eine Schule leiten können?

Diese Argumente klingen uns nur allzu vertraut. Dass es trotz aller Bedenken, Regeln und Gesetze eben doch funktioniert, ist wohl in keinem Land Beweis genug. Und so werden wir immer wieder neu an Morgensterns Zitat erinnert: »Weil nicht sein kann, was nicht sein darf.«

12. Selbstintegration

Zurück nach Tibet. Nach einem Einstufungstest wurden unsere vier Kandidaten gleich in die dritte Klasse der Internatsschule aufgenommen. Es schien so leicht. Aber ganz so einfach war es im Weiteren doch nicht. Unsere Kinder benötigten Schulbücher in Brailleschrift. Wir haben in unserer Einrichtung in Lhasa eine kleine Buchdruckerei, in der wir Braillematerialien in drei Sprachen herstellen können. Das war damals wie auch heute kein einfaches Verfahren. Da Tibetisch und Chinesisch noch nicht fehlerfrei gescannt und dann digital in Blindenschrift übersetzt werden können, benötigten wir Freiwillige, die die Bücher in der jeweiligen Brailleschrift eintippten. Da die meisten Sehenden nicht über die nötigen Braillekenntnisse verfügen, stellten wir Arbeitsteams von sehenden Vorlesern und blinden Schreibkräften zusammen.

Als wir nach langer Arbeit nun endlich die Bücher druckfrisch abliefern wollten, wurde uns verkündet, dass das Amt für Erziehung und Bildung in diesem Jahr die etwas veralteten Lehrbücher gegen neue ausgetauscht hatte. Die ganze Arbeit war also vergebens, und unsere Kinder saßen ohne Schulbücher da. Und das in einem Lernumfeld, in dem das Buch und der auswendig zu lernende Text zentral sind.

Glücklicherweise haben die Kinder in unserer Einrichtung gelernt, Probleme weitgehend selbst zu lösen. So baten sie die Lehrer, wann immer die etwas an die Tafel schrieben, es gleichzeitig laut zu diktieren. Und mit ihren sehenden Mitschülern machten sie einen Deal: »Ihr lest uns abends den Schulbuchtext vor, und wir helfen euch bei den Englischhausaufgaben.«

Der Wissensvorsprung in den Sprachen Englisch und Chinesisch machte sich bezahlt. Damit hatten sie einen Handelswert in den Händen und konnten ihre Kompetenzen gegen andere Hilfestellungen tauschen. Durch dieses Geben und Nehmen machten sie sich schnell Freunde und gewannen an Selbstbewusstsein. Es dauerte nicht lange, da gehörten sie zu den Besten der Klasse. Das wiederum spornte die Mitschüler an.

Für uns war es wichtig, dass die Lehrer das Gefühl behielten, freiwillig an dem Projekt teilzuhaben. Wir schlugen eine Probezeit von einem halben Jahr vor. Danach sollte mit allen Beteiligten Bilanz gezogen werden.

Obwohl die ersten Schulzeugnisse zufriedenstellend waren, fiel uns bald auf, dass nicht alle Lehrer gut auf die blinden Schüler zu sprechen waren. So war besonders der Englischlehrer verärgert. Wie wir von Yudon erfuhren, hatte sie ihn ein paarmal etwas vorlaut korrigiert. Die Folge war, dass er sich bei uns über die englische Aussprache unserer Kinder beschwerte. Das Englisch der Kinder könne man ja gar nicht verstehen. Das war leicht zu erklären, denn unsere Schüler waren bisher von einer Engländerin mit feinstem Oxfordakzent unterrichtet worden.

Auch der Mathematiklehrer hatte seine Bedenken. Er war der Einzige, der sich die Mühe machte, die Brailleschrift-Zahlen und mathematischen Symbole zu lernen, denn während es für die Sprachlehrer ausreichte, dass die Blinden ihnen bei Klassenarbeiten die Antworten diktierten, beharrte der etwas misstrauische Mathelehrer darauf, die Brailletests selbst zu korrigieren. Da sie allerdings wider seine Erwartung recht gut ausfielen, konnte seiner Meinung nach nur Schummelei im Spiel gewesen sein.

Paul und Ich machten uns bei unseren Gesprächen in der Schule fleißig Notizen und versprachen den beiden missmutigen Lehrern, uns die Schüler vorzuknöpfen.

Die Mehrheit der Lehrer aber sah in den Blinden eine Bereicherung für die Schule. Und da der Schulleiter aufgrund des Pilotprojekts neuerdings in den Medien gefeiert wurde, setzte er sich für dessen Fortführung ein.

Am Ende der Grundschulzeit gab es eine weitere Prüfung, die über den Besuch der weiterführenden Schule entscheiden sollte. Wieder gehörten unsere Schüler zu den besseren. Doch das Erziehungsamt wollte die Ergebnisse nicht anerkennen. Man könne ja nicht wissen, welche Hilfestellungen die blinden Schüler bekommen hätten. Jetzt aber ging die Lehrerschaft geschlossen auf die Barrikaden, schließlich war auch ihr Ruf in Gefahr. In der Schulgeschichte Tibets wohl einmalig, gab es eine Petition, die von Schülern und Lehrern gemeinsam verfasst wurde. Darin forderten sie das Amt für Erziehung und Bildung auf, das Pilotprojekt als erfolgreich zu bewerten und die Prüfungsergebnisse der vier Blinden anzuerkennen.

Das hat gewirkt. Die vier blinden Schüler durften sich nun eine weiterführende Mittelschule aussuchen.

Nyima Chokpa und Bungzo wechselten daraufhin nach Shigatse in ein Internat. Yudon und Gyendsen hatten vom Schulbetrieb die Nase gestrichen voll. Gyendsen, der in allen Fächern mindestens 95 von 100 Punkten bekommen hatte, meinte lakonisch: »Ich lerne nichts, ich verschwende nur meine Zeit.«

Inzwischen haben sich mehr als 60 blinde Schülerinnen und Schüler tibetweit in Grundschulen, Mittelschulen, Oberschulen und sogar in Universitäten integriert. Viele von ihnen haben Auszeichnungen für gute Leistungen erhalten.

Auch wenn mehr und mehr Lehrer die blinden Schüler als Bereicherung für den Schulalltag ansehen, gibt es hin und wieder einen Rückschlag. In einem Jahr sollten sich sieben Kinder in eine Jahrgangsstufe einer Mittelschule integrieren. Die Lehrer, die noch keinen Kontakt mit Blinden gehabt hatten, protestierten. Der Protest wurde sogar vom lokalen Schulamt unterstützt. Nur der Direktor und einige erfahrene Lehrer hielten dagegen und konnten eine halbjährige Probezeit erkämpfen. Sollte es während dieser Zeit irgendwelchen »Trouble« geben, könne man die blinden Kinder sofort der Schule verweisen. Uns machte das ein wenig nervös, denn unter den sieben Kindern gehörten manche zu der bereits erwähnten aufmüpfigen Bande, angeführt von Zelhamo. Sie war für uns immer eine tibetische Pippi Langstrumpf, hochintelligent, aber ohne Verständnis für Regeln.

Kurz nach Ablauf der Probezeit schellten die Alarmglocken. Zelhamo probte den Aufstand. Als sie ihren Kopf nicht durchsetzen konnte, riss sie aus, reiste von Shigatse per Anhalter nach Lhasa und führte von da an ein selbstständiges Leben. Sie war zu der Zeit gerade mal 15 Jahre alt. Vor kurzer Zeit bin ich ihr wiederbegegnet und habe sie als eine offene, eigenständige und selbstbewusste Frau von zwanzig Jahren erlebt, die ihrem Freund in seinem Unternehmen hilft.

Bungzo und Nyima Chokpa sind mittlerweile an der Universität. Bungzo studiert in Lhasa tibetische Medizin und Nyima Chokpa in Chengdu Übersetzung und Journalismus.

Yudon und Gyendsen verweigerten sich der Schule, und wir ließen es zu, wussten wir doch, dass sie ihre Zeit bestimmt nicht verschwenden würden. Yudon lernte Deutsch und machte später einen Englischkurs an der Fremdsprachenuniversität in Beijing. Gyendsen bekam ein Stipendium für Computerkurse in Malaysia und Japan. Er nahm, wie auch Bungzo, an der Bergbesteigung des 7000 Meter hohen Lhagpari teil, einer Expedition, die durch den Dokumentarfilm »Blindsight« bekannt wurde. Im Jahr 2009 wurde er zu einem der ersten Studenten des damals von uns neu gegründeten Instituts im südindischen Kerala, das wir zwei Jahre später »kanthari« nennen sollten. Heute ist er Familienvater und hat die Leitung der Einrichtung in Lhasa zusammen mit Yudon und Nyima Wangdue übernommen.

Erst nach zehn Jahren erfolgreicher Selbstintegration wurde im Autonomen Gebiet Tibet ein Gesetz erlassen, das besagt, dass blinde und körperlich behinderte Kinder zukünftig eine Regelschule ihrer Wahl besuchen dürfen.

Wir hatten uns anfangs nicht darum gekümmert, dass unsere Aktion von offizieller Seite nicht genehmigt war – so wurde mit der Zeit die Praxis der Selbstintegration zur Normalität. Rückblickend wird deutlich, dass hier schon der kanthari-Gedanke keimte.

Worin besteht das kanthari-Prinzip? Am Institut formulieren wir es auf Englisch, unserer Verkehrssprache dort, so: Es geht immer um eine grundlegende Veränderung des »Mindsets« (der Geisteshaltung) einer gesellschaftlichen Gruppe. Es darf niemals darum gehen, lediglich an den Symptomen herumzudoktern. Dabei kann das Umdenken nur auf freiwilliger Basis geschehen; der Prozess des Umdenkens muss also von innen kommen. Diejenigen, die den Prozess durchlaufen sollen, müssen dazu »empowered« (befähigt) werden. Sie müssen die »Ownership« (die Verfügungsgewalt) über die Veränderung bekommen, nur so bleibt die veränderte Maßnahme »sustainable« (nachhaltig).

Da die Kinder und Lehrer keine Sonderbetreuung zur Seite hatten, waren sie gezwungen, das Projekt selbstständig und kreativ durchzuführen. Der Erfolg der Selbstintegration lag damit ganz in ihrer Hand.

13. Die Kraft der Sonne

Die europäische Ausgabe der *China Daily* brachte vor einigen Jahren einen großen Artikel mit der Überschrift »The Power of the Sun«. Es war ein Bericht über Nyima Wangdue (was auf Deutsch etwa »die Kraft der Sonne« bedeutet). Nyima war ein ehemaliger Schüler unserer Einrichtung. Die großformatigen Fotos zeigten ihn vor unserem Eingangstor und als neuen Projektleiter bei der Arbeit an Pauls früherem Schreibtisch.

Tatsächlich hatten wir ihn nach unserem Umzug in den Süden Indiens zum Nachfolger bestimmt, und bald wurde er von allen Mitarbeitern teils augenzwinkernd, teils respektvoll »Polo chungchung« (kleiner Paul) genannt.

Es war eines unserer Hauptziele, das Projekt »Braille ohne Grenzen« in tibetische Hände zu geben. Doch nicht einfach in irgendwelche Hände. Unsere Nachfolger sollten genau wie ich selbst blind sein, denn nur so, glaubten wir, würden sie unsere eigenwilligen Konzepte aus Eigeninteresse heraus weiterentwickeln. Unter unseren Schülern gab es einige, denen wir eine unabhängige Übernahme durchaus zutrauten. Wichtig war für uns, dass sie verantwortlich handelten, dass sie Urteilsvermögen besaßen und in der Lage waren, auch unangenehme Entscheidungen zu treffen.

Nyima Wangdue war uns schon als Teenager aufgefallen. Ein intelligenter, humorvoller, für einen Tibeter äußerst direkter Junge, der sich schon damals nicht scheute, unbequeme Wahrheiten auf den Tisch zu bringen. Seine große Stärke ist seine Integrität, gepaart mit lässiger Aufmüpfigkeit; Charakterzüge, die ihm überall, ob bei Diplomaten, bei Behörden oder bei der Polizei, Türen öffnen. In der Begegnung mit Menschen, egal, welchen Rang sie in der gesellschaftlichen Hierarchie einnehmen, macht er keine Unterschiede. Er ist weder unterwürfig noch überheblich. Und in diesem Sinne ist er ein typischer Khampa, so werden die Tibeter aus dem Osten der Region genannt. Es handelt sich bei den Khampas um einen Menschenschlag, der für seine Willensstärke und Direktheit bekannt ist.

Der Khampa-Dialekt verfügt über keine Höflichkeitssprache, wie sie das »Hochtibetische« mit den »Shessa«-Formeln besitzt. Shessa bringt in der Anrede und auch in der Satzkonstruktion, dem Gebrauch von bestimmten Substantiven und Verben, gesellschaftliche Hierarchien zum Ausdruck. Von jedem, der das Hochtibetische spricht, wird erwartet, dass er sich im Umgang mit Ranghöheren der Shessa-Höflichkeitsformen bedient. Nyima beherrscht heute das Hochtibetische fast perfekt. Dennoch verweigert er sich der Konvention, Höflichkeitsformen nur bestimmten Personen gegenüber zu verwenden. Seine Devise ist: Shessa-Höflichkeit entweder für alle oder für keinen!

Nyima wuchs weit entfernt von Lhasa in einem kleinen Dorf im Westen der Provinz Sichuan auf. Mit drei Monaten wurde er blind, in seinem vierten Lebensmonat starb sein Vater, und im siebenten ließ seine Mutter ihn und seine sehende Zwillingsschwester im Stich und machte sich mit einem Liebhaber aus dem Staub.

»Oh ja, mein Leben fing schon gut an«, erzählte er mir lachend während eines mehrstündigen Interviews. »Es klingt wie eine Hollywood- oder Bollywood-Geschichte, und manchmal glaubt man mir nicht. Dabei ist es so einfach. Meine Mutter hatte sich in einen verheirateten Mann verliebt. Und da sie sich von der aufgebrachten Familie ihres Liebhabers nicht die Nase abschneiden lassen wollte, das macht man bei uns in solchen Fällen, entschied sie sich, mit ihm nach Lhasa zu fliehen.«

Warum sie allerdings die beiden Säuglinge in der Hütte einschloss und ihrem Schicksal überließ, konnte auch Nyima mir nicht erklären.

Ein Nachbar wurde auf das Schreien der Zwillinge aufmerksam. Er holte den Großvater, und zusammen traten sie die Tür ein. Drinnen lagen Nyima und seine Schwester, vollkommen dehydriert und blau angelaufen. Sie müssen sehr lange geschrien haben, denn sie hatten keine Kraft mehr zu weinen; es war ein Wunder, dass sie noch lebten. Die Großeltern väterlicherseits nahmen zunächst beide Kinder auf. Der Familienrat wurde einberufen. Die Familie der Mutter hat traditionell das Sorgerecht, aber da sich niemand des blinden Kindes annehmen wollte, traf man die Entscheidung, die Geschwister zu trennen. Das sehende Mädchen kam zum älteren Bruder der Mutter, und Nyima blieb bei seinen Großeltern.

»Da hatte ich großes Glück! Meine Schwester musste schon als kleines Kind hart arbeiten. Und ich wurde wie ein Prinz auf Händen getragen!«

Die Großeltern waren sesshafte Viehhirten, und ungeachtet seiner Blindheit lernte Nyima alles, was ein guter Viehhirte braucht.

»Ich konnte früh mit Pferden umgehen. Rigpa war mein Lieblingspferd. Es war ganz weiß, und die Dörfler können sich daher heute noch gut an Rigpa erinnern. In der Zeit der großen Feste nahm ich mit ihm immer an den Pferderennen teil. Ich weiß noch, wie mein Großvater und ich morgens vor dem Rennen in die Berge kletterten, um an Felsvorsprüngen Gebetsflaggen anzubringen. Wir verbrannten Weihrauch, damit uns die Götter wohlgesinnt waren. Und dann ging es wieder ins Dorf, wo schon viele Zuschauer warteten. Zu unseren Pferderennen kamen die Bauern und Nomaden von weit her. Wir waren eine richtige Attraktion, denn es ging bei unseren Rennen nicht nur um Schnelligkeit, sondern auch um Geschicklichkeit. Man musste sich im Galopp so tief hinunterbeugen, dass man mit der Hand den Boden berührte. Ich kann mich noch an die Jubelrufe der Zuschauer erinnern. Das ein oder andere Mal habe ich sogar gewonnen.

Meine Großeltern lebten in einem Dorf namens Rengo. Es

gab dort etwa 80 Lehmhütten; die meisten von ihnen waren zweistöckig. Unten wohnten die Tiere und oben die Menschen.

Meine Großeltern hatten nur eine einstöckige Hütte mit drei Räumen. In einem schliefen wir, im nächsten waren die Pferde untergebracht und daneben drei Dris, Yakkühe. Für die Pferde und Dris war ich zuständig. Wir hatten keine eigenen Weiden. Meine Aufgabe war es, die Tiere morgens zum Grasen in die Berge zu bringen und sie abends wieder abzuholen.

Die Pferde und Kühe hatten Glocken umgebunden. Daran konnte ich sie erkennen. Manchmal haben die anderen Jungen mir Streiche spielen wollen und Gras in die Glocken gesteckt, damit ich sie nicht mehr hören konnte. Aber meine Tiere haben sich immer bemerkbar gemacht, wenn ich in ihre Nähe kam. So konnte ich die Jungen austricksen. Die rächten sich dann mit anderen Streichen. Der Weg vom Dorf in die Berge führte über kleine Flüsse, die man an schmalen Stellen mit einem Sprung überqueren konnte. Da ich nicht wusste, wo man bequem springen konnte, zog ich einfach meine Schuhe aus und watete hindurch. Manchmal lauerten mir die Jungen auf und gaben vor, mir über den Fluss helfen zu wollen. Dabei wurde ich regelmäßig nass, und sie hatten ihren Spaß.

Wirklich gefährlich waren aber die großen Hunde, die überall herumlagen. Ich hatte keinen Stock und orientierte mich unterwegs nur mit Klatschen oder Fingerschnipsen. Hütten und Mauern konnte ich am Echo erkennen, aber schlafende Hunde nicht, und so wurde ich regelmäßig von einem aufgeschreckten Hund angegriffen.

Es gab in unserem Dorf fünf Traktoren, die ich alle an ihrem spezifischen Klang unterscheiden konnte. Ich hatte mir eine Karre gebastelt, zwei Baumstämme und obendrauf ein Stück Holz. Damit lief ich wie ein Traktor brummend durch mein Dorf und transportierte so das Gras für unsere Tiere. Autos kannte ich damals nicht. Und Strom bekamen wir erst, als ich etwa sieben Jahre alt war.

Ich hatte einen guten Freund, Jamnya Tashi. Er akzeptierte mich so, wie ich war. Jedes Mal, wenn die Bauern in unserem Dorf die Ernte einfuhren, gab es ein Fest. Und er war der Einzige, der mich zu diesen Festen einlud. Er war eines der intelligenteren unter den Kindern. Heute lebt er in den USA, und manchmal bekomme ich von ihm eine E-Mail. Die Leute in meinem Dorf sagen, er habe etwas aus seinem Leben gemacht. Aber soweit ich weiß, wäscht er Teller in einem Restaurant. Nicht gerade eine anspruchsvolle Arbeit für einen so intelligenten Menschen.«

Auch Nyimas Großeltern zählten wohl zu den intelligenteren Menschen im Dorf. Sie behandelten ihn als gleichwertiges Familienmitglied und brachten ihm alles bei, was er zum Überleben brauchte. Beide gehörten zu den wenigen in der Region, die lesen und schreiben konnten. Und da ihre größte Sorge war, was mit Nyima geschehen sollte, wenn sie einmal nicht mehr lebten, unterrichteten sie ihn schon in jungen Jahren im Kopfrechnen und ließen ihn buddhistische Texte auswendig lernen. Es war die Hoffnung der Großmutter, dass er zukünftig als Mönch in einer Höhle leben und für die Menschen beten würde. Dann wäre er sicherlich versorgt, denn die Menschen würden ihm zum Dank Tee und Tsampa, den Brei aus geröstetem Gerstenmehl, vorbeibringen.

Als Nyima zehn Jahre alt war, starb sein Großvater an der »Himmelskrankheit«, so nennen die Tibeter einen Schlaganfall, denn er kommt so überraschend wie ein Blitzschlag. Nyima war gerade zu Hause und konnte sich noch von seinem Großvater verabschieden. Aber dann kamen die Nachbarn, um ihn wegzuholen, denn sie glaubten, dass sich der Tod sofort auf die Lebenden übertrage. Von da ab war Nyima mit seiner Großmutter allein. Gemeinsam sorgten sie für ein kleines Einkommen. Aus Bohnenmehl bereiteten sie Nudeln zu, die Nyima in der Nachbarschaft verkaufte.

»Einmal im Monat kam meine Zwillingsschwester zu Besuch.

Wir konnten keine enge Beziehung aufbauen, denn sie war so verbittert und mit ihrem Leben unzufrieden. Nun ja, im Vergleich zu mir hatte sie auch wirklich keine glückliche Kindheit. Ihr Onkel sah sie als Dienstmagd an und zwang sie, von morgens bis abends schwere körperliche Arbeit zu leisten. Sicher, wir mussten alle zum Lebensunterhalt beisteuern, aber es ist doch ein Unterschied, ob man geliebt oder einfach nur ausgenutzt wird. Meine Großmutter erzählte uns von unserer Mutter, wie sie uns eingeschlossen hatte und dass sie nun in Lhasa sei. Meine Schwester machte diese Geschichte wütend, aber mir war es egal. Ich brauchte keine Mutter, denn ich hatte ja meine Großmutter, die für mich sorgte und mir vieles beibrachte. Und dann tauchte *sie* plötzlich auf. Es war im Sommer 2000, und ich war 13 Jahre alt.

Als meine Mutter mich wiedersah, fing sie vor Rührung an zu weinen. Das kam mir ein bisschen komisch vor; *sie* hatte uns doch verlassen. Als Geschenk brachte sie mir ein Spielzeuggewehr mit. Das war nicht besonders feinfühlig und auch nicht klug, denn ich lief mit dem Gewehr durchs Dorf und erklärte jedem, dass ich damit meine Mutter erschießen wollte.«

Seine Mutter war ins Dorf zurückgekehrt, um Nyima mit nach Lhasa zu nehmen. Dort gab es damals eine Reihe ausländischer Augenärzte. Da irgendein tibetischer Arzt das Gerücht gestreut hatte, man könne Menschen wieder sehend machen, indem man ihm Hundeaugen einsetzte, hoffte sie, dass die ausländischen Ärzte so etwas für Nyima tun könnten. Das überzeugte schließlich die Großmutter, und sie willigte ein, den geliebten Enkel mit der verhassten Schwiegertochter ziehen zu lassen.

Die Reise dauerte sechs Tage. Eingequetscht auf der Ladefläche eines Lasters ging es auf holprigen Straßen durch die Berge, bis sie schließlich übermüdet und hungrig in Lhasa eintrafen.

Obwohl die Khampas ethnisch zu den Tibetern gezählt werden, erlebte Nyima das Autonome Gebiet Tibet wie ein fremdes Land. Die Dialekte unterscheiden sich so stark, dass man eigentlich von verschiedenen Sprachen reden muss. Für lange Zeit konnte er sich mit Einwohnern Lhasas nicht verständigen. Während er im Dorf von klein auf sehr eigenständig unterwegs war, fühlte er sich in Lhasa wie ein Gefangener, denn von nun an musste er den ganzen Tag zu Hause verbringen.

»Mein Leben machte erst mal eine Pause. Ich hatte nichts zu tun, saß nur da und hörte meiner Mutter und ihrem Liebhaber bei ihren Streitereien zu. Hin und wieder kamen Khampas aus meinem Dorf zu uns nach Hause und gaben mir 10 oder 20 Yuan. Das Geld nahm ich dankbar an, und da ich meiner Mutter nicht traute, versteckte ich es in meinen Socken. Es stellte sich bald heraus, dass ich das Geld gut gebrauchen konnte, denn meine Mutter kümmerte sich kaum um mich. Ich habe bald für mich selbst sorgen müssen; Kleidung, Essen und Medizin kaufte ich von meinem eigenen Geld.

Meine Mutter hatte eine weitere Tochter bekommen, aber ich habe sie aufgezogen. Ich habe sie herumgetragen und ihr alles beigebracht. Noch heute finanziere ich ihre Ausbildung. Das bringt meine Zwillingsschwester in Rage. Sie findet es ungerecht, dass ich Geld für meine kleine Schwester ausgebe. ›Sie hat doch noch beide Eltern, die sollten sich um sie kümmern!‹ Aber ich finde, meine kleine Schwester kann nichts dafür, in eine so unverantwortliche Familie hineingeboren worden zu sein. Wenn es nach meiner Mutter ginge, müsste *sie* das ganze Geld von mir bekommen. Ihre Kinder waren ihr sowieso egal.«

Obwohl Nyima damals nur einen Steinwurf von uns entfernt wohnte, brauchte er zwei Jahre, um uns und unsere Schule zu finden. Irgendwann brachte ihn eine Verwandte zu einem amerikanischen Augenarzt. Es war Dr. Marc Lieberman, ein Freund und Unterstützer von Braille ohne Grenzen. Er stellte die Verbindung her, aber wir durften Nyima nicht direkt aufnehmen, da er aus einer anderen Provinz stammte und erst Genehmigungen seiner Heimatregion vorlegen musste.

»Ich kann mich noch gut an den ersten Schultag erinnern. Es war der 9. August 2002. Die anderen Kinder waren gerade aus ihren Sommerferien zurück. Sie freuten sich, wieder zusammen zu sein. Das war wie ein Fest. Ngawang, der Hausvater, zeigte mir die Schule, die drei Klassenräume, die Dachterrasse und den Hinterhof. Und dann das Telefon. Besonders an dieses Telefon erinnere ich mich genau, denn ich hatte so etwas noch nie in den Fingern gehabt. Ich sagte Ngawang, dass ich ein solches Gerät nicht bedienen könne. Er lachte mich aus und meinte, selbst die Katze könne das. Sie rufe regelmäßig bei ihren Freunden an.

Von nun an blieb ich tagsüber in der Schule, aber ich hatte ja Familie in Lhasa und sollte daher nicht im Internat übernachten. Ich werde nie vergessen, wie Mitschüler mir immer Zahnpasta und Seife vorbeibrachten, weil meine Mutter dafür nicht sorgte. Sangpo, der blinde Englischlehrer, begleitete mich abends nach Hause und holte mich morgens wieder ab. Ich fühlte mich in der Schule sofort aufgehoben und ernst genommen. Ich hatte richtige Freunde, die sich für mich und mein Leben interessierten. Es war eine Atmosphäre, in der Ehrlichkeit und gegenseitiges Vertrauen genauso wichtig waren, wie ich es bei meiner Großmutter im Dorf gelernt hatte. Nach zwei langen Jahren hatte ich endlich wieder ein Zuhause, aber es dauerte noch zwei weitere Jahre, bis ich die Lehrer davon überzeugen konnte, dass die Zustände bei mir nicht besonders heimelig waren. Meine Mutter und ihr Liebhaber prügelten sich regelmäßig. Laufend flogen irgendwelche Gegenstände durch das Zimmer, und ich musste aufpassen, nicht getroffen zu werden.«

2005 bekamen zwei unserer Schüler die Möglichkeit, in Totnes, im Süden Englands, zu studieren. Wir entschieden uns für Nyima und Kyila. Beide waren nie zuvor in einer regulären Schule gewesen. Doch ihr Organisationstalent und ihre Energie, neue Dinge anzustoßen, gaben uns die Zuversicht, dass sie später eigene Projekte leiten könnten. Und dafür brauchten sie gute Englischkenntnisse.

Um einen Pass zu beantragen, fuhr Nyima zum ersten Mal nach fünf Jahren wieder in sein Dorf und besuchte die Großmutter.

»Sie konnte kaum glauben, wie sehr ich mich in der Zwischenzeit verändert hatte. Natürlich war sie überrascht, dass ich nicht als sehender Mann nach Hause kam, aber als ich ihr von der Einrichtung in Lhasa erzählte, ihr die Brailleschrift zeigte und von meinen Studienplänen berichtete, war sie erleichtert. Ihre ›Traumvorstellung‹, dass ich einmal als Mönch in einer Höhle auf die Gnade der Nomaden angewiesen sein würde, erschien ihr jetzt nicht mehr so attraktiv. Nun überlegte sie, wie es wäre, wenn ich ein nettes Mädchen fände. Die könnte sich dann um mich kümmern. Einige Jahre später brachte ich eine meiner damaligen Freundinnen mit ins Dorf. Ich hatte nicht die geringste Lust, die Freundin zu heiraten; und von ihr abhängig sein wollte ich schon gar nicht. Aber meine Großmutter war beruhigt.

Den Dörflern erzählte ich, dass ich mit dem Flugzeug nach England fliegen würde. Mit ›England‹ konnten sie gar nichts anfangen, aber Flugzeuge sahen sie manchmal über den Bergen. Sie wollten mir zuwinken und mir Glück wünschen, denn ich war der Erste aus meinem Dorf, der in ein ›Ausländerland‹ flog.

Alle um mich herum freuten sich für mich und waren richtig aufgeregt. Nur meine eigene Mutter schien das nicht zu interessieren. Sie brachte mich noch nicht einmal zum Flughafen. Das erstaunte mich, immerhin würde ich anderthalb Jahre weg sein.

Am Flughafen Heathrow wurden wir von Mola Cornelia abgeholt. Sie kam extra aus Deutschland, um uns nach Totnes zu begleiten. Das war eine sehr lustige Zeit! Mit Mola Cornelia war das Leben immer aufregend.«

»Mola« bedeutet Großmutter, und Cornelia ist *meine* Mutter, die unsere tibetischen Kinder der ersten drei Generationen von klein auf kannte. Sie war oft in Lhasa zu Besuch gewesen, hatte mit ihnen Theater gespielt und immer Riesenspaß an irgendwelchen verrückten Aktionen gehabt.

Daher waren die beiden sehr erleichtert, als sie erfuhren, dass Mola Cornelia ihnen über den ersten Kulturschock hinweghelfen würde. In den ersten drei Wochen führte sie sie in die ganz besondere Gesellschaft von Totnes ein, einem kleinen Städtchen in der Grafschaft Devon. Sie streiften durch die Straßen, genossen die Cafés und wussten bald, dass es genau die richtige Stadt für drei Menschen war, die selbst verrückt genug waren, sich auf die merkwürdigsten und interessantesten Typen einzulassen. Totnes gilt als Hippiestädtchen, und so trafen sie auf Geisterjäger und Geisterbeschwörer, Zauberkünstler und ehemalige Bankräuber, und obendrein lernten sie Neil kennen. Neil ist ein besonderer Künstler. Da er farbenblind ist, hat er an seinem Kopf einen Sensor befestigt, der Farben in Klänge umwandelt. Er bezeichnet sich selbst als »human cyborg«.

Die Lehrer der Sprachenschule, in der die beiden unterrichtet werden sollten, hatten sich vorbildlich auf die beiden Tibeter vorbereitet. Die Bücher ließen sie von der Royal National Braille Press drucken, und Tests wurden mit dem Computer geschrieben.

»Ich hatte in der Schule und auch in der Stadt viele Freunde, bis auf Kyila kannte ich aber nur sehende Menschen. Daher wollten wir zu gerne eine englische Ausbildungsstätte für Blinde besuchen. Paul war skeptisch, als wir ihm von unserer Idee schrieben. Er dachte wohl, wir würden uns durch all den technischen Fortschritt einschüchtern lassen, denn in Tibet waren wir noch nicht so weit. Wir konnten seine Bedenken zwar nachvollziehen, fuhren aber trotzdem in eine Stadt, in der es ein größeres Blindeninstitut gab. Eingeschüchtert waren wir nicht, aber wir kamen aus dem Staunen nicht mehr heraus! Da gab es Geräte, sehr technisch, aber unserer Meinung nach nicht wirklich sinnvoll. Zum Beispiel ein Wetterfühler, der einem anzeige, ob draußen die Sonne schien, oder ob es regnete. Ich fragte, warum man nicht einfach rauslaufen oder den Kopf aus dem Fenster strecken konnte. Ein anderes Gerät zeigte an, ob die Tasse voll war. In Tibet steckten wir einfach den Finger in die Tasse oder hörten auf den Klang beim Eingießen der Flüssigkeit.

Die blinden Kinder in der englischen Schule waren unheimlich schnell mit ihren Computern und Sprachausgaben. Aber als wir sie fragten, ob sie auch die Brailleschrift lesen konnten, lachte einer der Lehrer und meinte: ›Braille ist out. Ist einfach zu langsam.‹ Das wurmte uns, denn wir waren mit der Brailleschrift groß geworden. Erst durch sie waren wir alphabetisiert worden. Wir haben den englischen Schülern von unseren Heimatregionen erzählt. Da sind die meisten Analphabeten. Wir gehören zu den Gebildeten in unseren Dörfern, und das nicht zuletzt aufgrund der Brailleschrift. Ich habe ihnen Folgendes erklärt: ›Hörbücher sind prima für Taxifahrer. Doch wenn wir das Lesen und Schreiben wirklich beherrschen und strukturiertes Denken lernen wollen, können wir uns nicht allein auf Hörbücher und Sprachsynthesizer verlassen.‹ Die Schüler und auch die Lehrer waren wohl ein bisschen überrascht. Schließlich kamen wir aus dem ›wilden Tibet‹, und da war es komisch, dass wir den zivilisierten Europäern erklären mussten, wie wichtig lesen und schreiben ist.

Und dann ging es um den weißen Stock. Alles fing damit an, dass sie sich wunderten, wie wir ganz allein aus Totnes anreisen konnten. Für uns war das klar. Wir reisten auch durch ganz China allein mithilfe des weißen Stocks. Wenn wir mal nicht weiterwussten, fragten wir uns durch. Warum sollte das nicht auch in England funktionieren? Daraufhin meinten die Schüler, mit dem weißen Stock würde man zu sehr auffallen. Jeder wisse dann, dass man blind ist. Das machte uns richtig wütend: ›Wir sind blind, so what? Damit müssen wir einfach klarkommen!‹ Das Argument, kein Sehender würde sich in einen verlieben, der mit einem Stock unterwegs ist, war für uns vollkommen absurd. Kyila meinte: ›Wenn sie dich nicht lieben, weil du blind bist, haben sie dich auch nicht verdient!‹

Klar, ich machte mir auch so meine Gedanken, ob ich irgendwann mal eine Freundin haben würde, und natürlich sollte es, wenn möglich, eine Sehende sein. Später hatte ich dann eine Reihe von sehenden Freundinnen, die mir manchmal mit ihrem Helfersyndrom ziemlich auf die Nerven gingen. Ich habe mich heute von den sehenden Frauen emanzipiert und Yudon geheiratet. Wir sind ja zusammen in der Schule aufgewachsen und brauchen uns nicht gegenseitig bemuttern. Wenn beide blind sind, bleiben auch beide selbstständig, und es gibt keine Machtspielchen.«

Weihnachten verbrachten Nyima und Kyila bei meinen Eltern in Deutschland. Sie waren beeindruckt vom geschmückten Weihnachtsbaum und vom Glühwein auf dem Bonner Weihnachtsmarkt. Sie schwärmten vom Vollkornbrot, das ähnlich wie das tibetische Landbrot aus Sauerteig zubereitet wird. Der Nikolaus, der nachts durch die Kellerflure schlich und ihre Schuhe mit Süßigkeiten füllte, machte ihnen eher Angst.

Und dann kam die Nachricht aus Tibet – seine Mutter hatte ihn angerufen –, dass Nyimas Großmutter überraschend gestorben sei. Mit dem Verlust wurde ihm klar, wie viel er von ihr gelernt hatte. Sein Selbstvertrauen, seine Offenheit, mit Menschen umzugehen, sein Geschick, sich in der Welt zurechtzufinden, verdankte er ihr, die immer für ihn da gewesen war und an ihn geglaubt hatte.

Zurück in Tibet, einige Monate später, erkundigte er sich bei Verwandten, wie sie denn gestorben sei. »Die waren ganz erstaunt und versicherten mir, die Großmutter sei sehr lebendig und ganz gesund. Das war schon ein komisches Gefühl. Ich hatte so viel um sie getrauert, dass ich es erst gar nicht glauben konnte. Aber es war wahr, sie lebte und war überglücklich, mich wiederzusehen. Ich hatte ihr kleine Geschenke mitgebracht und ein Foto, das Kyila und mich in England zeigte.

Natürlich bekam ich auch heraus, was wirklich passiert war. Meine Mutter hatte sich wohl gedacht, dass ich als reicher Mann aus Europa zurückkehren würde, und gefürchtet, dass ich meinen gesamten ›Reichtum‹ meiner Großmutter zustecken würde.

Was für ein Mensch! Okay, sie ist meine Mutter, ich danke ihr dafür, dass sie mich auf die Welt gebracht hat. Aber ich habe keine innere Verbindung zu ihr. Ich kann ihr vergeben, schließlich habe ich durch all die Schwierigkeiten, die sie verursacht hat, viel gelernt. Außerdem war sie nicht die Einzige, die so dachte. Die Leute in meinem Dorf hofften ebenfalls, von meinem – nicht vorhandenen – Reichtum zu profitieren. Interessanterweise hatte ich plötzlich viel mehr Verwandte als früher. Jeder wollte mein Onkel oder meine Tante sein. Sie haben mich zwar nicht direkt nach Geld gefragt, aber sie machten Andeutungen, ob ich nicht einen ausländischen Sponsor für das Studium ihrer Kinder finden könnte. Oder vielleicht könne ich ja auch selbst helfen.

Meine Zwillingsschwester tut mir leid. Sie hat niemals eine Schule besucht und ist noch nie aus unserer Region herausgekommen. Zum Glück haben sie und ihr Mann ein gutes Einkommen. Im Sommer geht sie hinauf in die Berge und sammelt Jartsa Gunbu, etwas, das es nur in Tibet gibt; denn jeder, dem ich davon erzähle, hat davon noch nie gehört. Es handelt sich nämlich um ein Lebewesen, das halb Tier und halb Pflanze ist. Im Sommer wächst es als Gras auf den Bergwiesen, und im Winter wird es zu einem Wurm. Die Jartsa Gunbu werden getrocknet und in Wein eingelegt. Für ein Kilo dieser Würmer bekommt man 8000 bis 10 000 Yuan.«

(Genau genommen handelt es sich bei Jartsa Gunbu um einen Pilz, der eine Raupe befällt.)

Im Jahr 2010 wurde Nyima für den Kurs in Kerala ausgewählt. Da lernte er alles, was er zur Weiterführung und Weiterentwicklung unserer Projekte in Tibet benötigte: Fundraising, Projektplanung, Rhetorik und vieles mehr.

In seinem Jahrgang war er mit 22 Jahren der Jüngste. Die Mitarbeiter in Indien waren zunächst etwas skeptisch, denn Nyima hatte nie eine reguläre Schule absolviert. Doch im Vergleich zu den anderen, die mit Universitätsabschlüssen und beruflichen Erfahrungen eine gute Vorbildung mitbrachten, fiel der Bildungsunterschied kaum auf. Im Gegenteil: Er hatte mit dem sehr praktischen Lernen weniger Schwierigkeiten als besonders die Studenten aus asiatischen Ländern, die bei all dem Auswendiglernen von Schulbüchern und den vielen Multiple-Choice-Tests das »Selberdenken« und das eigenständige Suchen nach Lösungen fast verlernt hatten. Nyima, der in Tibet seit seiner frühen Kindheit immer mit unvorhersehbaren Hindernissen konfrontiert wurde, glänzte auch in Indien als Problemlöser und Organisationstalent.

Als uns eine Gruppe von langjährigen chinesischen Sponsoren des Tibetprojekts besuchte – sie wollten Südindien und verschiedene Hilfsorganisationen kennenlernen –, bot sich Nyima an, während der Kursferien die Reise für die vier Personen zu organisieren, obwohl er Kerala und den Nachbarstaat Tamil Nadu gar nicht kannte und die lokalen Sprachen Malayalam und Tamil nicht beherrschte. Er buchte Fahrer, stellte die Route zusammen, sorgte für Unterkünfte, wählte die Sehenswürdigkeiten aus und organisierte Besuche in Hilfsprojekten. Die Rundreise klappte wie am Schnürchen, und die Besucher, die sich zwar finanziell alles leisten konnten, sich aber in einem fremden Land sehr unsicher fühlten, freuten sich über den tadellosen Service des blinden Reisebegleiters.

Am Ende der Tour ging es ganz an die Südspitze Indiens, nach Kanyakumari, da, wo sich drei Meere, das Arabische Meer, der Indische Ozean und der Golf von Bengalen, treffen. Nyima, der selbst noch nie da gewesen war, hatte von einem unvergesslichen Sonnenuntergang geschwärmt. Unterwegs trafen sie auf

Chhitup, einen nepalesischen kanthari-Studenten. Chhitup war auf dem Campus Nyimas bester Freund gewesen.

Chhitup erzählte mir später folgende Geschichte, die viel über Nyimas unbestechlichen Charakter aussagt:

Der gepriesene Sonnenuntergang war ins Wasser gefallen, denn es hatte in Strömen geregnet. Auf der Rückfahrt nach Trivandrum schlingerte das Taxi durch reißende Bäche, die sich über die Fahrbahn ergossen. Der Regen verschlechterte die Sicht drastisch, und der Straßenzustand veranlasste den Fahrer, die Geschwindigkeit zu drosseln. Die Reisenden aber wurden ungeduldig. Sie wollten nach langer Fahrt endlich ankommen, und so setzten sie den Fahrer unter Druck: Wenn sie Trivandrum nicht zum vereinbarten Zeitpunkt erreichten, würden sie ihn für den Tag nicht bezahlen. Daraufhin drückte der Fahrer aufs Gaspedal und raste in halsbrecherischem Tempo über die schlammigen Landstraßen.

Nyima, der nun wie alle anderen auf der Rückbank hin- und hergeworfen wurde, zögerte nicht lange, beugte sich nach vorne und fragte den Fahrer: »Hast du Kinder?«

Der Fahrer, der sich auf den Verkehr und die Wetterbedingungen konzentrieren musste und sicherlich keine Lust auf eine Unterhaltung über seinen Familienstand hatte, presste ein klägliches »Ja, ja, habe ich« heraus.

Nyima ließ sich nicht beirren und fragte weiter: »Du möchtest sicherlich nicht sterben, oder?«

»Nein, natürlich nicht!«, kam es vom Fahrer zurück, und es hatte den Anschein, als ob er kurz davor war, in Tränen auszubrechen.

»Ich will auch nicht sterben«, meinte Nyima lakonisch. Und dann im strengen Ton und ungeachtet der Gefahr, den zahlenden Besuchern auf die Füße zu treten: »Du fährst jetzt langsam! Wenn sie dich nicht bezahlen, übernehme ich das.«

Natürlich beglichen die Reisenden alle Kosten, auch die des Taxifahrers. Nyima wollten sie 1000 Dollar für seine professionelle Reiseleitung geben. So viel Geld hatte er noch nie in Händen gehalten. Er nahm das Bündel Geldnoten, zog ein paar Scheine heraus, ließ sich von Chhitup den Betrag bestätigen, steckte sie mit den Worten »Das waren meine Unkosten« in die Hosentasche und gab den größeren Teil mit den Worten zurück: »Ich habe es für Paul, Sabriye und für das Tibetprojekt getan. Dafür muss ich nicht bezahlt werden.«

Als ich Nyima selbst auf die Situation ansprach, meinte er lachend: »Oh ja, ich habe von meiner Großmutter gelernt, immer ehrlich zu sein, auch wenn ich mich nicht immer damit beliebt mache. Das hat mir manchmal Ärger eingebracht, aber es hat mir auch oft weitergeholfen. Bei Braille ohne Grenzen habe ich aber gelernt, keine Angst vor neuen Ideen zu haben. Das Leben lohnt sich doch nur, wenn man seinen eigenen Ideen folgt.«

14. Die Traumwerkstatt

Den blinden Kindern die Angst vor dem Leben und die Scheu vor der Verwirklichung der eigenen Ideen zu nehmen, wurde zu einer unserer größten Herausforderungen. Da die meisten von ihnen bis zum Eintreffen in unserer Schule nichts als Ausgrenzung und Geringschätzung erfahren hatten, hatten sie Angst vor der Zukunft und sahen dem, was nach der Schule kommen sollte, bang entgegen. Paul und ich waren zunächst ratlos, wie wir der Zukunftsangst unserer Schüler begegnen konnten. Aus der Not heraus entwickelten wir das Konzept der »Dream Factory«, »Traumwerkstatt«. Die Kinder bekamen eine ganze Woche schulfrei, und in dieser Zeit sollten sie sich ausmalen, was sie sich für die Zukunft wünschten.

Sie sollten sich dabei keine Grenzen setzen, keine Gedanken darüber machen, was sie nicht konnten. Wichtig war allein, was sie sich für die Zukunft wünschten.

Das Ganze wurde über die Jahre zu einer regelmäßigen Veranstaltung, einem Fest, das alle Kinder und Mitarbeiter in seinen Bann zog.

Zum zehnten Jahrestag des Tibetprojekts erschien ein Buch mit Texten und Fotos von der Schule und ihren Schülern, angeregt durch den bekannten chinesischen Fotografen und Tibetexperten Che Gang, der sich von Beginn an für den Werdegang der blinden Kinder interessiert hatte.

Diese Studie wurde chinaweit mit großem Interesse gelesen. Die meisten waren vom Erfolg der Kinder überrascht, besonders wenn sie sich deren Lebensgeschichten vor Augen hielten. Und obwohl wir ja unsere Kinder gut kannten und ihnen vieles zutrauten, wurde uns durch die Studie auch zum ersten Mal bewusst, dass die meisten Kinder der ersten, zweiten und dritten Generation – wenn sie nicht, wie in einigen traurigen Fällen, erkrankt oder gestorben waren – ihren Kinderträumen nachgegangen sind und jetzt erfolgreich Berufe ihrer Wahl ausüben.

Kyila gründete ihr eigenes Projekt, einen Kindergarten für blinde und sehende Kinder. Das war seit Langem ihr großer Traum gewesen. Als Kind hatte sie keine Möglichkeit, mit anderen Kindern zu spielen. Aufgewachsen war sie in einem Dorf bei Lhatse, nahe dem Mount Everest. Ihre älteren Brüder und ihr Vater waren wie sie blind. So viel »Unheil« in einer Familie konnten sich die Dörfler nicht erklären. Sie glaubten, dass auf der Familie ein Fluch lag. Und daher jagten sie sie weg. Der Familie blieb nichts anderes übrig, als eine Bleibe am Dorfrand zu suchen. Kyila und ihre Geschwister litten sehr darunter, dass man sie wie Aussätzige behandelte, sie hänselte und mit Steinen bewarf. Man legte ihnen sogar verdorbene Speisen vor die Haustür. Bei all diesen Schikanen hatte sie es nie gewagt, sich anderen Kindern zu nähern.

Daher Kyilas großer Wunsch, blinde und sehende Kinder schon im frühen Alter zusammenzubringen, damit sie das erleben konnten, was Kyila und ihren Geschwistern verwehrt war. Kyilas Kindergarten wurde ein voller Erfolg. Heute lernen blinde wie auch sehende Kinder gemeinsam spielerisch Fremdsprachen und sogar ein wenig lesen und schreiben. Um den Kindern so früh ein positives Lebensgefühl zu vermitteln, führte Kyila ebenfalls das Ritual der »Traumwerkstatt« ein. Einmal im Monat gibt es einen besonderen Tag, an dem die Drei- bis Sechsjährigen ihre fantasievollen Zukunftsgeschichten vor dem gesamten Kindergarten vortragen.

Und da war Tensin, unser erster Schüler, der schon mit neun Jahren eine klare Lebensplanung vor Augen hatte: Er wollte einmal genug Geld verdienen, um seine Mutter ernähren und seinen jüngeren sehenden Bruder unterstützen zu können. Dann würde er auch den ständig betrunkenen und gewalttätigen Stiefvater aus dem Haus werfen. Mit 15 begann Tensin eine Ausbildung in medizinischer Massage. Wenige Jahre später war er der einzige Brötchenverdiener in seiner Familie. Mit 21 eröffnete er eine eigene Praxis, und von seinen ersten Einkünften ließ er seiner Mutter ein neues Haus bauen. Seinem Bruder kaufte er ein Tuk Tuk, eine Autorikscha, und seinen Stiefvater setzte er wie versprochen vor die Tür. Heute unterhält er zusammen mit dem ebenfalls blinden Tashi Pasang eine der größten Massagekliniken in Tibet. Er ist ein wohlhabender und allgemein geachteter Mann. Hin und wieder wird er vom Dorfobersten seines Heimatdorfes zum Streitschlichter bei Nachbarschaftskonflikten berufen.

Sein Geschäftspartner Tashi Pasang war eines der ersten Straßenkinder, die wir in der Schule aufnahmen. Lange Zeit wussten wir nicht, woher er stammte und wie er auf der Straße gelandet war. Erst in unserem siebten Jahr, beim Dreh des Dokumentarfilms »Blindsight«, erfuhren wir durch Zufall, dass er han-chinesische Eltern hatte und von seinem Vater für 300 Yuan an ein fremdes Paar verkauft worden war, das ihn dann nach Lhasa brachte, um ihn gewinnträchtig ausbeuten zu können. Das Paar zwang ihn, Geld und Lebensmittel zu erbetteln oder auch zu stehlen. Schließlich riss er aus und überlebte einen eisigen Winter auf den Straßen der Altstadt von Lhasa, bevor er zu uns kam.

Auch Tashi Pasang hatte einen Traum. Obwohl sein Vater ihm so übel mitgespielt hatte, wollte er später mal so viel Geld verdienen, dass er seine Familie unterstützen konnte.

Heute beschäftigen Tensin und Tashi Pasang neun Mitarbeiter. Und da seine Muttersprache Chinesisch ist, wurde Tashi Pasang zusätzlich Chinesischlehrer an unserer Schule.

Neben Kyila, Tensin und Tashi Pasang haben auch andere ihre Zukunftsvisionen umgesetzt. Einer besitzt ein Teehaus, ein anderer einen Laden für Motorradersatzteile und wieder ein anderer ein Bekleidungsgeschäft. Und es gibt einige, die ihre künstlerische Begabung zum Beruf gemacht haben. So zum Beispiel Kelsang Tashi, ein Junge aus Amdo, der bei einem Unfall erblindete und in unserer Schule als begabter Sänger entdeckt wurde. Ohne eine Schule abgeschlossen zu haben, bekam er ein Stipendium für ein Gesangsstudium, und nun tingelt er als Popstar durch die Nangma-Clubs der westchinesischen Provinzen und erobert mit seinen schnulzigen Liebesliedern die Herzen der tibetischen Molas. Oder Dachung, der sehr erfolgreich als Geschäftsmann anfing, dann aber alles verkaufte, um seiner Leidenschaft nachzugehen. Er studierte Querflöte und gründete die Katak-Band, eine Musikgruppe für traditionelle tibetische Musik.

Einige ehemalige Schüler haben Geschäftsideen erfolgreich umgesetzt. Und manche Außenstehende fragen sich, wie sie das bloß geschafft haben. Die meisten der Schüler der ersten drei Jahrgänge haben nie eine reguläre Schule besucht. Sie waren entweder zu alt für unser Selbstintegrationsprogramm oder brachen, wie Yudon und Gyendsen, ihre Schulbildung ab.

Die Voraussetzungen für einen Erfolg versprechenden Werdegang stehen zunächst einmal denkbar schlecht. Keiner dieser Ehemaligen stammt aus einem Elternhaus, das sie hätte unterstützen können oder auch nur wollen. Entweder sind die Eltern bettelarm, oder aber sie interessieren sich überhaupt nicht für ihr blindes Kind. Hinzu kommt das gesellschaftliche Umfeld, das mit Vorurteilen und Skepsis reagiert, sobald man von den Möglichkeiten blinder Menschen spricht.

Und doch haben es viele unserer Schüler geschafft, sich eine eigene Existenz aufzubauen.

Wenn aber eine gute Schulbildung nicht die entscheidende Rolle spielt und weder das Elternhaus noch die Gesellschaft Unterstützung anbieten, was sind dann die Ursachen für einen solchen Erfolg?

Gerade *weil* sie den denkbar ungünstigsten Umständen entwachsen sind, haben sie auch Möglichkeiten: Da sie nichts zu verlieren haben, können sie Risiken als Abenteuer angehen. Von Kindheit an haben sie gelernt, Hindernisse zu überwinden, und sich dabei zu intuitiven Problemlösern entwickelt. Um sich Gehör und Akzeptanz zu verschaffen, sind sie gezwungen, die Menschen zum Umdenken zu bringen. Dabei müssen sie in der Lage sein, diskriminierende Konventionen infrage zu stellen. Ihre grundlegenden Kompetenzen wie Problemlösung, Organisation und Durchsetzungsfähigkeit haben sie sich fast automatisch angeeignet. Was sie an unserer Schule zusätzlich mitbekommen haben, ist eine ethische Haltung. Für uns war es immer wichtig, dass man sich auf sie verlassen kann. Flunkereien, Ausreden und leere Versprechungen werden von Mitarbeitern und Mitschülern nicht toleriert. Da sie von Anfang an dazu aufgefordert wurden, an der Gestaltung der Schule teilzunehmen, Regeln zum Umgang miteinander zu entwerfen und einzuhalten, wuchsen sie zu verantwortungsvollen, aufrichtigen und sozial eingestellten Menschen heran. Heute erfahren wir durch Leute, die als Geschäftspartner mit unseren Ehemaligen zu tun haben, wie sehr sie sich manchmal durch ihre unverblümte Offenheit irritiert fühlen, wie sehr sie aber auch ihre Unbestechlichkeit und Aufrichtigkeit schätzen.

Und das Entscheidende ist und bleibt: Sie haben gelernt, ohne Scheu Zukunftsträume zu entwickeln und zu verwirklichen.

Auch auf Paul und mich hat sich die »Traumwerkstatt«-Praxis positiv ausgewirkt. Sie hat dazu geführt, dass wir inzwischen sehr viel mutiger im Entwerfen und Umsetzen unserer eigenen Zukunftsvisionen sind. Dabei lassen wir uns von kritischen Stimmen nicht entmutigen. Im Gegenteil: Skepsis wird uns zum Ansporn. Und immer wenn wir von Behörden oder auch Sponsoren mit den Worten gebremst werden: »Das schafft ihr nicht«, »Bleibt auf dem Teppich«, »Ihr seid zu klein für ein solches Vorhaben«, spüren wir wütende Energie und machen uns erst recht an die Verwirklichung unserer Pläne.

Gleich zu Beginn unseres Tibetabenteuers machten wir den folgenden Plan: Neben der vorbereitenden Grundschule, dem Selbstintegrationsprogramm und der Brailledruckerei sollte es auch ein Berufsbildungszentrum für Blinde geben, und später sollte alles, wenn möglich, von unseren blinden Schülern geleitet und weiterentwickelt werden.

Bereits im Jahr 2000 legten wir einigen unserer Unterstützer den Plan für ein Ausbildungszentrum für blinde Erwachsene vor. Es sollte eine Trainingsfarm werden für solche Berufe, die in der tibetischen Gesellschaft benötigt werden und von Blinden gut ausgeübt werden können. Ökologische Landwirtschaft, Tierhaltung und Handwerkskunst, darauf wollten wir uns zunächst konzentrieren. Wir planten den Bau von Gewächshäusern, einer Käserei, einer Bäckerei, einer Musikschule, eines Reitplatzes und die Einrichtung von Werkstätten.

Dass wir zu diesem Zeitpunkt noch nicht mal ein geeignetes Grundstück gefunden und selbst keine Ahnung von Landwirtschaft hatten, machte uns kein Kopfzerbrechen. Allerdings kamen einige unserer Sponsoren mit der Ideenflut gar nicht zurecht und nahmen Reißaus. Ohne Land, ohne Erfahrung und jetzt auch noch ohne finanzielle Mittel gab es allen Grund, den Plan aufzugeben. Doch die Idee hatte sich festgesetzt, und so entschieden wir, einen neuen Weg zu gehen.

Bisher hatten wir nur nach fruchtbaren Ländereien Ausschau gehalten. Doch als uns nun, vermittelt durch das Schweizer Rote Kreuz, ein zehn Hektar großes Stück karges Land mit einigen verfallenen Militärbaracken angeboten wurde, griffen wir zu. Solange Wasser in der Nähe war, würden wir das Stück »Wüste« schon begrünen können.

Um unsere fehlenden Kompetenzen machten wir uns keine Sorgen. Wir glaubten fest an das Interesse der einheimischen Bauern, mit uns zusammenzuarbeiten. Was die Finanzierung betraf, so mussten wir unseren Enthusiasmus einfach ein wenig zügeln. Wir durften die Geldgeber nicht mit zu vielen Ideen überrollen. Und so teilten wir nun die Gesamtvision in kleine, leicht zu verdauende Häppchen auf, die wir gezielt neuen Interessenten darboten.

Auf diese Weise, Schritt für Schritt, Jahr um Jahr, setzten wir unsere Ideen um: Zusammen mit Mike, einem Jesuitenpater aus Kanada, der sein Leben lang ökologischen Landbau im nordindischen Darjeeling betrieben hatte und nun auf unserer Farm in Tibet noch einmal etwas Neues machen wollte, richteten wir Gewächshäuser und eine Kompostierungsanlage ein. Der Boden war noch nie bestellt worden. Und so schafften wir zunächst nur für den Mist Kühe, Schweine und Hühner an, die bald auf dem gesamten Areal durcheinanderliefen und den Boden düngten.

Sechs Jahre später stand die Farm, und die neu gewonnenen Unterstützer staunten nicht schlecht, als sie durch Werkstätten mit Teppichknüpferei und Strickerei, über Kartoffel- und Getreideäcker und durch Ställe mit Kühen und Pferden geführt wurden. Sie genossen in der Musikschule das Spiel auf der Dramnyä, der tibetischen Gitarre, den würzigen Käse – unsere Eigenentwicklung »Lhasarella« –, frische Brötchen aus der Bäckerei und die Tomaten aus den Gewächshäusern.

Im März 2008 erlebte Tibet im Vorfeld der Olympiade die größten und gewalttätigsten Unruhen seit den Achtzigerjahren. Läden wurden geplündert und Häuser in Brand gesetzt. Um die Unruhen einzudämmen, verordnete die lokale Regierung tagelange Ausgangssperren.

Paul und ich reisten zu diesem Zeitpunkt mit dem blinden Bergsteiger Erik Weihenmayer und den Produzenten des Dokumentarfilms »Blindsight« durch die USA, als uns die Nachricht wie ein Blitzschlag traf. Wir brachen alles ab und machten uns auf den Weg zurück nach Tibet, um in solch einer Krise bei unseren Schülern und Mitarbeitern zu sein. Unterwegs telefonierten wir mit Nyima, Yudon und Kyila, die zwar angespannt schienen, uns aber beruhigen wollten. Wir sollten uns keine Sorgen machen. Bei einem weiteren Gespräch erfuhren wir, dass die Gas- und Wasservorräte langsam zur Neige gingen. Sie wollten lieber kein Wasser aus dem Hahn trinken, denn es gab Gerüchte, dass aufgebrachte Einwohner das Trinkwasser vergifteten. Auch hätten sie in der Schule kaum noch Tsampa, kein Gemüse und kein Fleisch mehr, aber es würde sich schon eine Lösung finden. Die Lösung stand im wahrsten Sinne des Wortes vor der Tür. Vor allen öffentlichen Gebäuden wie Schulen, Behörden und Krankenhäusern stand ein bewaffneter Wachposten, der dafür sorgte, dass die Ausgangssperre eingehalten wurde. Da sie also nicht selbst für Nachschub sorgen konnten, ging Yudon an das Eingangstor und redete freundlich mit dem wachhabenden Polizisten. Wo er schon auf die Schule aufpasste, müsste er auch die Verantwortung für die Kinder und Mitarbeiter übernehmen. Sie gab ihm Geld, damit er für alle Lebensmittel und Trinkwasser einkaufen konnte. Und das tat er tatsächlich auch. Dann hieß es, eine hochschwangere Mitarbeiterin liege in den Wehen und müsse dringend ins Krankenhaus. Aber man saß fest. Wieder machten sie einen Deal mit dem Wachposten und organisierten gemeinsam einen Krankentransport.

Nach solchen erfolgreichen Aktionen brauchten wir uns um die zukünftigen Leitungskräfte der Schule keine Sorgen mehr zu machen. Sie waren in der Lage, zu verhandeln und zu organisieren. Selbst in der größten Krise hatten sie Ruhe bewahrt und genau das Richtige getan.

Und doch machen wir uns um die Zukunft unserer Schule Sorgen, denn das unkonventionelle Schulkonzept wird bei den zunehmenden Reglementierungen große Schwierigkeiten haben zu überleben. Unsere ehemaligen Schüler haben aber bisher bewiesen, wie gut sie auch in schwierigen Situationen klarkommen, und sie werden ihren Weg immer finden.

15. Von Tibet nach Indien

In sieben Jahren Tibet hatten wir etwas Wichtiges gelernt. Es war uns gelungen, blinde Menschen, die von der Gesellschaft entweder nicht wahrgenommen oder bewusst ausgegrenzt werden, zu ermutigen und zu befähigen, ihr Leben selbstbestimmt zu gestalten. Und mehr als das: Sie waren in der Lage, mit ihren eigenen Ideen und Erfahrungen zu einem Umdenken in der Gesellschaft beizutragen.

Wenn das mit Blinden in Tibet möglich war, warum sollten nicht auch Menschen aus anderen Randzonen der Gesellschaft, aus anderen Ländern und mit anderen Hintergründen, durch eine ähnliche Schulung gehen können? Und so entstanden die ersten Ideen für ein internationales Trainingszentrum, das blinde und sehende Initiatoren für die Umsetzung sozialer Projekte ausbilden sollte.

Diese Idee stellten wir dem Journalisten Jim Yardley vor, und am 20. September 2003 erschien sein Artikel in der *New York Times*. Es war der erste Artikel, in dem von unserem neuen Plan berichtet wurde, und darin wurde auch erwähnt, dass Paul und ich uns Südindien – zentral gelegen zwischen Ost und West – als idealen Ort für unsere nächste Initiative vorstellten.

Wenige Tage später bekamen wir eine E-Mail von einem Navin Ramachandran aus den USA. Navin stammt selbst aus dem Süden Indiens, aus Kerala. Der Artikel über unser Vorhaben hatte ihn begeistert, und er wollte uns unterstützen. Und da er vorhatte, seiner damaligen Lebensgefährtin Dani Indien zu zeigen, lud er uns ein, nach Kerala zu kommen. Später erzählte er uns, dass sie bereits auf gepackten Koffern saßen, als er sich auf die Schnelle im Kiosk noch etwas Lektüre besorgte. Sein erster Griff galt der *New York Times*, die er über ein Jahr nicht mehr gelesen hatte. Und als Erstes las er unseren Artikel. Das waren schon eine Menge Zufälle.

Es gab einen schnellen Briefwechsel, in dem er Paul und mir vorschlug, einige Wochen mit ihm und Dani auf der Kautschukplantage seiner Eltern zu verbringen. Er wollte uns in die Besonderheiten Keralas einführen und gemeinsam mit seinen Verwandten und Freunden alles dafür tun, dass wir so schnell wie möglich loslegen konnten.

Wir nahmen die überraschende Einladung dankbar an, und schon drei Monate später machten wir uns auf den langen Weg von Tibet nach Indien.

Der Sprung vom eisbedeckten und kargen »Dach der Welt« in eine üppig-tropische Region, die sich in der Fremdenverkehrswerbung selbst »God's Own Country« nennt, fühlte sich an wie ein Sprung aus der Kälte in ein wohlig warmes Federbett.

Die Unterschiede zwischen Tibet und Kerala, zwei Regionen, die etwa 5000 Kilometer voneinander entfernt liegen, könnten klimatisch nicht größer sein. Innerhalb einer Woche erlebten wir einen Wechsel vom vegetationslosen tibetischen Hochland im tiefsten Winter bei minus 25 Grad, mit Schnee auf den Gipfeln und vereisten Straßen, über Nepal mit feuchtkaltem Wetter und Temperaturen um den Nullpunkt bis schließlich zum ewigen Sommer Keralas mit plus 30 Grad und 85 Prozent Luftfeuchtigkeit.

Der eigentliche Kulturschock waren für uns allerdings die rapide zunehmenden Massen von Menschen. Wenn wir in Tibet mit unserem Fahrzeug mal in einer Schneewehe oder in einem Eisloch stecken blieben, konnte es Stunden dauern, bis ein Laster vorbeikam, um uns aus der Misere zu befreien. Schon in Nepal gab es überall Menschen, Tiere und Fahrzeuge, die immer in den ungünstigsten Augenblicken den Weg versperrten. Aber niemals hatten wir einen so bevölkerten Landstrich wie Kerala erlebt. Schätzungen besagen, dass etwa 33 Millionen Einwohner auf einer Fläche leben, die noch nicht einmal so groß ist wie die Niederlande.

Dass Kerala so bevölkert ist, hat einen guten Grund, denn nirgendwo in Indien gibt es so viel fruchtbaren Boden. Der kleine Bundesstaat im Südwesten Indiens hat eigentlich alles, was man für ein gutes Leben benötigt. Kühlere Bergregionen mit Gewürzgärten, Kaffee- und Teeplantagen, Kautschukwälder in den etwas tiefer gelegenen Regionen und überall Kokospalmen, Mangobäume und Bananenstauden. Kerala ist berühmt für den speziellen grobkörnigen braunen Reis, für Cashewkerne und Tapioka, ein stärkehaltiges Wurzelgemüse, das wie bei uns die Kartoffel gekocht und sogar zu Chips verarbeitet wird. Außerdem ist Kerala reich an Flüssen und Seen, und es liegt lang gestreckt an der Küste zum fischreichen Arabischen Meer.

Unsere erste Begegnung mit Navin fand in Bangalore statt, und es dauerte nicht lange, da wussten wir, dass wir uns gut verstehen würden. Zu fünft, mit Dani und Lia, Danis Freundin, nahmen wir einen Nachtbus, der uns über die Westghats nach Thiruvananthapuram, oder kurz Trivandrum, der größten Stadt im Süden Keralas, brachte. Bei den Westghats handelt es sich um eine Gebirgskette, die sich von Mittelindien fast bis an den Südzipfel zieht. Das Gebirge ist ein Regenfänger, der dafür sorgt, dass Kerala im Gegensatz zu den Nachbarstaaten Karnataka und Tamil Nadu grün und fruchtbar ist. Während man also abends im Bus mit dem Bild von trockenbraunen Wüstenlandschaften einschläft, ist man morgens fast erschlagen von der üppigen Natur, die sich vor den Fenstern entfaltet.

Da wir in den vergangenen Jahren auf dem eher trockenen tibetischen Hochplateau mit Bäumen, Blumen und grünen Landschaften nicht wirklich verwöhnt worden waren, konnte Paul sich jetzt gar nicht sattsehen. Überwältigt beschrieb er mir die saftig grünen Rasenflächen, die bunt blühenden Sträucher und die Wälder, die in der warmen Morgensonne in hellen und dunklen Grüntönen erglühten. Überall gab es Palmen in den unterschiedlichsten Formen und Farben, von Flaschengrün über Goldgelb zu leuchtend Rot. Die Straße führte uns über lange Brücken vom Norden in den Süden Keralas. Unter uns eine riesige Wasserlandschaft, mit kleinen und größeren Flüssen, Seen und Teichen, und natürlich die berühmten Backwaters, das weitverzweigte Netz aus natürlichen und künstlichen Kanälen mit den für Kerala typischen Hausbooten. Manchmal führte die Straße bis an die Küste heran. Dann gab es auf der rechten Seite Strand und gleich dahinter das türkisgrüne Meer mit bunt blinkenden Fischerbooten.

Als wir in Trivandrum eintrafen und etwas steif aus dem gekühlten Bus stiegen, wurden wir alle von der sommerlich feuchten Hitze überrascht. Paul und ich reagierten auf das ungewohnte Klima recht unterschiedlich. Er fühlte sich in den ersten Tagen wie erschlagen. Die meisten europäischen Besucher empfinden das Klima, als hätte man sie fest in eine feuchtwarme Wolldecke eingewickelt. Manche bekommen zunächst sogar Atemnot. Bei mir war es anders: Ich merkte, wie mein Gehirn und besonders auch meine Finger in der heißen Umgebung endlich wieder aufzutauen schienen. Im eisigen Winter Tibets konnte ich meine Finger kaum gebrauchen. Sowohl beim Lesen der Brailleschrift als auch beim Schreiben auf der Computertastatur musste ich sie regelmäßig an einer Tasse Tee aufwärmen. Solange ich aber nicht in der Lage war, zu lesen oder zu schreiben, konnte ich auch nicht richtig denken. Bei unserer Ankunft in Trivandrum merkte ich sofort, dass dies ein Ort war, an dem es sich prima lesen, schreiben, denken und leben lässt.

Mit einem Taxi fuhren wir ein Stück in die Berge hoch, in die Nachbarstadt Nedumangad. Die Straße führte in engen Kurven bergauf, vorbei an Mischwäldern und Wohnsiedlungen. Am Straßenrand drängte sich ein Dorf an das andere, und während wir in den enger werdenden Kurven hin und her geworfen wurden, beschrieben mir Dani und Navin die »Schönheiten« der lokalen Architektur. Neben Wellblechhütten prunkten Betonhäuser in den grellsten Neonfarben – Hellblau mit Dunkellila und giftgrünen Fensterläden! Orange mit quietschrosa Türen und – der letzte Schrei – zitronengelbe Dächer und violette Fassaden!

»Da hatte wohl jemand eine Inspiration«, sagte Paul belustigt, und Navin meinte: »Das Schöne an meinen Landsleuten ist: Wenn einer mal eine Eingebung hat, dann wollen alle anderen nachziehen!«

Je mehr wir uns Nedumangad näherten, desto weiter wurden die Mischwälder von Kautschukplantagen zurückgedrängt. Auch Navins Elternhaus steht inmitten einer schattigen Plantage mit dem irreführenden Namen »Silk Estate«. Die Villa thront majestätisch auf einem kegelförmigen Hügel. Der Zufahrtsweg führt spiralförmig bis vor das große Anwesen.

Bis auf Spotty, einen gefleckten kleinen Straßenhund, der uns wedelnd entgegenkam, wirkte das Haus unbewohnt. Und trotzdem fühlten wir uns gleich heimisch. Eine Hausangestellte hatte bereits gekocht und alles auf strikte Anordnung des »Captains«, so wurde Navins Mutter Anandi von ihren Söhnen augenzwinkernd genannt, für unsere Ankunft vorbereitet.

Als wir gerade unsere Taschen in die Zimmer bringen wollten, klingelte in der großen Eingangshalle bereits das Telefon. »Amma«, seufzte Navin in den Hörer. Dann sagte er lange nichts, und nur die Stimme seiner Mutter – ein Redeschwall in Malayalam – drang durch den Hörer. Eine Erwiderung wartete sie erst gar nicht ab, sondern beendete das Gespräch, sobald sie alles Notwendige gesagt hatte.

»Wir sind noch nicht mal eine Minute hier, und sie will schon wissen, ob ihr von mir gut verpflegt werdet!«

Ihr Anruf kam aus Schardscha, einem der Vereinigten Arabischen Emirate, wo sie zusammen mit ihrem Mann und sämtlichen Cousins, Onkeln und zwei ihrer Söhne eine Druckerei unterhält. Die Familie steht normalerweise in Indien an erster Stelle. Ganz im Gegensatz zu dem, was wir in Tibet erfahren hatten. Da kommt es oft genug vor, dass Kinder nicht bei ihren eigenen Eltern, sondern bei entfernten Verwandten oder in einem Internat aufwachsen. Der Familienzusammenhalt ist daher gering. In Indien wird dagegen das gesamte Leben von der Ausbildung über die Heirat bis zur Berufswahl von der Familie bestimmt. Navin war der Einzige, der sich dem Familienunternehmen entzogen hatte und sein eigenes Leben, weitab von Indien oder Schardscha, lebte. Ihm reichte ein wohldosierter Kontakt zu den lieben Verwandten.

»Kommt Leute, lasst die Taschen stehen«, rief er belustigt, »wir müssen jetzt sofort essen!«

Zu essen gab es in Nedumangad eine Menge. Selten sind Paul und ich so schnell und so gut in die kulinarischen Genüsse eines Landes eingeführt worden. Da wir in Tibet an eher spärliche und wenig abwechslungsreiche Kost gewöhnt waren, fiel es uns allerdings nicht leicht, dreimal am Tag warm zu essen. Zudem wird das Essen in Tibet kaum gewürzt, daher dauerte es eine Weile, bis unsere Geschmacksnerven den Überfluss an Gewürzen überhaupt aushalten konnten. Schon bei ein und derselben Mahlzeit gibt es geschmacklich ganz unterschiedliche Soßen, mit Kokosmilch, Limonensaft oder mit scharf eingelegten Früchten abgeschmeckt. Dazu vielfältige Gemüse- und Reissorten, Fleisch und Fisch. Aufgesaugt wird alles mit pfannkuchenartigen Teigfladen, mal gebraten, mal gebacken, aus Weizen-, Reis- oder Maismehl. Gegessen wird nicht mit Messer und Gabel oder mit Stäbchen wie in Tibet, sondern mit der rechten Hand. Dabei werden die Currys, Chutneys und der Reis zu einem Brei verknetet und – die Hand dabei wie eine Schaufel geformt – in kleinen Portionen zum Mund geführt. Das ist für Europäer oft gewöhnungsbedürftig. Ich vermute, es liegt daran, dass man bei uns als Kind oft ermahnt wird, tunlichst nicht mit dem Essen zu spielen. Und obwohl es mir mit der Hand viel besser schmeckt und es in Indien Brauch ist, habe ich immer noch das Gefühl, gegen Tischmanieren zu verstoßen.

Während Anandi aus der Ferne dafür sorgte, dass es uns an nichts fehlte, kümmerte sich Navin seinerseits darum, dass wir – neben der lokalen Küche – Kerala in all seinen Aspekten kennenlernten. Als Erstes gab es eine Tour durch den Kautschukwald mit Einblick in den Gummigewinnungsprozess. An den Stämmen der Kautschukbäume waren halbe Kokosnussschalen als Auffangbehälter befestigt. Darüber klaffte ein spiralförmig um den Baumstamm verlaufender Schnitt, aus dem stetig milchiger Saft rann und von den Behältern aufgefangen wurde.

Jeden Morgen, erklärte Navin, geht der Zapfer durch die Plantage und macht mit dem Messer einen Schnitt. Der Schnitt gehe dabei nur so tief, dass sich die Rinde wieder regenerieren kann. Sobald die Schale voll ist, wird der »Milchsaft«, also der Latex, eingesammelt und das Ganze in einer Räucherwerkstatt weiterverarbeitet.

In manchen Behältern, die der Zapfer vergessen hatte zu leeren, war der Saft bereits zu einem gummiartigen Klumpen geronnen und verströmte einen intensiven Geruch, den ich niemals zuvor gerochen hatte, der für mich aber seitdem mit Kautschukbäumen und Latexgewinnung verknüpft ist.

Die Bäume werden erst bezapft, wenn sie fünf oder sechs Jahre alt sind. Mit etwa 25 Jahren haben sie ausgedient. Dann werden sie gefällt, und da das Holz einen guten Härtegrad aufweist, wird das sogenannte Rub-Wood zum Möbel- und Hausbau verwendet.

Die Räucherwerkstatt befand sich gleich hinter dem Haupthaus. Hier wurde der Latex gewaschen, zu Matten gewalzt und schließlich geräuchert. Der Geruch von geräuchertem Latex hing wie eine schwere Decke über all den Kautschukplantagen um Nedumangad. Wir hatten noch Glück, denn oben auf dem Hügel gab es immer eine frische Brise, die das Atmen etwas erleichterte.

Das Anwesen selbst war zweistöckig. Unten eine große Eingangshalle und, etwas erhöht, die Küche und der Essbereich.

Oben gab es zwei Schlafzimmer und eine Bibliothek, in der wir abends meist lasen oder Geschichten erzählten. Mal war Paul an der Reihe und mal Navin. Und erzählen konnten sie beide gut. Einmal verkündete Navin, wir sollten uns in dem einsamen Haus auf dem Hügel bloß nicht zu sicher fühlen. Er beteuerte, dass es in diesem Haus nicht immer mit rechten Dingen zugehe. Ja, hin und wieder würde es kräftig spuken. Manchmal höre man Schritte, dann klopfe es an das Eingangstor, aber niemand sei da. Außerdem habe Navins Vater einmal erlebt, wie die elektrische Türglocke, die über Jahre nicht funktionierte, plötzlich nachts grundlos zu läuten begann. Ja, und dann gebe es da diese Krähe, die sich etwas merkwürdig benehme. Jeden Morgen bei Sonnenaufgang klopfe sie mit dem Schnabel an das Schlafzimmerfenster, drei Mal, dann eine kurze Pause und wieder drei Mal.

»Als ich meiner Mutter davon erzählte, war sie keineswegs überrascht. Sie meinte nur: ›Ach ja, das ist Apuba, dein Großvater, er will dir etwas mitteilen.‹«

Als Paul und ich ein Jahr später auf Einladung der Familie für einige Wochen das Anwesen als Basis für die Projektvorbereitungen nutzen durften, wohnten wir für einige Wochen ganz alleine auf dem Hügel und wurden in dieser Zeit unsanft an Navins Spukgeschichten erinnert.

Anandi hatte uns Navins Schlafzimmer zurechtmachen lassen, und gleich am ersten Morgen wurden wir von einem Geräusch geweckt. Paul öffnete die Tür, aber da war niemand. Dann blickte er aus dem Fenster und glaubte seinen Augen nicht zu trauen. »Die Krähe! Apuba!« Als sie Paul sah, flog sie schnell davon, aber schon am nächsten Morgen war sie wieder da. Und jetzt zählten wir mit, drei Mal, eine kurze Pause und wieder drei Mal. Es war verrückt, und wir begannen uns alle möglichen pseudowissenschaftlichen Erklärungen für das Apuba-Phänomen auszudenken. Wahrscheinlich stand die Morgensonne in einem bestimmten Winkel und ließ das Glas des Schlafzimmerfensters aufblinken. Vielleicht war aber auch nur der Fenster-rahmen wurmstichig, und obwohl wir nicht wussten, ob Krähen nach der Art von Spechten Würmer aus dem Holz klopfen, war es uns Erklärung genug. Trotzdem beschlossen wir, lieber das Zimmer zu wechseln. Nur für alle Fälle, man kann nie wissen.

Und dann ging eines Nachts die Türglocke. Paul und ich schreckten hoch. In diesem Moment dachten wir nicht an Navins Spukgeschichten. Wir erwarteten Nyilandan, den Ver-walter. Aber ein Blick auf die Uhr zeigte uns, dass es schon weit nach Mitternacht war. Wer wollte zu diesem Zeitpunkt etwas von uns? Paul öffnete mutig die Haustür, aber niemand stand davor. Erst jetzt erinnerten wir uns an die Geschichte mit der Türglocke. Er drückte den Knopf, doch nichts rührte sich, die Glocke funktionierte nicht. Am nächsten Tag telefonierten wir mit Navin, der zu diesem Zeitpunkt wieder in den USA war. Doch er schwor, dass er unschuldig sei und niemanden vorbei-geschickt habe, um uns einen Schrecken einzujagen.

16. Keralas Kuriositäten

In unseren ersten Wochen in Südindien wurden wir von Navin umfassend in die Kultur, in die Tier- und Pflanzenwelt und auch in die absurden Aspekte Keralas eingeführt. Und obwohl Navin regelmäßig beteuerte, keine innige Verbindung zu seinen Landsleuten, eigentlich auch überhaupt keine Ahnung von der Kultur und besonders keine Heimatgefühle für Kerala zu haben, entpuppte er sich als hervorragender Reisebegleiter, der alle Überraschungen, die Kerala für uns bereithielt, mit Sachverstand – und zunehmender Begeisterung – erklärte. Später meinte er, er habe damals seine alte Heimat durch unser Interesse und besonders durch unsere sinnliche Wahrnehmung neu kennen- und schätzen gelernt.

In der Tat erlebten wir diese Reise als das reinste Sinnesspektakel. Der intensive Geruch des Meeres, der frische Fisch am Strand von Kovalam, die eigentümliche Musik mit schnellem Rhythmus und Stakkato-Gesängen, und dann natürlich die Unmengen an Obstsorten, von denen wir viele noch nie gekostet hatten. Chico, Zimtapfel oder Jackfrucht waren nur einige der Früchte, von deren Existenz wir nichts geahnt hatten. Doch am meisten beeindruckt waren wir von der Vielzahl an Bananensorten. Während wir uns in Tibet in guten Zeiten freuten, wenn überhaupt Bananen auf dem Speiseplan standen, gab es hier mindestens neun verschiedene Sorten, und Navin hatte seinen Spaß, uns alle einzeln vorzuführen. Da gab es gelbe, grüne, knallrote und braune Bananen, die alle ihren eigenen unverwechselbaren Geschmack hatten. Um unsere Sehnsucht nach frischem Obst zu stillen, schlug Dani vor, aus all den bekannten und unbekannten Früchten einen Obstsalat zuzubereiten. Und so saßen wir über Stunden an Navins Küchentisch, schnitten und schälten, entkernten und säuberten, bis wir den gigantischsten Obstsalat mit den buntesten und exotischsten Obstsorten zusammengemischt hatten; es war ein Wunderwerk, das uns noch lange in den Gedärmen rumoren sollte.

Neben all den Köstlichkeiten gab es auch Sehenswürdigkeiten, die er uns nicht vorenthalten wollte. »Die schönsten findet man in abgelegenen Regionen. Davon gibt es allerdings nicht mehr viele. Wenn es irgendwo mal ein bisschen unberührt ist, springt gleich ein Keralit hervor, eröffnet ein Teehaus oder gründet einen Tempel.«

An einem Nachmittag besuchten wir einen seiner vielen Onkel, der in einem Haus hoch oben auf einer Felsklippe an einer Schlucht lebte. Um dorthin zu kommen, mussten wir unser Leben riskieren, denn der Weg führte über eine rutschige Sandpiste zwischen zwei eng beieinanderstehenden Felsblöcken einen steilen Berg hinauf. Unten in der Schlucht gab es einen Fluss, hellgrün mit kühlem, glasklarem Wasser, zu dem wir über Steinstufen hinunterklettern konnten.

Das Wasser war herrlich erfrischend. Einen ganzen Nachmittag lang machten wir Wettsprünge von Felsblöcken, schwammen und ließen uns von der Strömung treiben. Im Garten des Onkels tranken wir zum ersten Mal in unserem Leben die süßsäuerliche Milch einer fast reifen Kokosnuss. Es schmeckte ein bisschen wie junger Federweißer oder frischer tibetischer Chang, ein limonadenartiges Gerstenbier.

Das Haus des Onkels stand inmitten eines Blumengartens. Und Navin hatte hörbares Vergnügen, mir eine olfaktorische Kuriosität nach der anderen unter die Nase zu halten. Es gab Blumen, die nach starkem Knoblauch rochen, und andere, die eher nach Zitroneneis oder Orangenshampoo dufteten. Wieder andere verströmten einen leichten Geruch nach Vanille. »Und jetzt etwas ganz Besonderes«, raunte Navin verheißungsvoll. Zunächst roch ich gar nichts, doch dann stieg mir langsam eine beißende Geruchsfahne in die Nase. Das war in der Tat etwas Besonderes. Diese Blume hatte einen ganz eigenen Geruch, nein, sie roch nicht, sie stank, und zwar nach altem Autoreifen oder gebrauchten Gummisohlen. Als ich danach greifen wollte, zog er seine Hand schnell weg, warf einen schweren Gegenstand auf den Boden und schüttete sich aus vor Lachen.

Ja, wir alle hatten in diesen Wochen einen Riesenspaß, und Navin wurde nicht müde, uns seine Heimat von der komischen Seite zu präsentieren. »Es ist eigentlich viel lustiger, Kerala mit Blinden zu erkunden«, meinte er, als ich beim dritten Mal nicht mehr auf den irritierenden Mangoverkäufer reinfiel. Navin versuchte es jedoch immer wieder, mit knarzender Stimme baute er sich vor mir auf und imitierte den üblichen Singsang der am Strand vorbeischlendernden Obstverkäufer. »Mango! Papaya! Papaya! Mango!« Er machte das so gut, dass ich irgendwann einen echten Verkäufer für Navin hielt. Der Mangomann wunderte sich nicht schlecht, als ich ihm ein paar unanständige Kommentare an den Kopf warf.

Zu einem umfassenden Bild von Kerala gehört natürlich auch die Religion – ob Hinduismus, Christentum oder Islam –; sie ist in der Regel mit unbeschreiblichem Lärm verbunden. Wenn Tempelfestivals oder Kirchentage mal so richtig losgehen, ist es, als würde man über Tage hinweg von einem Rockkonzert beschallt werden. Überall werden dann rund um die Gotteshäuser mannshohe Lautsprecher aufgestellt. Das sei demokratisch, sagen die Befürworter, denn so hätten alle Menschen die Möglichkeit, den Göttern nahe zu sein. Gott nahe zu sein, bedeutet hier allerdings, dass einem die Bässe kräftig in den Magen fahren und man gegebenenfalls mit einem Hörschaden gesegnet wird.

Als einige Jahre später unser Campus gebaut wurde, wohnten Paul und ich in einem außen und innen gekachelten Häuschen, gleich hinter einem Tempel. An einem der Festtage wurden direkt vor unserem Haus zwei Lautsprechersäulen platziert. Die wurden von Jugendlichen bedient und waren rund um die Uhr in Betrieb. Dabei wurden die Schallwellen im Haus von den Kacheln zurückgeworfen und so noch einmal verstärkt. Ich weiß noch, wie ich vollkommen die Orientierung verlor und ständig gegen die Wand lief. Irgendwann wurde uns richtig schlecht, und wir nahmen Reißaus. Viele Einwohner, die das nicht aushalten können, ziehen während dieser Festivals zu ihren Verwandten in eine entlegene Stadt. Nur wenige haben den Mut, sich zu beschweren.

In Südindien gibt es eine Vielzahl von spirituellen Führern, sogenannte Gurus, die ihre ganz eigenen Religionsauslegungen vertreten. Einer dieser Gurus ist die in Kerala beheimatete »Amma« oder »the hugging saint«, wie sie in der ganzen Welt genannt wird. Sie ist geborene Hinduistin, wehrte sich aber schon früh gegen das Dogma der Kaste und hielt nichts davon, dass das Priestertum nur von einem Mann ausgeübt werden dürfe. Da Amma alle Menschen ohne Ansehen der Religionszugehörigkeit, Kaste oder Nationalität gleich behandelt, ja sogar wie eine Mutter liebkost, fühlen sich viele »Suchende« bei ihr aufgehoben; nicht wenige ihrer engsten Anhänger stammen aus Europa und den USA. Und wenn sie in New York oder München eine Audienz gibt, stehen bis zu 10 000 Gläubige in kilometerlangen Schlangen, um sich von Amma umarmen zu lassen.

Da wir in den letzten Jahren im abgeschiedenen Tibet gelebt hatten, waren uns solche Kuriositäten entgangen, aber Danis Freundin Lia klärte uns auf. Auch Lia war damals eine »Suchende«. Mit flatterndem Sari und laut klimpernden Armreifen zog sie durch das Land, indischer als viele Inderinnen. Sie erinnerte mich ein bisschen an Bekannte meiner Eltern, die in den Siebzigerjahren als freidenkende Hippies nach Indien strömten und, nachdem sie einige Monate im Ashram von Bhagwan (der sich später Osho nannte) verbracht hatten, als frischbekehrte Sannyasins zu uns, den irdischen Wesen, zurückkehrten, alle mit dem gleichen nach innen gekehrten, etwas gequälten Gesichtsausdruck. Doch Lia folgte nicht nur *einem* Trend. Sie schien hin und her gerissen, die Auswahl war einfach zu groß. Von »Art of Living«, einer Bewegung, die sich »dem Wohlergehen der Menschen und einer gewaltlosen und stressfreien Welt« verschrieben hat, über die »Fünf Tibeter« war sie schließlich bei Amma gelandet.

Sie hatte sich gewünscht, einmal an einer Puja, einer Gebetszeremonie, von Amma teilzunehmen. Navin war skeptisch und machte es von unserem Interesse abhängig. Da Paul und ich nicht wussten, was es mit einer Puja auf sich hatte, ließen wir uns auch auf diese neue Erfahrung ein.

Auf dem Weg nach Trivandrum erzählte uns Navin, immer mit einem leicht ironischen Unterton in der Stimme, das wenige, was er über Amma wusste. Amma, das heißt »Mutter«, wuchs auf in einem ärmlichen Fischerdorf. Schon früh soll sie den Menschen durch ihre Gläubigkeit aufgefallen sein; sie soll schon als Jugendliche in der Lage gewesen sein, Kranke zu heilen und Gedanken zu lesen. Über die Jahre kamen mehr und mehr Menschen, um von ihr geheilt und gesegnet zu werden. Das Gerücht über ihre ungewöhnlichen Kräfte machte weltweit die Runde. Indem sie die Menschen umarmte, schenkte sie ihnen angeblich Energie.

Auch Navins Mutter Anandi hatte sich seinerzeit wohl angezogen gefühlt von den Geschichten, die man sich über sie erzählte, und hatte die damals noch recht junge Frau aufgesucht. Das war in den frühen Achtzigerjahren. Amma lebte noch in einer sehr einfachen Behausung, die man nur mit einem Boot erreichte.

Laut Anandi saßen bei ihrer Ankunft bereits ein Dutzend Anhänger aus der ganzen Welt in einer Hütte und harrten andächtig der heiligen Mutter. Als sie endlich eintraf, war Anandi enttäuscht, denn sie kam gekleidet wie eine Königin, nicht wie eine einfache Frau. Sie setzte sich auf ein prunkvoll geschmücktes Kissen und ließ einen nach dem anderen den Kopf in ihren

Schoß legen. Dabei beugte sie sich zu den Anhängern hinunter, um ihnen etwas ins Ohr zu flüstern, und sie reichte jedem eine Blume von einem Beistelltisch. Und während Anandi beobachtete, wie alle mit verklärtem Lächeln aufstanden und die Hütte verließen, wuchs ihre Skepsis. Sie fragte sich, warum Amma es nötig hatte, solch eine Show zu veranstalten. Bevor sie selbst an der Reihe war, schwor sie sich: »Wenn sie wirklich Gedanken lesen kann, dann wird sie mir eine Blume direkt von ihrer Girlande geben.« Als Anandi dann ihren Kopf in den Schoß Ammas legte, beugte sich diese zu ihr runter und flüsterte: »Wundere dich nicht über meinen Aufzug; jede Rolle hat ihre eigene Uniform.« Dann gab sie ihr eine Blume, aber nicht vom Beistelltisch, sondern von ihrer Girlande.

Obwohl Navin die Geschichte mit seinem üblichen Sinn für Drama erzählte, waren wir schon ein bisschen beeindruckt und jetzt umso gespannter auf das, was wir da erleben sollten. Allerdings wollten wir uns das Spektakel nur von der Seite betrachten, um gegebenenfalls schnell wieder das Weite suchen zu können.

Je näher wir dem Veranstaltungsort kamen, desto mehr fielen uns die Menschenmassen auf, die alle in eine Richtung strömten. Wir waren erstaunt, denn Anandi hatte gerade einmal von einer Handvoll Anhänger erzählt, die darauf warteten, umarmt zu werden. Wir hatten mit einigen Hundert gerechnet, die friedlich in einem Saal der heiligen Mutter harren würden. Aber das hier ähnelte eher einem Sportevent mit mehr als 15 000 Zuschauern. Und bevor wir es uns anders überlegen konnten, wurden wir von den Massen aufgesogen und in Richtung einer riesigen Halle gedrückt. Es gab keine Chance zu entkommen. Über einen sandigen Pfad ging es vorbei an Verkaufsständen mit Amma-Andenken. Und was es da alles zu kaufen gab, neben Fotos, Büchern und CDs von Amma Seifen, Shampoos und Körperpflegeprodukte mit ihrem Segen. Es gab Bilder von ihren Füßen, umrahmt von Schlangen und Blumengirlanden; Weihrauch, Kerzenleuchter und sogar Feuerzeuge und Aschenbecher mit Ammas Emblem.

Am Eingang der Halle standen wir etwas ratlos herum. Wir wollten ja hauptsächlich Lia vorbeibringen und uns dann irgendwann wieder aus dem Staub machen. Doch an Rückzug war angesichts der Massen, die nachströmten, nicht zu denken. Eine deutsche Amma-Anhängerin wurde auf uns aufmerksam und deutete unseren angestrengten Gesichtsausdruck wohl falsch. Statt dass sie uns einen Weg aus dem Chaos zeigte, zog sie uns mit sich in die erste Reihe. Hier sollten wir also gleich vor Ammas Augen die Puja feiern dürfen. Was wir nicht wussten, war, dass es bei dieser Puja darum ging, den schlechten Einfluss des Saturn abzuwenden, und dazu brauchte es schon einige Stunden im Schneidersitz auf harten Kokosmatten, betend, singend, meditierend. Das war schon ein echtes Opfer, das wir dem Saturn bringen mussten. Denn nach einer Stunde taten uns die Hintern weh, und wir waren nass geschwitzt. Die Luft war heiß und angefüllt mit dickem Weihrauch. Vor jedem von uns standen eine Öllampe und eine Tonschale mit Wasser. »Immerhin bekommen wir etwas zu trinken«, meinte Paul dankbar und wollte die Schale gerade ansetzen, als ihn die sonst so entrückt wirkenden Anhängerinnen mit vorwurfsvollen Blicken davor bewahrten, einen nicht wiedergutzumachenden Frevel zu begehen.

Hin und wieder, wohl damit unsere Beine nicht gänzlich einschliefen, mussten wir aufstehen und uns, mal mit, mal ohne Öllampe, nach rechts oder links drehen. Meine Anweisungen bekam ich von Navin, der direkt neben mir saß und sich vor Langeweile einen Spaß daraus machte, mich wie mit einer Fernbedienung im Kreis tanzen zu lassen. Da ich Navins Humor mittlerweile zu kennen glaubte, war ich mir manchmal nicht sicher, ob ich nicht die Einzige war, die sich hin- und herdrehte. »Und wenn schon«, er lachte, als ich meinen Verdacht äußerte, »dann warst du eben die Erleuchtetste!«

Nach der Puja war es dann so weit, wir sollten uns endlich unsere Umarmung abholen. Man meldete sich bei einem der Anhänger, gab seine Landessprache an und wurde von den Massen weiter in Richtung Amma geschoben. Die drückte jeden kurz an ihre Brust und flüsterte in der eigenen Sprache etwas ins Ohr. Leider verstand ich die mir zugedachte Botschaft nicht richtig. Auch die anderen hatten nicht mehr Glück. Sie erklärte Paul auf Niederländisch, dass er sich keine Sorgen machen müsse, und Navin wurde nur kurz begutachtet und mit dem Spruch abgefertigt: »Du siehst gar nicht aus wie ein Maliali-Junge.« Damit hatte er von allen Heiligen der Welt die Nase voll und sorgte dafür, dass wir uns auf schnellstem Weg zum Strand begaben, um, mit oder ohne Ammas guten und Saturns schlechten Einfluss, ein höchst irdisches kaltes Bier zu trinken.

17. Elefanten trampeln durch Träume

»Und wie genau soll so ein internationales Trainingszentrum aussehen?«, erkundigte sich Navin eines Nachmittags.

Es waren zunächst einmal nur diffuse Bilder in unseren Köpfen, unausgereifte Ideen, die wir auf dem schattigen Hügel in Nedumangad zum ersten Mal konkreter besprachen. Navins Rolle war dabei die eines Katalysators, der uns durch seine provozierenden Fragen und spitzen Bemerkungen anstachelte, bloß nicht zu klein zu träumen. Auch zwang er uns, Gedanken und Pläne so klar und ausführlich wie möglich zu formulieren und uns nicht selbst zu zensieren. Das war für uns eine neue Erfahrung, denn bisher hatten wir eher erlebt, dass man uns bei hochfliegenden Plänen wieder auf den Teppich holen wollte. Mit Navin war das anders: Er war von Anfang an davon überzeugt, dass uns, wenn wir erst einmal genau wussten, was wir wollten, nichts daran hindern würde, diese Ideen in die Tat umzusetzen.

Und war nicht genau das, was wir da in Nedumangad erlebten, die Vorform dessen, was wir umsetzen wollten? Das Trainingszentrum sollte eine Brutstätte für soziale Ideen werden, ein Umfeld, das dazu einlädt, ohne Grenzen zu denken. Dabei sollten die »Denker« nicht im Denken stecken bleiben. Sie sollten durch Menschen wie Navin angespornt werden, ihre Ideen und Projekte möglichst genau in Worte zu fassen.

Doch ein Trainingszentrum, in dem kreatives Denken und aktives Handeln gefördert werden sollten, benötigte eine geeignete Umgebung. Darauf zielte Navins Frage. Wie kann man Gebäude errichten, die einem nicht das Gefühl geben, man wäre eingemauert oder von der Außenwelt abgeschottet?

Das meiste, was wir bis dahin in Kerala an moderner Architektur gesehen hatten, war für Paul, der sich sehr für unterschiedliche Baustile begeistern kann und in Tibet selbst einige ungewöhnliche Gebäude entworfen hatte, nicht besonders anregend. Es handelte sich bei Wohnhäusern, Schulen und Bürogebäuden entweder um langweilige, lieblos platzierte Betonklötze oder mit grellbuntem Schnickschnack überladene Bauwerke. Die Innenräume wirkten oft wie enge, dunkle Boxen. Vor den Fenstern befanden sich Gitterstäbe, und die Grundstücke waren meistens von hohen Mauern umgeben.

Manchmal aber entdeckte Paul zwischen all den einfallslosen Gebäuden auch das ein oder andere Schmuckstück, ungewöhnliche Bauwerke mit organischen Formen, fantasievollen Fassaden und erbaut aus natürlichen Materialien. Dabei stieß er immer wieder auf den Namen eines Architekten, Laurie Baker, ein Brite, der die moderne Baukultur in Kerala durch seine neuen Ideen kräftig provoziert hatte. Während diejenigen, die etwas auf sich hielten, ihre Gebäude mit viel Stahl und Zement konstruierten und mit Glasfassaden aufzumotzen versuchten, setzte Baker für seine Bauwerke ein Minimum von neu verarbeiteten Materialien ein. Er nutzte lieber gebrauchte und wieder aufbereitete Türen und Fenster, und für den Bau von tragenden Pfeilern, von Mauern und Decken wählte er nur solche Materialien, die im Umkreis von zwanzig Kilometern zu finden waren. Baker baute für jeden, ob jemand viel Geld hatte oder nur wenig. Die Menschen sollten keine Kredite aufnehmen und sich wegen eines Hauses in Schulden stürzen. Statt Dachpfannen würde auch ein Dach aus geflochtenen Palmenwedeln ausreichen, schließlich lebten die Menschen hier in den Tropen und mussten keinen kalten Wintern trotzen. Seine Häuser waren immer Unikate, zugeschnitten auf die Gegebenheiten oder inspiriert von den Charaktereigenschaften der zukünftigen Bewohner. So baute er für eine Tänzerin ein Haus, das von außen an eine elegante Drehung erinnert. Möbel wurden entweder gleich eingebaut, um Platz und damit Geld zu sparen, oder, wenn die Möbel bereits vorhanden waren, dann baute er das

Haus einfach drum herum. Auf diese Weise bekam ein großer runder Tisch ein ebenso rundes Esszimmer. Sein Stil war klar beeinflusst von der traditionellen keralischen Bauweise, die in kleinen Bauernhöfen wie auch in prunkvollen Palästen zu finden war.

Auch Paul war begeistert vom alten keralischen Baustil, von den kunstvoll geschnitzten Säulen, von Türen und Fenstern aus dunklen und hellen Tropenhölzern und besonders von traditionell schwarz oder weinrot lackierten Fußböden. Betritt man diese Böden mit nackten Füßen, wirken sie seltsam kühl. Der Lack, so sagte man uns, sei eine alte Geheimrezeptur, eine Mixtur aus der Asche von gebrannten Kokosnussschalen, Eiweiß, Flusssand, Leim und Eukalyptussaft.

Viele der alten Häuser sind um viereckige, runde oder mangoförmige Lichthöfe erbaut. Oft gibt es in der Mitte der Höfe kleine steinerne Fischteiche oder Springbrunnen, die das Haus durch aufsteigenden Wasserdampf kühlen. Der Klang des plätschernden Wassers, vom steinernen Beckenrand zurückgeworfen und so verstärkt, schafft eine zugleich beruhigende wie anregende Atmosphäre.

Navin schwärmte von seinem lang gehegten Wunsch, einmal ein »Monsunhaus« zu errichten. Ein Haus, das erst durch die Regenzeit lebendig würde. Die plötzlichen Regengüsse würden durch gläserne Röhren geleitet und könnten so das gesamte Haus zum Klingen bringen. Die Ströme würden kleine Turbinen bewegen, durch die wiederum Instrumente wie Glocken und Trommeln, Wasser- und Lichtspiele angetrieben werden. Und dann sollte es, wie in alten Bauten üblich, Duschbäder unter freiem Himmel geben.

Als seine Mutter im Norden Keralas ein Haus baute, riet er ihr unbedingt, ein solches Außenbadezimmer einzuplanen. Doch Anandi weigerte sich: »Was denkst du dir bloß? Soll dann der Junge des Verwalters auf die Palme klettern, um mir beim Duschen zuzusehen?«

»Ach, Amma!«, empörte sich Navin gespielt. »In deinem Alter solltest du dich glücklich schätzen, dass ein Junge sich die Mühe macht, für dich auf die Palme zu klettern!«

Mal abgeschreckt, mal angeregt von all den unterschiedlichen Eindrücken, erstellten wir damals eine Wunschliste, die dem tatsächlichen Ergebnis recht nahe kam. Wir wollten einen Campus mit Klassenzimmern, Büroräumen, mit Bühnen, die die Natur, die Außenwelt, mit einbeziehen. Paul machte Skizzen von Gebäuden in organischen Formen, gebaut mit natürlichen Materialien, mit Lehm, Naturstein und Holz. Ich wünschte mir duftende Gewürzgärten, schattige Obstbäume und steinerne Statuen. Und überall Bänke, lauschige Plätze, die zum Denken, Lesen und Schreiben anregen sollten.

Das Grundstück sollte sich in der Nähe einer der größeren Städte, Cochin oder Trivandrum, befinden. Es musste über eine befahrbare Straße erreichbar sein, und wir benötigten zumindest für den Bau eine Stromleitung. Später wollten wir dafür sorgen, dass der Campus hauptsächlich mit alternativen Energiequellen, mit Sonne, Wind und Biogas, betrieben wurde. Und dann wollten Paul und ich nichts lieber als einen Campus am Wasser. Ein Süßwassersee, ein Fluss, die Backwaters oder das Meer, das war uns ganz egal. Wichtig war uns, jederzeit die Möglichkeit zum Schwimmen und zum Bootfahren zu haben. Und zum Denken, da waren wir uns alle einig, braucht man einen freien Blick!

Da wir jetzt so genau wussten, was wir wollten, fanden wir tatsächlich das Wunderland, das die meisten Punkte auf unserer Wunschliste erfüllte. Es war ein etwa zwei Hektar großes Grundstück, mit Bäumen und schönen Steinen, die sich gut zum Bau der Gebäude eignen würden. Das Gelände lag am Fuße eines Bergmassivs, und daher gab es kühle Fallwinde, die die sonst hohen Temperaturen erträglich machten. Eingerahmt war es durch einen Fluss, in dem man wunderbar schwimmen konnte. Fast alles schien perfekt: keine überlauten Tempel, ein

Am Vellayani See in Kerala – hier soll der kanthari-Campus entstehen

Die Mauseklasse der Blindenschule vor dem Potala-Palast in Lhasa

Die ersten vier blinden Schüler, die eine reguläre tibetische Schule besuchen

Langstocktraining in der Altstadt von Lhasa

Unterricht in der Blindenschule

Paul Kronenberg vor dem Eingang der Blindenschule in Lhasa

Die Trainingsfarm in Shigatse, ein Ausbildungszentrum für blinde Erwachsene

Nyima und Yudon, Schüler des ersten Jahrgangs, die heute,
zusammen mit Gyendsen (auf der Treppe), die Blindenschule leiten

Endlich Obst – die Genüsse von Kerala

Rechte Seite unten: Fast wie Bollywood: mit Navin, der uns nach Indien eingeladen hatte

Auf der Suche nach einem Campusgelände: die berühmten Backwaters mit den typischen Hausbooten

Der kanthari-Campus im Rohbau

Der Campus heute

*Rechte Seite unten: Eine der Bambushütten am See,
die als Unterrichtsplatz genutzt wird*

*Cornelia Tenberken auf der Außenbühne bei einem Vortrag
vor kanthari-Studenten*

Tamás beim Feuertanz, Surya-Kulturfestival in Trivandrum

»Traumreden« zum Abschluss des kanthari-Kurses (oben Karthik)

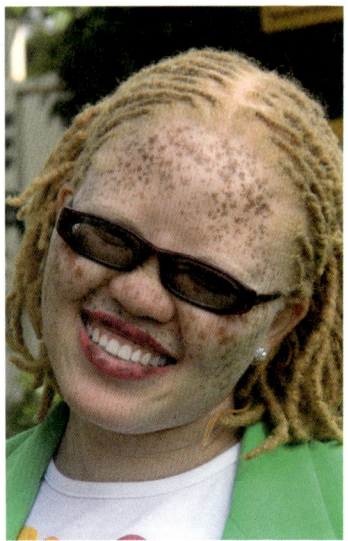

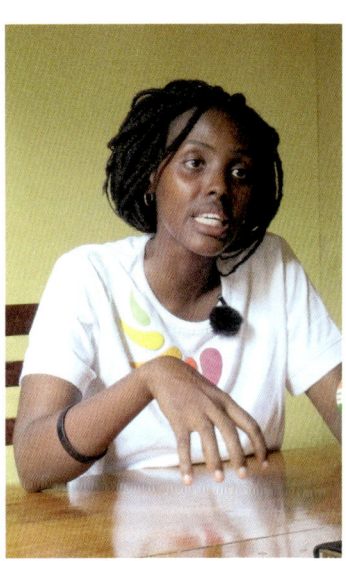

kanthari-Absolventen, die heute ihre eigenen Projekte leiten:
Samuel und Jayne (oben), Nicholas und Harriet (unten)

Harriet und Ojok während des Kurses in Kerala

Äquatorüberquerung in Afrika – Sabriye und Paul

Mit Monicah (Mitte) bei den Massai in Kenia

Tomek, Jayne, Sabriye, Mary und Marijn (von links) in Nairobi

Mit dem Filmemacher Marijn (Mitte) unterwegs in Afrika

Nicholas' Vorschule für lernbehinderte Kinder in Machakos, Kenia

befahrbarer Zufahrtsweg und die notwendige Stromleitung, nur dass das Stück Land recht weit von der nächsten größeren Stadt entfernt lag. Diesen Wunsch ließen wir bereitwillig fallen und machten unsere Pläne.

Kurz nach unserer Abreise nach Tibet wurde das Grundstück an einen anderen Interessenten vergeben. Wir waren enttäuscht, denn das hieß, die Suche erneut aufnehmen zu müssen. Und die Frage war, ob wir jemals ein ähnlich schönes Stück Land finden würden.

Paul wollte mich aufmuntern: »Man kann nie wissen, wozu es gut ist. Vielleicht finden wir etwas viel Besseres!« Erst ein paar Jahre später sollten wir erfahren, wie recht er damit hatte. Durch Zufall traf ich den Landbesitzer, der auf einem Nachbargrundstück gleich oberhalb des »Wunderlands« lebte. Er erzählte mir die folgende Geschichte: Der Unternehmer, der das Grundstück an unserer Stelle erworben hatte, hatte wohl auch eine Schule geplant. Er soll gerade dabei gewesen sein, die Grundmauern hochzuziehen, als wilde Elefanten, die dort in der Gegend ihrer Wege ziehen, ungefragt durch den Rohbau trampelten. Dieses Stück Land lag genau auf ihrem Pfad, und der konnte nicht einfach so von Menschen in Beschlag genommen werden. Der Unternehmer soll trotzdem versucht haben, die Elefanten mit Elektrozäunen abzuwehren. Doch das ließen sich die Tiere nicht bieten. Sie hätten einen Rüssel voll Wasser aus dem Fluss, der das Land umspült, genommen und es auf den Zaun gesprüht. Das habe einen Kurzschluss verursacht, und so seien sie in der Lage gewesen, ungehindert durchzumarschieren. Ob die Geschichte stimmt oder nicht, das Land ist, wie wir uns auf einem Ausflug überzeugen konnten, bis heute tatsächlich noch nicht bebaut worden.

Als wir damals nach Nedumangad zurückkehrten, um erneut auf Landsuche zu gehen, diesmal aber ohne die Hilfe von Navin, wurden wir von selbst ernannten Grundstücksmaklern regelrecht gejagt. Sie verfolgten uns sogar bis zum Anwesen auf dem Hügel und klopften nachts um drei an die Eingangstür, um uns das »perfekte Stück Land« anzubieten.

Einen Monat lang reisten wir zwischen Cochin und Trivandrum hin und her. Manchmal fuhren wir auf einen Tipp hin über 200 Kilometer, nur um festzustellen, dass das Grundstück zwar sehr schön war, aber dass es weit und breit weder Stromleitung noch einen Frischwasserbrunnen gab. Einmal lockte man uns mit dem Versprechen einer lauschigen Insel in die Backwaters. Das war in der Tat recht hübsch, nur bestand die Insel aus ehemaligen Reisfeldern und war daher extrem sumpfig. Zudem war es fast unmöglich, dort hinzukommen, es gab keine Brücke, und die Kanäle waren so schmal und seicht, dass man sie nur mit traditionellen Holzbooten befahren konnte. Es wäre schon eine Lebensaufgabe gewesen, die Baumaterialien für einen ganzen Campus mit Booten zu transportieren. Das stärkste Argument des »Maklers« war, dass zufällig gleich am nächsten Tag mit dem Bau einer Straße begonnen werden sollte, und diese Straße würde natürlich genau diese Insel mit dem Festland verbinden.

Dann wiederum schwärmte man uns von einem Grundstück mit eigenem See vor. Um da hinzukommen, mussten wir uns allerdings erst mal mit der Machete einen Weg durch den Dschungel schlagen, nur um festzustellen, dass es sich bei diesem »See« um eine kleine, fast ausgetrocknete Pfütze voll hungriger Moskitos handelte. Eines der viel gepriesenen Grundstücke war so steil, dass Paul etwas genervt erklärte: »Klar, für eine Skipiste wäre es hervorragend geeignet!«

Anandi, die von unseren unfreiwilligen Abenteuern erfuhr, hatte Mitleid und organisierte aus dem 4000 Kilometer entfernten Schardscha drei lokale Experten, ohne die wir wahrscheinlich irgendwann aufgegeben hätten. Der eine, Raja Bhadresh, war ein erfolgreicher Geschäftsmann, der uns in allen bürokratischen Fragen beriet und uns half, einen gemeinnützigen Verein zu gründen. Sein Freund Iyer, ein Kenner der kulturellen und religiösen Praktiken, konnte uns davor bewahren, von einem Fettnäpfchen ins nächste zu stolpern. Und dann war da Devan, ein versierter Grundstücksmakler. Er war tatsächlich in der Lage, das perfekte Stück Land für unser Vorhaben zu finden. Devan bat uns eines Morgens, ihm zu folgen. Wir hatten bis dahin bereits 50 Grundstücke besichtigt und eigentlich die Nase gestrichen voll. An diesem Tag, als er uns überredete, noch ein letztes Mal mitzukommen, wollten wir uns endgültig entscheiden, denn es gab schon das ein oder andere Stückchen Land, das sich mit etwas Fantasie und viel Arbeit für den Bau eines Trainingszentrums hätte eignen können.

Etwas lustlos folgten wir ihm. Es ging durch ganz Trivandrum, vom Norden weit in den Süden, vorbei an stinkenden Müllhalden, lärmenden Tempeln und ewigen Baustellen, bis wir irgendwann vom Kanyakumari Highway abbogen, der Straße, die ganz bis zum Südzipfel Indiens führt. Hier wurde es etwas ländlicher, etwas stiller, und die Luft frischte auf. Immer dicht hinter Devan, der auf seinem Motorrad im rasenden Tempo dahinsauste, ging es, eingehüllt in Staubwolken, über sandige Hubbelpisten durch immer enger werdende Straßen, einen Hügel hoch und wieder runter, links herum und rechts herum. Und als wir endgültig die Orientierung verloren und das Gefühl hatten, ans Ende der Welt gelangt zu sein, stoppte Devan plötzlich vor einer offenen Toreinfahrt.

Noch sahen wir nicht viel. Von außen wirkte das Stück Land wie eine vergessene Wildnis. Überall Buschwerk und Gestrüpp, ein paar alte Bäume, Kokospalmen, gelbbrauner Lehmboden. Eine Kuh graste unbeeindruckt in der Nähe der Toreinfahrt, Plastiktüten flatterten im Wind, sonst war es still. Zögernd folgten wir Devan durch das Tor. Es ging ein paar Schritte durch dichtes Gras und Dornengestrüpp, einen Erdwall hinunter und dann … Später dachten wir oft an diesen Moment, in dem wir unabhängig voneinander wussten: Das ist genau das richtige Grundstück. Für mich war es die kühle Brise, die uns in diesem Augenblick entgegenwehte, der Geruch nach saftigem Grün und reifen Bananen und das melodische Pfeifsignal eines tropischen Kuckucks. Und für Paul war es der freie Blick auf die silbrig schimmernde Wasserfläche des Vellayani Sees und den Fischer, der in seinem Boot wie in einem Schattenspiel als Silhouette lautlos vorbeiglitt. Leise beglückwünschten wir uns, dass wir uns nicht früher entschieden hatten, und, wenn auch nicht ganz freiwillig, bis zu diesem Tag gewartet hatten.

18. Der Fluch

Es war an einem Donnerstag, an einem ganz normalen Arbeitstag. Paul und ich erreichten das Grundstück am späten Morgen und erwarteten quirlige Geschäftigkeit. Ein Trupp von etwa fünfzig Malern, Maurern, Lehmarbeitern und Zimmermännern hatte in den letzten Wochen auf Hochtouren gearbeitet, um die ersten Stockwerke der Campusgebäude noch vor Beginn der Regenzeit fertigzustellen, doch an diesem Morgen war der Bauplatz wie leer gefegt. Nur ein einzelner Wächter stand am Rand und scharrte mit den Füßen im Sand.

»Wo sind die Arbeiter?«, fragte Paul.

Der Wächter antwortete etwas in Malayalam, was wir nicht verstanden, und dann sagte er ein Wort, das wir sehr wohl verstanden. »Streik.«

In diesem Moment klingelte mein Mobiltelefon. Es war Sajan, der Architekt. Seine Stimme klang angestrengt. »Diesmal ist es nicht einfach nur ein Streik! Es ist richtig ernst. Ich weiß nicht, wo ich noch Arbeiter hernehmen soll. Diese wollen nicht mehr. Sie haben große Angst, die Baustelle zu betreten; sie glauben, das Grundstück sei verflucht.«

Noch einen Tag zuvor konnte man sich bei all dem Baurummel, bei Hammerschlägen auf Holz, Stein und Stahl, bei surrenden Bohrmaschinen und singenden Kreissägen kaum verständigen, und jetzt sollte alles vorbei sein?

Geduldig warteten wir ab. Vier Tage, fünf Tage, eine Woche, doch nichts rührte sich. Ja, es hatte immer mal wieder Verzögerungen gegeben. Mal gab es religiöse Feiertage, die in keinem Kalender verzeichnet waren, aber unbedingt und umgehend gefeiert werden mussten, mal hatte ein Bautrupp übergangsweise einen lukrativeren Job, der ungeplant vorgezogen wurde. Der Monsun war wohl einer der häufigsten Gründe, alles stehen und liegen zu lassen, auch wenn die Arbeit unter schützenden Zeltplanen hätte vorangehen können. Immer mal wieder starben die Großmütter einer ganzen Malerbrigade, und das erstaunlicherweise genau zum gleichen Zeitpunkt. Nein, um Ausreden war hier keiner verlegen. Aber niemals stand bisher der gesamte Bau still.

»Es gibt wohl nichts Trostloseres als eine verwaiste Baustelle.« Paul, den normalerweise nichts so schnell erschüttern kann, war hörbar frustriert.

Lustlos schlichen wir über den Campus, der jetzt eher einer Ausgrabungsstätte glich. Es ging vorbei an Klassenzimmern mit halb hochgezogenen Mauern, an Pfeilern, die nun nutzlos in die Luft ragten – sie kamen mir vor wie mahnende Zeigefinger – und an Haufen von Sand, Kies und Steinen. Irgendwo tropfte Wasser, eine Abdeckplane flatterte auf, das Summen einer einsamen Hummel, all dies waren Geräusche, die die Stille nur umso aufdringlicher erscheinen ließen.

Noch eine Woche zuvor war Sajan äußerst entspannt gewesen: In einem Jahr könnten wir schon Türen und Fenster installieren. Doch uns ging das alles nicht schnell genug. In einem Jahr sollten die ersten Studenten kommen, bis dahin musste alles fertig sein. Und jetzt ein Dauerstreik oder sogar ein endgültiger Baustopp? Sollten wir jetzt alles abblasen? Und was würden unsere Unterstützer und Geldgeber sagen? Wie würden sie bloß reagieren, wenn wir ihnen sagten: »Danke für euer Vertrauen, aber wir müssen jetzt alles abbrechen, das Grundstück ist leider verflucht!«

Geetha, unsere neu gewonnene indische Freundin, die gleich auf der gegenüberliegenden Seite des Sees wohnt, hörte sich unseren Kummer an und bemühte sich nach Kräften, uns mit Späßen und Geschichten aufzumuntern: »Ach, macht euch doch keine Sorgen, nicht nur euer Grundstück, nein, die ganze Gegend ist verflucht!« Man habe sie oft gewarnt, zum Vellayani See zu ziehen: Es gebe Yakshis in den Wäldern!

Wir hatten keine Ahnung, was denn nun wieder Yakshis waren.

Belustigt informierte sie uns über die vampirartigen Geisterwesen, die als blutjunge und bluthungrige Schönheiten den Jünglingen der umliegenden Dörfer gefährlich werden konnten. Geetha kam so richtig in Fahrt: »Ja, sie erscheinen meist nachts, wenn der Mond den Vellayani in Silberlicht taucht. Dann steigen die Yakshis von den Bäumen herunter und machen sich auf die Jagd. Mit langem schwarz-seidigem Haar und gehüllt in weiße Saris verführen sie die ahnungslosen jungen Männer, die im Halbdunkel der Mondnacht eines nicht bemerken: die spitzen Fangzähne der Schönen, die sich plötzlich in das Fleisch des Opfers bohren.

Ach ja, natürlich gibt es auch Gerüchte über die Geister der vielen im See Ertrunkenen. Sogar gute Schwimmer werden plötzlich von Strudeln erfasst. Man findet ihre Leichen erst viel später an einer ganz anderen Stelle im See. Oh, der See hat so seine Tücken. Es gibt Unterströmungen, die ganze Boote hinabgezogen haben. Und dann war da dieses Krokodil.«

»Ein Krokodil?« Jetzt wurden wir hellhörig, denn wir schwammen jeden Tag im See.

»Ich habe es schon lange nicht mehr gesehen. Soweit ich weiß, sind bisher noch nicht einmal Kleinkinder oder Hunde verschwunden.« Ihre Köchin habe es beim Wäschewaschen im See zuerst bemerkt. Es habe für sie zunächst so ausgesehen, als tanze ein mittelgroßer Hundekopf auf den Wellen, auf und ab, auf und ab. Die Köchin war sich nicht sicher, ob das Tier Hilfe brauchte, daher hat sie einen langen Stock genommen und den Kopf sanft angestoßen. Doch in diesem Moment riss das Tier seinen Rachen auf und zeigte eine stattliche Reihe von scharfen Zähnen.

»Ach, guckt doch nicht so ängstlich! Ich glaube, es war nur ein ganz kleines, junges Krokodil, das sich verirrt hat. Wahrscheinlich kam es durch die Schleuse am Neyyar-Staudamm.«

Das alles erzählte sie in einem einzigen Redeschwall, mal unterbrochen von schallendem Gelächter, mal sprang sie kurz auf, um uns eisgekühlten Limonensaft nachzuschenken.

Geetha ist eine begnadete Geschichtenerzählerin, die nicht müde wurde, uns durch Fluch- und Hexengeschichten an unsere Misere zu erinnern.

Jetzt dauerte der Baustopp bereits über eine Woche an, und wir mussten bald nach Tibet zurück, denn dort wurden wir damals noch dringend gebraucht. Paul und ich saßen auf einer Wiese am Ufer des Sees und hielten gerade Kriegsrat, als Sajan, Raja Bhadresh und Iyer die Böschung herunterkletterten.

Sajan klang müde. »Ich kann die Bauarbeiter nicht überreden. Es ist zu viel geschehen.«

»Versteh ich nicht.« Pauls Stimme klang genervt. »Es ist doch nie was Schlimmes passiert. Und es gibt nichts, was sich nicht erklären lässt!«

Allerdings war im letzten halben Jahr eine Menge geschehen. Angefangen hatte es mit den Lehmarbeitern. Sie hatten die etwa 30 Zentimeter breiten Mauern hochgezogen und waren gerade dabei, sie mit Steinblöcken zu stabilisieren, als sie ein für die Trockenzeit ungewöhnlich heftiges Unwetter überraschte. Wie wasserscheue Katzen ließen sie sofort alles fallen und nahmen, ohne ihr Werk mit Planen abzudecken, Reißaus. Die Folge war, dass die frisch gestampften Lehmmauern – eine Woche Handarbeit – wie Wachskerzen dahinschmolzen und der wenige Minuten andauernde Regenguss nur einen Haufen matschiger Erde zurückließ. Da alle gleichermaßen das Weite gesucht hatten, war glücklicherweise niemand zu Schaden gekommen.

Ein paar Tage später erwischte es einen Arbeiter, der ein Bambusgerüst an einem der Gebäude installierte. Er stand auf einem Brett, als ihm von weiter oben ein Werkzeug auf den Helm donnerte. Der Schlag brachte ihn aus dem Gleichgewicht, und er krachte vier Meter tief auf den steinharten Boden. Er war einer der wenigen, die einen Helm trugen, und daher war ihm bis auf ein paar blaue Flecke nichts passiert.

Dann lief einer der Arbeiter mit nackten Füßen durch den Ufersumpf, um ein Bad im See zu nehmen, und wurde von einer Schlange gebissen. Obwohl nur die wenigsten der hier einheimischen Schlangen Menschen mit ihrem Gift gefährlich werden können, sterben die meisten, die von Schlangen gebissen werden, nicht am eigentlichen Biss, sondern an den Folgen der aufkommenden Panik.

Wir kamen gerade aus der Stadt zurück, als man uns die dramatische Szene mit allen Ausschmückungen beschrieb. Der Arbeiter habe geschrien und um sich geschlagen, mit Schweiß auf der Stirn und Schaum vor dem Mund. Seine Kollegen hätten schnell gehandelt. Sie stopften das panische Bündel in ein Tuk Tuk und fuhren in die nahe gelegene Dorfklinik. Da konnte man ihn glücklicherweise davon überzeugen, dass es sich nur um eine harmlose Wasserschlange gehandelt hatte, und sofort verschwanden die Symptome; der Arbeiter kam noch am selben Tag zur Baustelle zurück.

Zu guter Letzt hatte sich ein direkter Nachbar darüber beschwert, dass eine Mauer einige Zentimeter zu hoch gebaut worden war. Er habe nun keine Möglichkeit mehr, in unser Campusgelände hineinzuschauen. Doch anstatt dass er sich mit Sajan darüber beriet, wie wir seine Neugierde auf andere Weise befriedigen konnten, stieß er, blind vor Wut, den oberen Teil der Mauer einfach um. Die Steine trafen einen Arbeiter, der dahinter gerade ein Nickerchen machte. Während er mit Bluterguss in die uns schon vertraute Dorfklinik gebracht wurde, versuchte Paul sich mit dem rasenden Nachbarn gütlich zu einigen. Der aber hatte keine Lust auf Verhandlungen. Er nahm eine Machete und hielt sie Paul drohend unter die Nase. Nur mit einem gewagten Satz über einen großen Misthaufen konnte der sich in Sicherheit bringen.

Ja, das Leben am Vellayani See war in der Tat nicht ganz ungefährlich, aber für alles gibt es eine rationale Erklärung. Von Hexerei keine Spur!

Jetzt meldete sich Iyer zu Wort. »Ihr müsst die Menschen verstehen.«

»Müssen wir?«, fragten Sajan, Paul und ich mit einer Stimme.

»Ihr müsst sie in ihren Ängsten ernst nehmen. Macht eine Puja, reinigt das Grundstück von allen bösen Einflüssen, und ihr werdet sehen, alle kommen zurück.«

Wir waren bereits wieder in Tibet, als die Puja, geleitet von Iyer, zelebriert wurde. Tatsächlich sind daraufhin alle Arbeiter zurückgekommen, und oh Wunder, sie blieben, bis all die Gebäude fertiggestellt worden waren.

19. Laurie Baker, ein ganz besonderer Architekt

Geetha und ihr Mann Unni, ein pensionierter Ministerialsekretär, der uns noch heute in politischen Fragen gut berät, bewohnen ein außergewöhnliches Haus. Es wurde errichtet von Laurie Baker, dem britischen Architekten, von dem wir bereits auf unserer ersten Keralareise so viel gehört hatten. Geetha und Unni hatten uns trotz all der Monstergeschichten und Geistersagen zum Kauf des Grundstücks geraten und Paul in seinem Wunsch bestärkt, das Trainingszentrum im Laurie-Baker-Stil zu errichten.

Baker war ein enger Freund der Familie gewesen. Und das Haus, das er ihnen gebaut hatte, war eins der schönsten, das wir bis dahin gesehen hatten. Es ist eigentlich recht klein, aber der Platz ist so genutzt, dass es groß und luftig wirkt. Das Haus thront oben auf einem Hügel, und von innen wirkt es wie ein Schiff mit einem kleinen Balkon als Bug, von dem aus man über den Vellayani See bis zu uns hinübersehen kann.

»Es war immer sein Traum, ein Haus mit Blick auf einen See zu haben«, meinte Geetha, die niemals müde wurde, über Bakers Bauphilosophie zu sprechen. »Für Laurie war das perfekte Grundstück nicht flach und rechteckig. Richtig froh war er über ein Stück Land mit Kurven und spitzen Ecken, es musste Erdwälle, Hügel und Wasserlöcher haben. Wenn möglich sollten große alte Bäume genau da stehen, wo man am liebsten sein Haus gebaut hätte. So wird man gezwungen, kreativ zu denken und die Natur in den Bauprozess miteinzubeziehen.«

Kurz vor seinem Tod hatten wir das Glück, Laurie Baker einmal zu treffen. Er wohnte auf einem Hügel nördlich von Trivandrum. Von hier aus konnte man über Baumkronen hinweg in die Stadt blicken. Über steile Wege führte uns ein Pfad immer weiter nach oben, bis zu einem kleinen Haus, das so wirkte, als wäre es ein Teil des Felsens. Es hatte keine Glasfenster, nur Luken, die man auf- und zuziehen konnte. In den steinernen Mauern gab es überall Aussparungen, die zum Teil mit bunten Glasflaschen geschmückt waren. Diese Mauern, ein Markenzeichen Laurie Bakers, sind in der traditionellen indischen Architektur als Jali-Mauern bekannt, und weil sie Innenräume so schön luftig halten, werden sie heute von vielen Architekten in den Tropen verwendet.

Beim Tee beschrieben wir Laurie Baker unsere Vorstellungen, einen Campus zu gestalten, der für alle Sinne ständig neue Überraschungen parat halten sollte. Jeder Raum sollte durch Geruch, Klang, Form und durch besonderes Licht seine eigene Atmosphäre bekommen, und Fußböden wie auch Wände sollten ertastbare Oberflächen erhalten. Offensichtlich angeregt von unseren Ideen, schloss er die Augen, hielt die Hände vor sich, so wie man sich das bei einem Blinden vorstellt, und tastete sich an einer imaginären Wand entlang: »Oh, ich habe mich anscheinend verirrt, das ist die Damentoilette.«

Am Ende unseres Treffens bedauerte er, dass wir leider zu spät gekommen seien. Zehn Jahre früher hätte er den Campus gerne zusammen mit uns gestaltet. Er empfahl uns stattdessen Sajan, einen seiner Schüler und Nachfolger. Der sei für unser Vorhaben genau der Richtige.

Kurz darauf lernten wir Sajan kennen. Bei seiner Arbeit geht er wie Baker vor. Er kam bei unserer ersten Begegnung nicht gleich auf den Bau zu sprechen. Es ging ihm zunächst um das grundlegende Konzept, und es war ihm wichtig, die Auftraggeber genau kennenzulernen und zu verstehen.

Wir verbrachten eine ganze Woche miteinander und entwarfen gemeinsam einen Campus, der heute als Anregung für umweltfreundliches Bauen von vielen indischen Architekturschulen besucht wird.

Es gibt vier Gebäude. Eines mit fünf Gruppenräumen, einer Bibliothek und einem Tonstudio. Ein Studentenwohnheim mit 20 Doppelzimmern, Balkonen und Badezimmern. Ein Bürogebäude mit Arbeits- und Sitzungsräumen. Und ein Auditorium mit angebauter Küche. Das Auditorium hat eine große Bühne, gebaut aus Abfallhölzern. Es wird als Veranstaltungsraum wie auch als Speisesaal genutzt. Am Ufer des Sees stehen zu ebener Erde und auf Stelzen in luftiger Höhe Bambushütten, dazu im Wasser eine schwimmende Insel, die allesamt als Tagungsräume und Unterrichtsplätze genutzt werden.

Nach dem Vorbild Laurie Bakers achteten Paul und Sajan in Planung und Ausführung darauf, dass alles so weit wie möglich aus gebrauchten Materialien entstand. Die schwimmende Insel und auch der Bootssteg treiben wie Flöße auf Säcken mit Tausenden alter Wasserflaschen.

Als Außenbühne gibt es ein Amphitheater, das wie auch die meisten Sitzgelegenheiten auf dem Campus mit zerbrochenen Kacheln belegt ist. Ich kann mich noch gut an die Kachelfirma erinnern, die sich erst über unsere Frage nach zerbrochenen Kacheln wunderte, dann aber mit Dank für die Entsorgung einen großen Lastwagen voll quietschbunter Badezimmerkacheln vorbeibrachte. Die Kachelleger hatten ihrerseits einen Riesenspaß, sie auf unserer Außenbühne und auf sämtlichen Bänken zu Bildern und Mustern zusammenzulegen.

Wichtig in der Planung war für Paul, das Ökosystem des Sees nicht durch unser Abwasser zu belasten. Daher integrierte er gleich von Beginn an einen Wasserkreislauf in die Planungen, der den Monsunregen über Regenrinnen in große Auffangbecken leitet, die ins Fundament der beiden Hauptgebäude eingelassen sind. Von dort wird das Regenwasser mit einer Wasserpumpe, betrieben durch ein Trimm-dich-Rad, wieder hoch aufs Dach in zwei Wasserspeicher gepumpt. In einem wird das kalte Wasser gelagert, im anderen wird es mit einem Solarheißwassersystem auf eine Temperatur von bis zu 80 Grad Celsius

erhitzt. Das gebrauchte Duschwasser wird in ein Wiederauf-
bereitungsbecken geleitet, wo es mittels Pflanzen von Rückstän-
den wie Seife, Zahnpasta und Shampoo gesäubert und anschließend erneut hochgepumpt und in einem dritten Wasserbehälter
gespeichert wird. Dieses Wasser wird nun zum Spülen der Toi-
letten verwendet.

Paul entschied sich für Ecosan-Toiletten, ein System, das den
Urin von den Exkrementen trennt. Im Urin sind Bakterien, die
in Verbindung mit Wasser und Sauerstoff für die Umwelt schäd-
lich wirken. Ecosan-Toiletten haben einen Hebel unter der Sitz-
brille, der ein Abflussrohr öffnet oder schließt. Der Urin kann
so, ohne mit Wasser vermischt zu werden, in einen Container
fließen. Sobald dieser Container voll ist, wird er für einige Wochen abgeschlossen und ein anderer Auffangbehälter an das System angeschlossen. In der Zwischenzeit sterben die schädlichen
Bakterien ab, und der Urin kann später mit Wasser vermischt
als Dünger für unsere Kokospalmen dienen. Die Exkremente
werden mit dem wiederaufbereiteten Wasser in die Biogasan-
lage gespült. Dort versickert das Wasser durch Stein- und Sand-
filter in den Boden.

Die größte Herausforderung war für uns die Ameisen-
plage. Ameisen scheinen in den Tropen überall durchzukom-
men. Wenn man nicht aufpasst, findet man sie in Kühlschrän-
ken und sogar in abgeschlossenen Plastikboxen. Sajan lachte
nur, als wir ihm vorschlugen, ein Antiameisensystem einzu-
bauen. »Gegen Ameisen helfen nur chemische Keulen, und die
wollt ihr auf einem umweltfreundlichen Campus doch wohl
nicht einsetzen!«

Paul ließ nicht locker. Er beobachtete die faszinierenden
Tiere, machte Experimente und überraschte Sajan mit einer
Idee: »Wasserkanäle. Ameisen können nicht schwimmen, und
Boote bauen sie bisher auch noch nicht.« Und so entstanden die
»Antiameisenkanäle«, schmale Wasserstraßen, die die Gebäude
mit fließendem Wasser umspülen. Damit sich Moskitolarven

nicht zu heimisch fühlen, leiten wir das Wasser durch Fischteiche hindurch; die vom Teich angelockten Libellen fressen gerne Mücken und ihre Larven.

Die gemeinsame Planung hatte Sajan und uns zu einem guten Team zusammengeschweißt. Obwohl zu Beginn die Finanzierung noch nicht ganz gesichert war, hatte Sajan bereits mit dem Bau begonnen. In der Zwischenzeit konnten wir Geldgeber von unseren Ideen und Plänen überzeugen.

Nach und nach nahmen die Ideen sichtbar Gestalt an. Jetzt hatte das Wohnheim schon sein zweites Stockwerk, der Lehrtrakt die erste Zwischendecke, das Auditorium und der Bürotrakt zumindest schon ein paar tragende Säulen.

Die ersten großen Hürden waren überwunden, und wir waren zwischenzeitlich wieder in Tibet, als uns aus Kerala neue Hiobsbotschaften erreichten, mal von Sajan, mal von Tigi, unserer neu eingestellten Projektkoordinatorin.

Tigi stammt aus Kerala, hatte lange mit ihrer Familie in Köln gelebt und sprach hervorragend Deutsch, sodass sie in der Lage war, bei interkulturellen Missverständnissen einzugreifen und zu vermitteln. Mit Sajan als Architekten und Tigi als Organisationstalent hatten wir die nun von allen Flüchen gereinigte Baustelle in guten Händen gewähnt. Doch kaum waren wir im Ausland, da wurden wir von beiden mit Katastrophenmeldungen überschüttet. Der sandige Grund unter dem geplanten Auditorium war angeblich nicht fest genug. Bodenproben hätten ergeben, dass die tragenden Pfeiler absackten, woraufhin das gesamte Gebäude auseinanderzubrechen drohte. Um das Fiasko abzuwenden, müsse das Fundament tiefer ausgeschachtet werden. Allerdings würde der Bau des Auditoriums vierzig Prozent teurer werden als ursprünglich geplant. Das war eine Menge Geld – und wir waren fast bankrott. Wir verschoben den Unterrichtsstart um ein ganzes Jahr, um die zusätzlichen Gelder aufzutreiben.

Als wir uns gerade von diesem Schrecken erholt hatten, hieß es in einer weiteren alarmierenden E-Mail von Tigi, auch das

Bürogebäude, ein bereits fertiggestellter Lehmbau mit zwei Gästeapartments und sechs Arbeitsräumen, fiele langsam, aber sicher in sich zusammen. Auf Nachfrage erfuhren wir, dass die Monteure, die es eigentlich hätten besser wissen müssen, die Lehmwände angebohrt hatten, um Leitungen zu verlegen. Um die Bohrlöcher herum begannen die gerade getrockneten Mauern abzubröckeln. Tigi war keine Bauexpertin und hatte sich, da Sajan zu diesem Zeitpunkt unterwegs war, auf die Fachkompetenz der Monteure verlassen. Sie zog externe Ingenieure zurate, die sich bei Betrachtung der aufgeplatzten Wände genüsslich die Hände rieben. Jetzt waren sie in ihrem Element, denn die Laurie-Baker-Architektur ist für die meisten Ingenieure und Architekten hier in Kerala ein rotes Tuch, und da Bakers Zielsetzungen »kostengünstig« und »langlebig« für das eigene Geschäft höchst unbequem waren, ließen sie keine Gelegenheit aus, seine Baumethoden in Misskredit zu bringen. Obwohl sie eigentlich erkennen mussten, dass es sich in Wirklichkeit nur um oberflächliche Risse handelte, redeten sie der gewissenhaften und bereits sehr besorgten Tigi ein, dass der gesamte Bau über kurz oder lang wie Sandkuchen zerbröseln würde. Das löste einen Riesenstreit zwischen ihr und Sajan aus.

Wieder standen wir kurz vor einem Baustopp, denn Sajan, der Laurie Bakers Bauphilosophie mit Haut und Haaren verteidigte, war bereit, alles hinzuwerfen und seine Leute vom Bau abzuziehen. Glücklicherweise gelang es Paul, der kurzfristig aus Tibet anreiste, auch diese Katastrophe noch rechtzeitig abzuwenden. Wir waren von der Zuverlässigkeit unserer Bauweise überzeugt und konnten es uns nicht leisten, die fast fertigen Gebäude nun mit anderen Bauleitern und konventionellen Methoden fertigzustellen. Sajan blieb, doch Tigi, der wir gerade in dieser Anfangsphase viel zu verdanken hatten, fühlte sich verständlicherweise durch die diversen Baukrisen überfordert und kündigte überraschend.

Das war für mich ein schwerer Schlag. Ich hatte all meine

Hoffnungen auf Tigi als zukünftige Programmdirektorin gesetzt. Und nun, knapp ein halbes Jahr vor Eröffnung des Instituts, standen wir ohne Leitung da.

Wieder war es Paul, der mich aufmunterte: »Der Bau ist bald fertig, dann fängt eine neue Phase an, und dafür werden wir schon auf die richtigen Leute treffen.«

Und so kam es auch. Ajith Kumar, ein diplomierter Betriebswirt, war ein Studienkollege Raja Bhadreshs. Er verkaufte für eine Maklerfirma in Trivandrum Luxuswohnungen und verdiente damit gutes Geld, hielt aber den ständigen Erfolgsdruck in diesem Gewerbe nicht mehr aus. Wir hatten einige Bewerber für die Stelle des Institutsleiters interviewt, doch Ajith war der Einzige, der unsere Zielsetzungen wirklich verstand. »In meinem Job geht es nur ums Geldverdienen, das erfüllt mich nicht besonders«, meinte er bei dem recht improvisierten Einstellungsinterview auf der Terrasse des »Coffee-Day«-Cafés. »Ich will etwas Sinnvolles tun, das die Gesellschaft voranbringt!«

Ajiths Aufgabe war es, alles auf dem Campus für die Ankunft der ersten Studenten einzurichten und geeignete Mitarbeiter einzustellen. In kürzester Zeit hatte er ein Team von lokalen Wachleuten, Köchen, Reinigungspersonal und einem Buchhalter beisammen. Im Rückblick meinte er: »Ich hatte die Nase voll von Jobs mit starken hierarchischen Strukturen. Ich habe mir immer ein Team gewünscht, wo jeder seine Rolle aus Eigenverantwortung übernimmt.«

Ajith stammt aus einem Dorf in der Nähe von Kollam. Sein Elternhaus war ein beliebter Treffpunkt von politisch engagierten Gewerkschaftsführern und Funktionären der in Kerala sehr starken kommunistischen Partei gewesen. Als Student war auch Ajith politisch aktiv. Er hatte sogar mit dem Gedanken gespielt, selbst eine politische Kariere anzustreben. Aber dann begriff er, dass es Politikern, auch wenn sie mit noch so viel Idealismus starten, nach einiger Zeit nur noch um die Erhaltung der eigenen Macht geht. Und damit sind faule Kompromisse, Lügen und Korruption vorprogrammiert. Das Interesse für soziale Themen, Gerechtigkeit, Gleichberechtigung und Umweltschutz hatte ihn jedoch niemals losgelassen.

20. Mythos Kerala

Vivekananda Nagar, so heißt unser Dorf in der Nähe von Trivandrum, benannt nach dem großen indischen Philosophen Vivekananda, einem weltoffenen Geist, der Ende des 19. Jahrhunderts in Chicago beim Weltparlament der Religionen mit seinen höchst undogmatischen Ansichten über die Gleichwertigkeit der Religionen für Furore gesorgt hatte.

Von Weltoffenheit war in Vivekananda Nagar allerdings nicht viel zu spüren. Der Ort macht seinem Namensgeber nicht gerade Ehre, es handelt sich eher um ein verschlafenes Nest, wo der Bananen- und Tapiokachips-Verkäufer und eine Bushaltestelle als absolute Highlights gelten. Ajith hatte uns oft vor den moralisierenden Ansichten der Dörfler gewarnt. Wir sollten uns am besten nicht auf einen zu engen nachbarschaftlichen Austausch einlassen. Paul und ich, unsere Mitarbeiter und Besucher standen denn auch sofort im Fokus der nachbarschaftlichen Aufmerksamkeit. Ja, man machte sich sogar Sorgen um meine persönliche Sittsamkeit. Navin war zu Besuch gekommen und hatte bei uns übernachtet. Da er mit seinem neu erworbenen Gefährt, einem SUV mit Vierradantrieb, gekommen war, glaubten sie, er sei unser Chauffeur, und beschwerten sich prompt bei Ajith, man könne die Bediensteten doch nicht wie Familienmitglieder im eigenen Haus unterbringen.

Die Gefahr, dass unser Institut allein aufgrund von Gerüchten geschlossen würde, sei groß, denn wir lebten hier, das machte Ajith uns eindringlich klar, in einer recht konservativen Enklave. Frauen hätten in dieser Gesellschaft das Nachsehen. Von Gleichberechtigung sei man weit entfernt.

Wir hatten das alles nicht wirklich ernst genommen; uns hatte Kerala immer als aufgeklärter Staat mit linksliberaler Regierung und friedlicher Koexistenz der Religionen gegolten. Doch dann geschah etwas, das mein Wunschbild vom »Mythos Kerala« ins Wanken brachte.

Ich war mit zwei Mitarbeiterinnen in der Stadt unterwegs. Wir hatten Großeinkäufe für den Campus gemacht und wollten zum glücklichen Abschluss noch einen schnellen Kaffee trinken. Das Coffee Day ist ein beliebter Treffpunkt junger Leute, überwiegend Studenten und Studentinnen, die auf der Terrasse sitzen, ein Buch lesen oder sich miteinander bei einem Eiskaffee unterhalten. Das Ganze erinnert an europäische Straßencafé-Kultur, und genau das war wohl manchem ein Dorn im Auge. Als wir gerade die Treppen zum Café hochsteigen wollten, hörten wir plötzlich eine Stimme: »Zurück in den Wagen, schnell weg hier!« Jemand riss uns zurück und stopfte uns in unser Auto. Wir wollten losfahren, doch jetzt war die Straße vor und hinter uns blockiert. So hatten meine Mitarbeiterinnen direkte Sicht auf das, was sich da abspielte. Es war ein Trupp von etwa hundert jungen Männern, bewaffnet mit Baseballschlägern, die in blinder Wut die Treppe zum Café hochstürmten und alles kurz und klein schlugen. Es war das absolute Chaos, Fahrzeuge hupten, Menschen kamen aus allen Richtungen, manche versuchten zu fliehen, andere näherten sich neugierig. Wie wir später erfuhren, wurden viele Cafébesucher bei dem Überfall schwer verletzt. Wären wir nur ein paar Minuten früher gekommen, hätte es uns auch erwischt.

Schließlich erfuhren wir, dass der Jugendbund der Kommunisten, »The Democratic Youth Federation of India«, für die Gewaltaktion verantwortlich gewesen war. Die Gruppe hatte sich fürchterlich über die »unmoralischen« Zustände in dem Café erregt. Denn dort hätte man junge Frauen und Männer beobachtet, die sich in aller Öffentlichkeit über Kaffee und Kuchen hinweg schöne Augen machten.

Ich war verwirrt. Galt doch Kerala für den europäischen Linken immer als leuchtendes Vorbild, als höchst progressiver

Staat. Ich kann mich noch an Seminare an der Bonner Uni erinnern, bei denen es um die matrilineare Kulturgeschichte Keralas ging. Wir erfuhren von der hohen Alphabetisierungsrate, unter Frauen soll sie sogar bei 98 Prozent liegen. Als wir zum ersten Mal mit Navin durch Kerala reisten, zeigte ich mich begeistert über den hohen Frauenanteil an den technischen Universitäten. Priya, eine indische Freundin, lachte zynisch: »Und wo findet man die Frauen nach dem Universitätsabschluss? In den Chefetagen der Firmen kannst du sie lange suchen. Na gut, mit dem Diplom in der Tasche gelten sie als gute Partie und werden blitzschnell verheiratet. Und wenn sie dann sicher ihren Platz in der Küche gefunden haben, können ihre Familien endlich wieder aufatmen, denn die ständige Kontrolle der Mädchen ist ganz schön anstrengend.«

Wie wir später selbst erfuhren, geht die soziale Kontrolle dabei nicht nur von der eigenen Familie aus. Die ganze Nachbarschaft wird Teil der Überwachungsmaschinerie. So wurde Amita, eine junge, unverheiratete Mitarbeiterin, abends einmal von ihrem Cousin zum Wohnhaus der Angestellten gebracht. Gleich am nächsten Tag standen die Sittenwächter unseres Dorfes bei Ajith im Büro und beschwerten sich. Es sei seine Aufgabe, darauf zu achten, dass sich unsere weiblichen Mitarbeiter züchtig benähmen. Man dulde im Dorf nicht, dass unverheiratete junge Frauen nach sieben Uhr abends allein herumliefen, und auch nicht, dass fremde Männer Besuche im Mitarbeiterquartier abstatteten. Das Gerücht, Amita verhalte sich sittenwidrig, fand seinen Weg auch zu ihrer Familie, die sie im Handumdrehen durch eine heimlich arrangierte Ehe aus der Gefahrenzone bugsierte.

Über viele Jahre hatten wir das Gefühl, dass sich nur wenige gegen diese Form der »Sittenpolizei« zur Wehr setzen. Selbst betroffene Frauen scheinen die Praxis zu rechtfertigen, indem sie auf die Zunahme gewalttätiger Übergriffe hinweisen. Soziale Kontrolle bedeute eben auch Sicherheit. Dass dabei aber die Privatsphäre verletzt wird, schien den meisten Frauen bisher nicht viel auszumachen. Erst kürzlich gab es einen lang überfälligen Protestruf. Anhänger der Hindupartei wollten ein Restaurant schließen lassen – ein Liebespaar soll sich dort beim Abendessen öffentlich auf die Wange geküsst haben! Der Wirt protestierte und erklärte, dass man sich in seinem Restaurant durchaus auf die Wange küssen dürfe. Nun wurde der Fall zum Politikum. Fünfzig Studenten organisierten eine Kussdemo, und Zehntausende Hindus veranstalteten eine Protestaktion, die als größte Gegendemonstration in die Geschichte Keralas eingegangen ist.

Die Keraliten kennen neben dem Küssen noch ein weiteres Tabu: den Alkohol. Der Genuss von Alkohol wird hier wie eine heimliche Affäre behandelt. Kaum jemand würde öffentlich zugeben, gerne mal ein Bier oder einen Wein zu trinken. Und wenn sie es dann doch tun, schauen sie ängstlich umher, als täten sie etwas Verbotenes. Selbst in eine Bar geht man möglichst mit einem Tuch über dem Kopf, um nicht erkannt zu werden. Frauen sind in einer Bar so gut wie gar nicht zu sehen. Denn als Frau hat man sich nicht in der Öffentlichkeit zu amüsieren.

Der gesamte Alkoholverkauf wird in Kerala staatlich geregelt. In einen staatlichen Alkoholladen zu gehen, gleicht jedoch eher einem Spießrutenlauf. Die Läden sind klein und schäbig, und jeder, der sich in die langen Schlangen einreiht, begeht für alle sichtbar eine Sünde. Nur wir Ausländer haben nichts zu verlieren, und wann immer Priya mich zu einem Glas Rotwein einladen möchte, schickt sie mich zum Einkaufen in den Laden und sammelt mich um die Ecke wieder ein. Obwohl ihn fast jeder liebt, wird Alkohol niemandem gegönnt. Und jeder Verdacht illegalen Alkoholhandels wird selbst von trinkfesten Nachbarn verfolgt.

So stand noch während der Bauphase plötzlich eine Gruppe von grimmig aussehenden Polizisten an der Toreinfahrt, die einen sofortigen Baustopp verkündeten. Zum Glück waren Paul und Sajan zugegen. Die Polizisten stürzten sich gleich auf Sajan und ließen eine Schimpfkanonade los. Sajan verstand zunächst nicht, was die Beamten von uns wollten, und zeigte ihnen die Baugenehmigung. Die war unser ganzer Stolz, denn es hatte uns eineinhalb Jahre gekostet, die Genehmigung ohne Einsatz von Schmiergeldern, allein mit Geduld und Überzeugungsarbeit, zu bekommen.

Aber irgendwie schien die Polizisten diese Baugenehmigung nicht zu interessieren. Sie liefen nervös hin und her, schauten links und rechts in die halbfertigen Bauwerke, bis sie plötzlich vor einem der Gebäude stehen blieben und auf die eingebauten Wasserauffangbecken deuteten. Das sei hier in Kerala verboten. Wir trauten unseren Ohren nicht. Es war verboten, Regenwasser aufzufangen? Da erst erfuhren wir, dass misstrauische Dorfbewohner uns wegen dieser Becken angezeigt hatten. Sie argwöhnten, wir wollten, unter dem Vorwand, Wasser zu sparen, in Wirklichkeit Alkohollager einrichten.

Wenn also sowohl der öffentliche Kuss wie auch der öffentliche Genuss von Alkohol einer Sünde gleichkommt, was bleibt dann noch übrig? Der politische Diskurs. Da können sich die Keraliten, Männer wie Frauen, in der Öffentlichkeit und in aller Lautstärke ausleben.

Diskutiert wird in der Familie, am Arbeitsplatz, sogar an der Bushaltestelle mit Fremden. Und jeder weiß vom anderen, für wen er oder sie bei den letzten Wahlen gestimmt hat. Dabei gibt es nicht viel Auswahl, man ist in Kerala entweder Kommunist oder stimmt für die konservative Kongresspartei. Die dritte Kraft, die in Indien sonst recht starke Hindupartei, spielt in Kerala nur eine untergeordnete Rolle.

Politische Aktionen wie Demonstrationen oder Streiks sind ganz besonders beliebt. Dabei ist nicht immer jedem klar, wofür oder wogegen gerade gestreikt wird. Auffällig ist auch, dass Streiks gerne auf einen der vielen religiösen Feiertage folgen. Darum werden sie von fast allen unterstützt und gerne eingehalten.

Allerdings hat man auch kaum eine Chance, sich den Streiks zu widersetzen, denn fährt man während eines Hartals, eines Generalstreiks, doch einmal mit dem Auto in die Stadt, kann es durchaus passieren, dass man als Streikbrecher mit Pflastersteinen beworfen wird.

Die gleiche politische Leidenschaft findet man auch in der Gewerkschaftsarbeit, einem Kerala-spezifischen Phänomen, das uns kurz vor Eröffnung des Instituts noch einmal gehörig zu schaffen machte.

Es war an einem Morgen, um sechs Uhr in der Früh. Um diese Zeit ist schon erstaunlich viel los in Vivekananda Nagar. Es ist noch recht kühl, und so wirkt alles wach und frisch. Das nächtlich monotone Quaken der Kröten und das gleichförmige Zirpen der Zikaden werden durch die ungeduldigen Rufe der Krähen und das schnatternde Schimpfen der Palmenhörnchen ersetzt. Auch die Menschen sind voll von aufgeregtem Tatendrang. Mit überladenen Motorrädern fahren Händler über staubige Straßen von Haus zu Haus und ihre Rufe, »Miin, miin!« (Fisch, Fisch!) und »Aakree, aakree!« (Altpapier, Altpapier!), klingen dem Krächzen der Krähen verdächtig ähnlich.

Wir wohnen einen fünfminütigen Fußmarsch vom Campus entfernt, und da wir damals die einzigen Ausländer waren, die in dieser Gegend wohnten, trafen wir zu Beginn unterwegs auf Dörfler, die sich auf unseren Morgengruß hin entweder verlegen abwendeten, uns wie Außerirdische anstarrten oder einfach durch uns hindurchsahen. An ganz besonders guten Tagen konnten wir manchmal auf ein leises Brummeln hoffen. Nur die Kinder waren von Anfang an neugierig und aufgeschlossen. Sie lachten und winkten schon von ferne, und selbst die Kleinsten schmettern ihren Gruß von Toreinfahrten oder Balkonen zu uns herunter: »Good morning, Paul Uncle! Good morning, Sabriye Aunty!« Dieses Grußritual – Kinder herzlich und offen und Erwachsene, wenn überhaupt, mit einem zwischen den Zähnen hervorgepressten »Mornin'« – hat sich in den letzten Jahren hörbar verbessert. Heute begegnet man uns und den Studenten aus aller Welt sogar mit ausgesuchter Höflichkeit Und doch gab es Zeiten, in denen man uns abschätzig, ja sogar feindselig begegnete. Wir waren Eindringlinge, die die Dreistigkeit besaßen, immer gleichbleibende Gewohnheiten aus dem Rhythmus zu bringen. Und wir waren die ungeliebten Störenfriede, die es wagten, den lokalen Beamten ein bisschen auf die Finger zu klopfen oder, noch schlimmer, die sonst unantastbaren Gewerkschaftsmitglieder an ihrem roten Stirnband zu zupfen.

Die Gewerkschaften spielen im kommunistisch orientierten Kerala eine ganz besondere Rolle. Fast jeder Angestellte eines größeren Arbeitgebers ist in irgendeiner Form gewerkschaftlich organisiert. Selbst Tagelöhner gehören ihren eigenen, den Ent- und Beladegewerkschaften an. Sie lauern gewöhnlich vorbeifahrenden Lastwagen auf. Wo immer ein Laster ent- oder beladen werden muss, stellen sich innerhalb weniger Minuten zehn bis fünfzehn Gewerkschafter ein, alle gut erkennbar am knallrotem Doti, dem landestypischen Wickelrock, und dem ebenso roten Stirnband. Sie beginnen sofort mit ihrer Tätigkeit. Das ist im Grunde genommen eine sinnvolle Angelegenheit, denn es geht hier um Arbeitsbeschaffungsmaßnahmen für arme Leute.

Was wir zu Beginn unserer Baumaßnahmen aber nicht ahnten, war, dass die Lastwagen, die mit Baumaterialien oder Möbeln zum Campus fuhren, partout nicht von Arbeitern der Lieferfirma oder unseren Mitarbeitern abgeladen werden dürfen. Das steht nur dem Bauherrn selbst oder aber den Ent- und Beladegewerkschaftern zu. Ihre Tätigkeit beschränkt sich dabei lediglich auf das Befördern der Güter von der Ladefläche auf den Boden. Dann wird kassiert, und nicht zu knapp. Dabei ist man beim Entladen wählerisch. Baumaterialien wie Steine und Holzplatten, die man in mühseliger Kleinarbeit einzeln von der Ladefläche auf den Boden befördern müsste, überlässt man gerne dem Bauherrn oder auch dessen Mitarbeitern. Aber Möbel lassen sich schnell auf die Erde stellen, und einen Kipper mit Sand oder Kies braucht man nur anzutippen, und er entlädt sich wie von selbst.

Einmal wurde eine wertvolle Solarheißwasseranlage im Campus angeliefert. Da das Gerät mit viel Sachverstand gehandhabt werden musste, sollte die Anlage ausnahmsweise von den Solartechnikern selbst abgeladen werden. Allein fürs Zusehen bekam jedes anwesende Gewerkschaftsmitglied seinen Lohn. Denn eine spezielle Ausprägung der Gewerkschaftstradition ist der sogenannte Nokku Koli, der Lohn fürs Zugucken. Der wird lediglich dafür bezahlt, dass man dasteht und zusieht, während andere arbeiten.

Paul geriet über dieses Prinzip regelrecht in Rage und fluchte auf Holländisch vor sich hin: »Potverdomme! Ich würde euch ja bezahlen, wenn ihr uns mal richtig helfen würdet!«

Ich war froh, dass sie ihn nicht verstanden, denn dass solche Gewerkschafter ungemütlich, ja sogar gewalttätig werden konnten, hatten wir von Geetha erfahren. Auch Laurie Baker hatte einmal wohl den hiesigen Gepflogenheiten trotzen und eine Tür selbst vom Laster zur Baustelle tragen wollen. Eine Gruppe von Gewerkschaftern war allerdings schnell herbeigeeilt und hatte versucht, ihm die Tür zu entreißen. Das ließ er sich nicht bieten und hielt so lange fest, bis sie ihn krankenhausreif schlugen.

An diesem kühlen Morgen nun trafen wir auf dem fast fertigen Campus ein. Wir wunderten uns über den hektischen Betrieb von Männern mit roten Dotis, die aufgeregt durcheinanderflitzten. Da sich eine Gruppe Malayalam redender Männer für unsere Ohren eigentlich immer so anhört, als begänne gleich eine Prügelei, waren wir nicht sonderlich beunruhigt und versuchten uns einen Weg durch das wimmelnde Chaos zu bahnen. Doch einer, vielleicht der Anführer, stellte sich uns in den Weg und redete in rasendem Tempo auf uns ein.

Paul meinte freundlich: »Could you please speak English? I don't understand Malayalam.«

Der Anführer guckte etwas verdutzt und meinte dann, ein wenig pikiert, aber zumindest langsam: »Dis was Inglish, Sir, my Inglish verry well!« Und jetzt wurde uns betont langsam auf Englisch, mit hörbar wütendem Unterton, das Ausmaß der Tragödie deutlich gemacht.

Einige Nächte zuvor waren unsere Tretboote eingetroffen. Wir hatten sie ein halbes Jahr zuvor in Cochin bestellt, und sie hatten noch gerade rechtzeitig vor Programmbeginn den langen Weg von knapp 250 Kilometern bis zu uns an den See geschafft. Der Anruf mit der guten Botschaft hatte uns zwar nachts um eins aus den Betten geholt, aber wir waren zu dankbar für das Eintreffen der schon lange abgeschriebenen Ware. Da nachts um eins nicht einmal der kleinste Zipfel eines roten Dotis zu sehen war, nahmen wir gerne selbst die Aufgabe wahr und trugen die schweren und recht unhandlichen Boote zusammen mit unserem Wachpersonal und einigen Freiwilligen runter zum See. Und jetzt standen wir vor dem Malheur, irgendjemand musste geplappert haben.

»Ihr habt unsere Arbeit gemacht, jetzt bezahlt uns!«, rief der Anführer und zeigte in Richtung See.

Paul traute seinen Ohren nicht und versuchte es mit einem Scherz: »Ja, natürlich. Weil wir eure Arbeit gemacht haben, müsstet ihr eigentlich uns bezahlen!«

Das hätte er nicht tun sollen, denn plötzlich baute sich die gesamte Gruppe vor uns auf und rief irgendetwas im Chor, was wir nicht verstanden. Es klang gefährlich, und ich weiß nicht, was mit uns geschehen wäre, wenn nicht plötzlich Ajith aufgetaucht wäre. Er war vom Wachpersonal aus dem Bett geklingelt worden und hatte sich sofort auf sein Motorrad gesetzt, um uns in dieser heiklen Situation beizustehen. Ajith taxierte die Lage blitzschnell. Und als mache er das jeden Tag, redete er ruhig auf die erhitzten Gemüter ein, bis sie sich plötzlich zu einer

Kolonne formierten und geschlossen vor das Eingangstor marschierten. Dort setzten sie sich hin.

»Was ist los?«, fragten wir verwirrt. »Hast du magische Kräfte?«

Ajith lachte vergnügt: »Keine Magie! Sie sind jetzt im Hungerstreik.«

»Hungerstreik?!« Wir waren entsetzt, sahen schon die Zeitungsschlagzeilen: »Ausländische Institutsgründer halten sich nicht an Arbeitsgesetze und zwingen die Ärmsten der Armen zum Hungerstreik!«

Doch Ajith blieb cool: »Keine Sorge, einfach abwarten.« Damit verschwand er in seinem Büro, und etwas verwirrt folgten wir ihm.

Tatsächlich dauerte der Hungerstreik nicht länger als zwei Stunden. Dann gab es Mittagessen, und obwohl wir auf ihre Forderungen nicht eingegangen waren, war der Platz vor der Einfahrt wie leer gefegt.

»Natürlich sind sie weg.« Ajith grinste zufrieden. »Man kann doch nicht erwarten, dass sie aufs Mittagessen verzichten.«

Los waren wir sie aber noch lange nicht. Es gab von nun an täglich eine kleinere rote Revolution vor unserem Campus. Ajith hatte alle Hände voll zu tun, sowohl uns als auch die Gewerkschafter bei Laune zu halten. Bei jeder neuen Anlieferung stiegen die Lohnforderungen. »Eigentlich habe ich für Gewerkschaften große Sympathie«, meinte er ein wenig erschöpft, »es ist wichtig, dass es sie gibt. Aber so, wie sie sich jetzt aufführen, ist es einfach zu viel!«

Nachdem Ajiths Geduld durch die Lohndebatten und lautstarken Protestaktionen immer mehr strapaziert worden war, bekam er von der lokalen Polizei einen Tipp. Man brauche nur eine einstweilige Verfügung vom Gericht, und damit sei der Spuk vorbei.

»Das ist alles?«, fragte Paul erstaunt.

Ajith schien nicht wirklich verwundert. »Klar, das ist Kerala.

Erst gibt es ein emotionales Feuerwerk und dann ein bisschen kühles Wasser in Form einer Puja oder einer Verfügung. Wir brauchen nur eine einfache Lösung, und all der Ärger ist wieder verpufft!«

21. Von »Bremsern«, »Trittbrettfahrern« und »Hijackern«

»Die größte Gefahr besteht für die meisten von uns nicht etwa darin, ein Ziel zu hoch anzusetzen und zu scheitern, sondern es zu niedrig anzusetzen und es zu erreichen.«

Mit diesem Zitat von Michelangelo eröffnen wir jedes Jahr das Programm des kanthari-Instituts. Wir verstehen es als Mutmacher für unsere Studenten, an die Umsetzung neuer Ideen und großer Träume zu glauben, und als Schlachtruf gegen all diejenigen, die engagierte Menschen gleich zu Beginn ihrer Arbeit ausbremsen.

Wie wir selbst während des Aufbaus der Blindenschule in Tibet, aber auch in den ersten Jahren in Kerala erleben mussten, ist man besonders am Anfang eines neuen Projekts äußerst verletzlich. Man lässt sich durch kritische Bemerkungen und selbstbewusst verkündetes Expertenwissen leicht verunsichern. Oft zweifelt man, ob der neu gegangene Weg auch der richtige ist, und öffnet damit all denjenigen die Tür, die aus mehr oder weniger gut gemeinten Gründen neue Ideen abzuwürgen versuchen.

Paul und ich hatten uns oft eine Schulung gewünscht, die uns auf die schwierige Anfangsphase einer Initiative, auf mögliche Probleme und Gefahren vorbereiten würde.

Neben all den Hindernissen, die wir während unserer Startphase überwinden mussten, neben bürokratischen Hürden, dem Mangel an finanziellen Mitteln, neben politischen Gegenkräften oder kulturellen Missverständnissen gehörten zu den aufreibendsten Blockierern Menschen, die wir nur schwer von ehrlich engagierten Freiwilligen unterscheiden konnten. Sie zeichneten sich anfangs durch großes Interesse aus und boten uns freizügig ihr Expertenwissen dar. Ihr Engagement war bestechend. Es waren oft höhere Angestellte, Manager, Diplomaten, Berater, die aus ihrer beruflichen Erfahrung heraus hilfreiche Empfehlungen geben konnten. Sie äußerten konstruktive Kritik und offerierten ehrenamtlich ihre wertvolle Zeit, sodass sich zunächst ein Vertrauens- und dann Schritt für Schritt auch ein gewisses Abhängigkeitsverhältnis einstellte.

Der schrittweise Wandel in ihrer Einstellung begann meist mit wohlgemeinten Ratschlägen, »kleinere Brötchen zu backen«, »nicht nach den Sternen zu greifen« und »schön auf dem Teppich zu bleiben«.

»Ihr habt eine Blindenschule gegründet. Das muss doch reichen. Was wollt ihr jetzt noch mit einer Berufsausbildung für Blinde?«, hieß es, als wir über eine Trainingsfarm im tibetischen Shigatse nachdachten.

Zeigten wir uns dennoch zuversichtlich, wurde der Ton schärfer; Zweifel und Bedenken bekamen einen herablassenden Unterton. »Was stellt ihr euch vor, einen ökologischen Bauernhof auf 4000 Metern über dem Meeresspiegel? Ihr seid keine Landwirte, ihr habt nicht das Fachwissen, das man für solch ein Unternehmen braucht!«

Auffällig war, das diese »Bremser« oder »Bedenkenträger« in der Regel nie selbst Unternehmer oder Initiatoren gewesen und Risiken eingegangen waren. Hin und wieder wurde tatsächlich versucht, uns Steine in den Weg zu legen oder – wie im Fall der Blindenschule in Lhasa – gegen die gesamte Initiative zu intrigieren. Dabei spielte auch die Abwehr von Newcomern wie uns durch Entwicklungshilfe-Platzhirsche eine Rolle.

Solange wir uns noch im Anfangsstadium befanden, war unser größter Schwachpunkt die Abhängigkeit von Spendengeldern. Das wurde nicht selten von »Trittbrettfahrern« ausgenutzt. Diese Spezies trat allerdings erst dann in Erscheinung, wenn wir mit unseren unkonventionellen Ideen im öffentlichen Medieninteresse standen. Da kam es doch tatsächlich vor, dass ein

Hilfswerk uns vor einer Fernsehtalkshow große Versprechungen machte – verbunden allerdings mit der Bitte, doch den Namen der Organisation in der Sendung zu nennen. Der Name wurde genannt, und das Hilfswerk ließ nie mehr etwas von sich hören.

Einmal besuchten uns in Lhasa Vertreter einer bekannten amerikanischen Hilfsorganisation. Sie hatten von unserer Idee erfahren, für die Berufsausbildung blinder Erwachsener eine Käserei einzurichten. Mit der Aussicht auf finanzielle Unterstützung ließen sie uns einen Antrag mit genauem Programmentwurf einsenden. Der Antrag blieb für immer unbeantwortet, allerdings fanden wir später heraus, dass die Hilfsorganisation detailgenau nach unseren Ideen eine Käserei in einem anderen Teil Tibets eingerichtet hatte. Zudem wurde die Mitarbeiterin, die wir als Projektleiterin für die Käserei vorgesehen hatten, abgeworben.

Nach all diesen eher ernüchternden Erfahrungen mit vermeintlichen Sponsoren freuten wir uns über engagierte Freiwillige, die gerne Aufgaben übernahmen. Und damit hatten wir die Tür für einen ganz besonderen Menschenschlag geöffnet. Wir nennen sie die »Hijacker«. Dieser Typus war noch verhängnisvoller als die »Bedenkenträger« oder »Trittbrettfahrer«, denn er machte mit seinem Enthusiasmus großen Eindruck auf uns.

Einer dieser »Hijacker«, der uns beim Aufbau des Instituts in Kerala behilflich sein wollte, überschlug sich geradezu in seinem Tatendrang. Gebildet, redegewandt und engagiert übernahm er Verantwortung, bildete Netzwerke mit Experten und ernannte sich bald selbst zum Sprachrohr unseres Instituts. So gelang es ihm, sich unverzichtbar zu machen. Wir waren so dankbar für die Zeit, die er unentgeltlich dem Institut widmete, und so voller Hochachtung für das Wissen, das er einbrachte, dass wir über einen längeren Zeitraum nicht bemerkten, wie unsere unkonventionellen Lehrmethoden Schritt für Schritt durch konventionelle, messbare und abfragbare Wissensvermittlung ersetzt werden sollten.

Neben den Lehrmethoden beanstandete er auch die Auswahl der Katalysatoren. Wir hatten uns bewusst mehrheitlich für Mitarbeiter entschieden, die Erfahrungen aus der Praxis mitbrachten. Er erklärte uns jedoch, dass wir langfristig nur bestehen könnten und ernst genommen würden, wenn wir sie durch Akademiker ersetzten. Bis dahin hatten wir etwas sprachlos zugesehen, wie sich unsere Grundideen in nichts aufzulösen schienen. Erst als er sich über die Auswahl der Studenten mokierte, sie sollten seiner Meinung nach mindestens einen Universitätsabschluss in der Tasche haben, wachten wir auf, und es regte sich Wut bei uns. Das war nicht mehr unser Institut! Es veränderte sich vor unseren Augen langsam, aber sicher zu einer konventionellen Managementschule mit sozialem Beigeschmack. In einer hochexplosiven Auseinandersetzung fand unsere Zusammenarbeit schließlich ein Ende. Damit saßen wir vor einem Scherbenhaufen, den wir in der Folgezeit Stück für Stück zu unserer alten Vision neu zusammenfügten.

Bei all dem unnötigen Energieverlust haben »Bremser«, »Trittbrettfahrer« und »Hijacker« auch etwas Gutes. Sie sorgen dafür, dass wir nicht die Wut verlieren und zurück zu unseren eigentlichen Grundideen finden.

Zu unserem Glück gab es gerade zu Beginn unserer Vorhaben auch eine ganze Reihe von wirklich interessierten Experten, die sich sowohl beim Aufbau des Blindenzentrums Tibet als auch in der Konzeption des kanthari-Instituts mit guten Ideen und konstruktiver Kritik einbrachten.

Bereits ein Jahr vor Eröffnung des Instituts hatten wir die ersten 25 Studenten ausgewählt. Die Mehrheit der Anmeldungen kam aus afrikanischen und asiatischen Ländern. Der jüngste Kandidat war 22, der älteste 52 Jahre alt. Es gab unter den Bewerbungen blinde, sehgeschädigte und sehende Menschen. Die meisten besaßen Schul- oder sogar Universitätsabschlüsse, einige hatten jedoch nie die Schule besucht; manche hatten schon Erfahrungen beim Aufbau eines sozialen Projektes gemacht, andere bewarben sich lediglich mit einer guten Idee.

Diese heterogene Zusammensetzung des ersten Jahrgangs stieß auch auf Kritik. »Was stellt ihr euch vor! Menschen aus der ganzen Welt, mit und ohne akademische Abschlüsse, behindert und nicht behindert! Die einen werden sich vollkommen überfordert fühlen und die anderen werden sich langweilen«, bekamen wir zu hören, oder: »Ihr könnt kein Curriculum entwerfen, das allen Bedürfnissen gleichermaßen gerecht wird. Die Studenten müssen schon einen vergleichbaren Wissenshintergrund und ähnliche Erfahrungen mitbringen.«

Die Bedenken waren durchaus nachvollziehbar. Es stellte für die Lehrkräfte eine große Herausforderung dar, alle diese Studenten auf einen Nenner zu bringen. Die Gemeinsamkeiten waren jedoch eindeutig: Alle konnten sich mündlich und schriftlich auf Englisch verständigen, ausnahmslos alle hatten etwas erfahren, das sie dazu antrieb, ihr Leben von Grund auf zu verändern. Alle bewarben sich mit einer mehr oder weniger klaren Idee für die Realisierung einer sozialen Initiative, einer Kampagne oder einer Einrichtung. So gab es Pläne für eine Mikrofinanzbank für Überlebende des Bürgerkriegs in Sierra Leone, eine Friedensinitiative für kriegsversehrte und traumatisierte Jugendliche in Liberia, eine vorbereitende Grundschule für behinderte Kinder in Indien und ein Trainingszentrum für blinde Studenten in Nepal, das Computer- und Sprachunterricht anbieten sollte. Da die meisten Teil ihrer eigenen Zielgruppe waren, kannten sie die Probleme, die Ursachen für und Konsequenzen von Diskriminierung, Vernachlässigung und Unterdrückung nur all zu gut. Ihre Ansätze und Lösungen waren zwar nicht wissenschaftlich untermauert, sie entstanden aber aus unmittelbarer Erfahrung und nicht selten aus Opposition gegen konventionelle Hilfsprojekte, die oft etwas Gönnerhaftes hatten und an den eigentlichen Bedürfnissen der Adressaten vorbeigingen.

Wir hatten also guten Grund anzunehmen, dass die Gemeinsamkeiten stärker wiegen würden. Allerdings fühlten wir uns bei all den Unkenrufen auch ein wenig verunsichert.

Zunächst wandten wir uns mit der Bitte um professionelle Hilfe an Professoren aus den Bereichen Management, Sozialwissenschaften und Psychologie. Sie erklärten sich schnell bereit, gemeinsam einen Kurs für Projektplanung in der Entwicklungshilfe zusammenzustellen. Das fertiggestellte Programm enthielt eine Reihe von interessanten Modulen. Dennoch wurde uns schnell klar, dass die Kursinhalte zwar sehr reichhaltig und wissenschaftlich fundiert waren, dass sie aber wenig mit der Lebenswirklichkeit der Studenten zu tun hatten. Keiner der Professoren hatte jemals selbst ein soziales Projekt auf die Beine gestellt. Und wir fragten uns, ob uns ein solch hochtheoretisch unterfütterter Kurs damals geholfen hätte, das Tibetabenteuer zu bestehen.

22. Eine Reise in fünf Akten

»Warum macht ihr euren Lehrplan nicht selbst?«, wunderte sich Navin, als wir ihm von unseren ersten Gehversuchen erzählten. »In diesem Fall seid ihr die Experten, bringt doch eure eigenen Erfahrungen ein. Überlegt mal, was euch beim Aufbau der Blindenschule in Tibet geholfen hat, und – vielleicht noch viel wichtiger – in welche Fallen ihr getappt seid und welche Fehler ihr gemacht habt.«

Ich erinnere mich noch genau an das Treffen mit Navin, bei dem wir an einem einzigen Nachmittag die Grundlage für unser Curriculum »Die Reise in fünf Akten« entwarfen. Es ist ein Konzept, das zwar über die Jahre weiterentwickelt, aber an diesem Tag geboren wurde.

Das kanthari-Curriculum ist ein siebenmonatiges Kursprogramm mit dem Ziel, eine Idee bis zur realistischen Umsetzung zu bringen; daran schließt sich eine fünfmonatige begleitete Praxisphase an. Da Paul und ich am meisten aus unseren Fehlern gelernt haben, sollen auch den Studenten keine Herausforderung und kein Fettnäpfchen erspart bleiben. Der Unterschied ist, dass sie bei uns am Institut Fehlschläge ohne negative Konsequenzen erleben können.

Um den Spaß, das Abenteuer, aber auch die notwendig sich ergebenden Stolpersteine einer sozialen Initiative zu verdeutlichen, wählen wir das Bild einer Reise. Diese »Reise« ist in fünf Phasen gegliedert, die in Aufbau und Spannungsbogen denen eines klassischen Dramas ähneln, mit »Exposition«, »steigender Handlung«, »Peripetie«, »retardierendem Moment« und »Katastrophe« – oder besser, einem Happy End.

Akt 1 (zwei Monate)

Im ersten Akt werden die Ideen der Studenten getestet, hinterfragt, auseinandergenommen und von ihnen wieder neu zusammengesetzt. Dabei sehen wir uns nicht als Lehrkräfte, die durch theoretischen Unterricht Wissen vermitteln. Wir verstehen uns als Katalysatoren oder »Reisebegleiter«, die herauszubekommen versuchen, wie weit eine Idee bereits ausgereift ist.

Unser Team besteht aus Personen, die praktische Erfahrungen in der Umsetzung von Ideen mitbringen. Manche kommen wie Paul und ich aus der Entwicklungszusammenarbeit, andere sind Autoren, Filmemacher oder Theaterregisseure. So war Santhosh George für viele Jahre Regisseur für Straßentheater und ist heute in Kerala als Liedermacher und Sozialaktivist bekannt. Wieder andere bringen ihre Ideen aus der Wirtschaft ins kanthari-Institut ein. Nicola Stanisch, eine deutsche Katalysatorin, ist zum Beispiel Branding- und Marketingexpertin. Sie hat Jahre in Russland gelebt und dort die Zweigstelle einer internationalen Firma für Markenberatung geleitet. Dr. Howard Yu ist Professor an der bekannten Businessschule IMD/Lausanne. Er kommt jedes Jahr für eine Woche zu uns, um jeden kanthari-Studenten in Hinsicht auf seine Strategien individuell zu beraten. Wir alle stellen aus unseren jeweiligen Perspektiven Fragen und bieten weiterführende Ideen an, damit der kreative Prozess in Gang bleibt.

Zunächst bekommen die Studenten die Aufgabe, ihre Initiativen unter schwierigsten Bedingungen in einem »virtuellen« Land auszuprobieren. Dabei ist das Land – wir nennen es »Tansalesea« – mit all seinen bürokratischen, ökonomischen, technischen und menschlichen Hürden den Herausforderungen ihrer Ursprungsländer sehr ähnlich. Im Zeitraffer werden alle Anfangsschwierigkeiten, aber auch Lösungsmöglichkeiten simuliert, und das fiktive Umfeld wird so zum sicheren Testgelände.

Bei der Entwicklung ihrer Ideen setzen sich die Studenten mit den Bedürfnissen der Menschen auseinander, mit denen sie arbeiten wollen, passen ihre Ideen den gewonnenen Erkenntnissen an und stellen schließlich bei ebenfalls virtuellen, aber höchst kritischen Geldgebern Finanzanträge.

Während des ersten Aktes verlassen sie hin und wieder die Virtualität und machen Exkursionen in die Umgebung Trivandrums, um Menschen, die stellvertretend für ihre zukünftige Klientel stehen, zu interviewen. Sie unterhalten sich mit Straßenkindern über deren Existenz im Abseits und den täglichen Überlebenskampf oder mit blinden Frauen über sexuelle Übergriffe in öffentlichen Verkehrsmitteln und am Arbeitsplatz. Sie interviewen Kinder von Prostituierten und besuchen Ureinwohnerstämme, die dicht gedrängt in behelfsmäßigen Siedlungen in den Außenbezirken Trivandrums leben. Da die meisten der kanthari-Studenten ebenfalls aus dem Abseits kommen, verliert das Gespräch schnell den Charakter eines Interviews, und es stellt sich bald ein Kontakt auf Augenhöhe ein.

Die Ideen für ihre sozialen Initiativen basieren meist auf sehr persönlichen Erlebnissen, sie beginnen oft mit einem Schlüsselmoment, dem sogenannten pinching point. Die meisten der Studenten haben etwas erlebt, das so tief greifend das eigene Leben veränderte, dass es danach kein Zurück mehr gab. Das können ein oder mehrere Ereignisse sein, die die eigene Existenz infrage stellen oder auch eine bis dahin selbstverständlich hingenommene Sicht der Welt erschüttern. Man ist wütend oder einfach nur angestachelt, das Problem aus dem Weg zu schaffen. Daraus entsteht eine Projektidee. Zunächst ist die Idee vage, unvollständig, aber sie basiert auf persönlicher Betroffenheit und hat daher größere Chancen, langfristig umgesetzt zu werden.

Da ist zum Beispiel Sristi, eine junge Tänzerin aus Nepal, die aufgrund einer medizinischen Fehlbehandlung langsam ihre Sehkraft verlor. Mit 15 Jahren fiel sie während einer Vorstellung von der Bühne und erkannte erst zu diesem Zeitpunkt, dass sie vollkommen erblindet war. Das Leben schien für Sristi vorbei zu sein. Man redete ihr ein, dass sie nun weder studieren noch ihre Karriere als Tänzerin weiterverfolgen könne. Ihre Eltern reisten mit ihr von einem Augenarzt zum nächsten. Doch niemand konnte ihr helfen. Als schließlich ein Wunderheiler ihr Sehkraft gegen sexuelle Dienste versprach, wachte sie auf und wurde wütend. Sie erkannte, dass sie nur dann wieder über ihr eigenes Leben bestimmen konnte, wenn sie sich nicht von Heilsversprechen abhängig machte und die Blindheit akzeptierte. Im kanthari-Institut entwickelte sie ihre Initiative »Blind Rocks«, eine mobile Schule, in der sie blinde Menschen weltweit durch Tanzunterricht, Modeberatung und abenteuerliche Aktivitäten wie Drachenfliegen und Wildwasser-Rafting ermutigt, mit Selbstvertrauen am Leben teilzunehmen.

Oder Tosin aus Nigeria, eine Aktivistin, die in einem Interview ihren »pinching point« folgendermaßen beschrieb: »Meine Mutter hatte mir immer gesagt: ›Wenn du nicht Opfer eines gewalttätigen Ehemanns werden willst, musst du eine gute Ausbildung haben, um später einen vernünftigen Job zu bekommen. Nur dann bist du unabhängig, und die Männer werden dich mit Respekt behandeln.‹ Ich habe ihren Rat befolgt. Ich schloss als Erste in meiner Familie ein Studium ab und bekam einen guten Job. Und ich heiratete, in der Vorstellung, unabhängig und vor Gewalt gefeit zu sein. Oh, wie wir uns alle in diesem Punkt irren! Meine erste Tochter war gerade mal 28 Wochen alt, als ich meinen Mann bat, sie für einen Moment zu halten. Ein Baby auf dem Arm zu halten, ist für viele Männer meines Landes unwürdig. Er wurde aggressiv, trat und schlug mir ins Gesicht. Ich wachte erst wieder im Krankenhaus auf. Der zuständige Arzt beglückwünschte mich, dass ich noch am Leben war. Gedemütigt und gebrochen lief ich eines Tages durch den Riverside, einen Slum von Lagos. Überall um mich her Abfälle, Unrat. Ich trat mit dem Fuß gegen etwas, das achtlos weggeworfen worden war, und plötzlich hielt ich inne. Wurde ich nicht genau wie das

Ding da vor mir weggeworfen, ›entsorgt‹? Ich hockte mich hin und sah mir das Ding genauer an. Es war ein Stück Styropor, in den Augen der Menschen überflüssiger Müll, doch für mich hatte es einen Wert.«

Während des ersten Aktes entwickelte sie ihre Initiative »Turn Trash into Treasure«, eine Schule, in der missbrauchte Frauen, die sich selbst wie Müll behandelt sehen, lernen, aus Abfall wertvolle und wunderschöne Gegenstände herzustellen. So nähen sie aus alten Kleidern, gefüllt mit Styroporkügelchen, Warmhaltetaschen, stellen aus Sägespänen dekorative Küchenuhren her und bauen aus Plastikflaschen fantasievolle Möbel.

Der erste Akt bietet also den Studenten eine Orientierung, wo sie mit ihrer Idee stehen, welche Probleme gelöst werden müssen und wie diese Idee weiterentwickelt und den realen Bedürfnissen derer, mit denen man arbeiten will, angepasst werden kann.

Ein Beispiel für eine mögliche Transformation von Ideen ist die »Gewächshausschule«. Thuktan, ein junger Lehrer aus dem Spiti-Tal im Himalaya, gleich an der Grenze zur Autonomen Region Tibet, hatte sich für kanthari mit einer zwar wichtigen, aber doch eher unspektakulären Idee beworben. Er wollte Gewächshäuser in dem Tal bauen, um die Menschen und besonders die Kinder in den Wintermonaten vor Mangelernährung zu bewahren. Spiti ist durch Eis und Schnee sechs Monate im Jahr von der Außenwelt abgeschlossen; frisches Gemüse gibt es in dieser Zeit nicht. Da waren Gewächshäuser eine gute Idee. Die Frage war, reichte das aus, seiner Heimatregion zu helfen? Es stellte sich bald heraus, dass nicht nur die Mangelernährung ein Problem war, sondern auch die unzureichende Schulbildung. Die Kinder konnten im Winter meist nicht zur Schule gehen; in den nicht beheizbaren Schulgebäuden war es einfach zu kalt. So transformierte Thuktan seine ursprüngliche Idee, die er in einer Rede vor den Mitstudenten so beschrieb: »Stellt euch ein Gebäude vor, ein Haus mit transparenten Wänden und durchsichtigem

Dach. Drinnen wachsen Kräuter, die verschiedensten Gemüsesorten, vielleicht sogar der ein oder andere Obstbaum. Stellt euch das leise Plätschern vor, Wasser, das durch Gräben rings um die Beete fließt. Hört ihr die Hummeln und das leise Flattern der Schmetterlinge? Und dann seht her, die kleinen Tische und Stühle und die vielen Kinder, die mitten in dem ganzen Grün sitzen und trotz der draußen herrschenden Kälte lernen. Denn drinnen ist es warm, geheizt von der stetig scheinenden Sonne. Und durch die transparenten Wände sehen Kinder und Lehrer schneebedeckte Berge, die in einen blauen Himmel ragen.«

Die Idee von der »Gewächshausschule«, die er im Institut entwickelt hatte, führt nun ein Eigenleben und wird auch in anderen Teilen Indiens und in Tibet erfolgreich umgesetzt.

Akt 2 (ein Monat)

Im zweiten Akt werden die Studenten in die Realität katapultiert. In einem vierwöchigen Praktikum irgendwo in Indien oder in den benachbarten Ländern Sri Lanka, Bangladesch oder Nepal können sie in Projekten ihrer Wahl das bereits Gelernte umsetzen. Sie konzipieren Workshops, initiieren Spendenaktionen oder assistieren bei Medienkampagnen. Als Gastorganisationen wählen sie bevorzugt solche, die von kanthari-Absolventen gegründet wurden. Das ist ein doppelter Gewinn. Die Absolventen profitieren vom hohen Engagement Gleichgesinnter, und die Studenten lernen aus eigener Anschauung, wie die kantharis auch in der Realität bestehen können.

Anja Pfaffenzeller, eine blinde Studentin aus Deutschland, reiste für ihr Praktikum nach Humla im Himalaya, um Chhitup, einem ebenfalls blinden kanthari-Absolventen, bei seiner Initiative unter die Arme zu greifen. Humla ist eine der entlegensten und ärmsten Regionen Nepals. Es gibt keine Straßen; als Transportmittel stehen nur Yaks und Pferde zur Verfügung. Die einzige Verbindung mit der Außenwelt ist ein Flugplatz. Chhitup leitet seit einigen Jahren eine mobile Blindenschule. Er zieht mit dem Pferd von Dorf zu Dorf, um blinde Kinder und Erwachsene in der Brailleschrift und im Mobilitätstraining zu unterrichten. Anja half ihm während ihres Praktikums bei der Erstellung einer Webseite und das, obwohl Stromversorgung dort reine Glückssache ist und das Internet immer nur stundenweise funktioniert. Die abenteuerlichen Bedingungen in der Wildnis machten sie aber stark für ihre eigene Initiative. Denn Anja unterhält heute in einer abgelegenen Region im Norden Brasiliens eine vorbereitende Blindenschule mit Namen »Bats in Action« (Fledermäuse in Aktion).

Tahreer, eine Palästinenserin, hatte als Praktikumsplatz eine uns unbekannte Organisation gewählt. Den Angaben im Internet zufolge handelte es sich um eine NGO, die, gegründet von einer Aktivistin, sich für die Rechte der Frauen in abgelegenen Gebieten des indischen Bundesstaats Tamil Nadu einsetzte. Tahreers Berichte voller Humor – und Empörung – erzählten dann aber eine ganz andere Geschichte. Es war eine Organisation, die es verstand, im Internet viel Wirbel zu machen, in Wirklichkeit aber bis auf ein paar Workshops fast inaktiv war. Die vermeintliche Aktivistin und Frauenrechtlerin war ein Mann und dazu noch ein Patriarch, der seiner eigenen Frau verbot, das Haus zu verlassen. Tahreer stellte den Mann zur Rede: »Wenn du Frauen zu mehr Selbstständigkeit und Unabhängigkeit verhelfen willst, dann solltest du dir klarmachen: Die Frauen in den Dörfern werden als Erstes deine Frau ansehen. Und erst wenn sie sehen, dass sie selbstständig und unabhängig durchs Leben geht, werden sie dir glauben. Ich würde also erst einmal zu Hause beginnen.« Sie half der Frau, eine Nähstube einzurichten. Und sie brachte sie dazu, nach zehn Jahren »Gefangenschaft« wieder zum Einkaufen rauszugehen.

In ihrer Abschlussrede erzählte Tahreer von ihrem Traum, eine Reitschule für Mädchen in ihrem Heimatland einzurichten. Das begründete sie folgendermaßen: »Wenn Mädchen in der Lage sind, ein großes Pferd zu kontrollieren, dann werden sie sicher auch mit einem kleinen Mann fertigwerden.«

Akt 3 (zwei Monate)

Dieser Akt stellt einen Höhepunkt im kanthari-Programm dar, denn es geht um die wichtigste Aktivität eines jeden kantharis: Menschen dazu zu bringen, innere und äußere Barrieren niederzureißen oder zu überwinden, die einer sozialen Veränderung im Weg stehen. Dafür geben wir den Studenten die Möglichkeit, soziale Projekte, die ihren eigenen Ideen sehr nahekommen, im Umfeld des kanthari-Instituts in Eigenregie durchzuführen. Da geht es um Aufklärungskampagnen zu sozialen Missständen, Entwürfe für innovative Lehrprogramme oder auch um neue Konzepte in den Bereichen Business, Kunst und Technik, immer im Dienst einer sozialen Veränderung. Hier sollen die Studenten in der Praxis lernen, wie Projekte geplant, durchgeführt und finanziert werden, und sie machen ihre ersten Erfahrungen, wie schwierig es ist, alte Gewohnheiten abzulegen und Vorurteile und Tabus zu hinterfragen.

Jedes Jahr organisieren die Studenten mindestens eine kritische Aufklärungskampagne zu einem lokalen kulturellen Tabu. Einmal drehten sie einen Dokumentarfilm über die Isolation der in Kerala lebenden Ureinwohner. Begleitet wurden sie von Santhosh, einem Katalysator in unserem Institut, der mit Ureinwohnerstämmen Straßentheater gemacht hatte, und Manglu, einer kanthari-Absolventin, die selbst einem der vielen Ureinwohnerstämme im Norden Keralas angehört. Ihr Stamm der Paniyar lebte bis in die Siebzigerjahre teilweise noch isoliert von der Außenwelt in den Wäldern der Westghats, bis sich die Kaffee-, Tee- und Kautschukplantagen gierig in die Wälder hineinfraßen und so den Paniyar und anderen Stämmen die Le-

bensgrundlage nahmen. Zum »Ausgleich« wurden die Wald-
bewohner in Neubausiedlungen umgepflanzt, wo sie unter
menschenunwürdigen Verhältnissen hausen. Übertönt von den
Lobliedern auf die außergewöhnlich hohe Alphabetisierungsrate, bleiben die Probleme in den Hinterhöfen Keralas von der
Öffentlichkeit unbemerkt.

Bildung ist in Kerala eine heilige Kuh, doch Manglu scherte
sich nicht darum und stellte die Statistiken der Regierung in ihrer Abschlussrede spöttisch infrage: »Die Regierung von Kerala
behauptet, wir hätten 100 Prozent Alphabetisierung. Wow! 100
Prozent! Wer hätte das gedacht! Und das, obwohl ich viele Menschen aus meinem Stamm kenne, die gar nicht lesen und schreiben können!«

Eine der größten Integrationshürden ist die mangelnde
Sprachkenntnis der Stammesangehörigen. Die Paniyar haben
eine eigene Sprache. Malayalam, das in Kerala gesprochen wird,
ist für sie und viele andere Stämme eine Fremdsprache. Trotzdem wird nirgendwo Malayalam als Fremdsprache unterrichtet.
Daher kann ein Großteil der Kinder der Ureinwohner dem Unterricht nicht folgen und bricht den Schulbesuch vorzeitig ab. So
auch Manglu, die einst mit großem Enthusiasmus, einem neuen
Kleid und einem hübschen Regenschirm in die Schule kam und
sich gleich in die erste Reihe setzte, um auch ja nichts zu verpassen. Doch dann musste sie feststellen, dass sie so gut wie nichts
von dem, was die Lehrerin sagte, verstand. Sie bat um Erklärung des einen oder anderen Wortes, doch die Lehrerin fühlte
sich gestört und setzte Manglu am nächsten Tag eine Bank weiter nach hinten. Das ging so weiter, bis sie sich schließlich in der
letzten Reihe wiederfand und die Schule frustriert abbrach.

Der Dokumentarfilm, der die Nöte der Ureinwohner zur
Sprache brachte, wurde von den kanthari-Studenten in über
vierzig Schulen und Universitäten rund um Trivandrum gezeigt. Dabei kam heraus, dass die meisten der Jugendlichen und
sogar die Mehrzahl der Lehrer nie mit diesem Thema konfron-

tiert worden waren. Es schien fast so, als habe man es bewusst aus Unterricht und Medien ferngehalten, um die sehr positiven Kennziffern für Bildung und Wohlstand in Kerala nicht zu gefährden. Die Vorträge und Filmvorführungen sorgten dafür, dass einige Schulen Clubs zur Förderung der Integration von Ureinwohnern einrichteten.

In einem anderen Jahrgang bekam ein Team von fünf Personen die Aufgabe, sich mit dem sensiblen Thema Rassismus auseinanderzusetzen. Die Studenten kamen aus der ganzen Welt, und in den verschiedenen Kulturen gibt es jeweils ganz eigene Ursachen für rassistische Ausgrenzung, die sich an Klassenunterschieden, Stammeszugehörigkeiten oder ganz einfach an der Hautfarbe entzünden. Schließlich einigten sie sich darauf, Indien näher unter die Lupe zu nehmen, denn hier waren sie alle gleichermaßen Fremde.

David Sexton, ein blinder Informatiker und Aktivist aus den USA, der heute mit seiner indischen Frau Battihun, einer kanthari-Absolventin eines späteren Jahrgangs, bei einem indischen Ureinwohnerstamm Schulprojekte organisiert, beschrieb die Aktion in einem Artikel folgendermaßen: »Wir waren eine bunt gemischte Gruppe aus fünf verschiedenen Ländern: China, Simbabwe, USA, Äthiopien und Ruanda. Daher interessierte uns besonders, wie die Menschen in Indien mit unterschiedlichen Hautfarben umgingen. Wir schauten uns in Supermärkten um. Was wir da vorfanden, schockierte uns. Viele Kosmetikprodukte versprachen den Nutzern hellere Haut und damit Schönheit und Erfolg. Wir fragten uns: Sind die Menschen nicht schön, so wie sie sind?«

Das Team brachte einige dieser Produkte mit zum Campus. Da gab es neben aufhellenden Gesichtscremes für Frauen und Männer auch Cremes für Hände und Füße und sogar für die Aufhellung der Genitalien und Achselhöhlen. Sofort entspann sich unter unseren indischen Mitarbeitern eine Diskussion. Die einen erklärten, die Produkte hätten nichts mit Rassismus zu tun. Helle Haut sei einfach ein Schönheitsideal, ähnlich dem Bräunungswahn der Europäer. Doch andere erklärten, man solle sich doch nur mal die Werbung anschauen, da würde hellere Haut mit höherer Kaste, besserer Bildung und Erfolg gleichgesetzt. Außerdem, so die Kritiker, enthielten die Cremes ganz im Gegensatz zu den Beteuerungen der Kosmetikfirmen, dass alles auf Naturstoffen basiere, höchst schädliche Ingredienzien wie zum Beispiel Quecksilber.

Das Team entschied sich für intensivere Nachforschungen. Ein Fragebogen wurde erarbeitet und eine Umfrage bei Frauen und Männern unterschiedlichen Alters, in Colleges, bei uns auf dem Campus und in der Nachbarschaft durchgeführt. Fast alle Befragten räumten ohne Umschweife ein, über ihre Hautfarbe nicht glücklich zu sein, und erklärten, ungeachtet des gesundheitlichen Risikos regelmäßig Aufhellungscremes zu benutzen. Die größte Sorge von Jugendlichen war, mit dunkler Haut auf dem Heiratsmarkt nicht bestehen zu können und später keinen guten Job zu bekommen. Mütter gaben zu, schon während der Schwangerschaft Medikamente und Kräutersäfte einzunehmen, damit das Baby mit einer hellen Haut zur Welt kommt. Und Kinder wurden schon im Alter von sechs Jahren daran erinnert, bloß nicht die Aufheller zu vergessen.

Die kanthari-Studenten entschieden sich für eine mutige Kampagne, die in Trivandrum großes Aufsehen erregte. Mit dem Aufruf »You are you! I am what I am!« gingen sie in Schulen und organisierten Workshops für Kinder zum Thema Selbstakzeptanz. Sie organisierten eine interaktive Ausstellung, die Jugendliche dazu bringen sollte, über ihr Schönheitsideal nachzudenken und sich dem mediengesteuerten »Aufhellungszwang« zu entziehen. Vor einem Supermarkt, der unter dem Namen »Fair and Lovely« Aufhellungscremes verkaufte, verteilten sie kleine Proben mit gewöhnlicher Feuchtigkeitscreme und der Aufschrift »Fair enough«. Und sie schrieben kritische Artikel über mögliche Gesundheitsrisiken, die in überregionalen englischsprachigen Zeitungen abgedruckt wurden. Diese Artikel lockten schließlich sogar die Kosmetikindustrie aus der Reserve, die sich gezwungen sah, die gesundheitlichen Risiken ihrer Produkte öffentlich herunterzuspielen.

Die Aktionen im dritten Akt machen den Studenten Mut. Sie demonstrieren, dass es durchaus möglich ist, Wirbel zu erzeugen, um die Menschen zum Nachdenken zu bringen. Doch sie zeigen auch, wie schwierig es ist, so eine Veränderung dauerhaft zu verankern.

Akt 4 (zwei Monate)

Im vierten Akt geht es langsam auf das Ende des kanthari-Kurses zu. Die Studenten werden auf die Rückkehr und den Beginn ihrer Arbeit vorbereitet. Doch bevor sie, ausgestattet mit einem Rucksack voller Ideen und Techniken (zum Beispiel in den Bereichen Spendensammlung, Projektplanung und -management, Kommunikation und öffentliche Rede) losziehen, wird die Spannung noch einmal angezogen: In feurigen Abschlussvorstellungen präsentieren die Studenten ihre persönliche Geschichte, sie sprechen über das Problem, das es zu lösen gilt, und sie beschreiben die eigentliche Idee zu einer nachhaltigen sozialen Initiative. Dabei halten sie das Publikum in einer Mischung aus Theater und Multimediaperformance für zehn Minuten in Hochspannung.

Viele der »Traumreden«, wie wir sie nennen, beginnen mit einem Überraschungsmoment. So werden wir zum Beispiel Zeugen eines lauten Streits, der irgendwo hinter der Bühne stattzufinden scheint. Wir sitzen davor, ein wenig irritiert und peinlich berührt. Dann hören wir einen Schlag, und es wird still. Nach einigen spannungsgeladenen Sekunden tritt Jyotshna auf die Bühne. Sie sieht nicht ins Publikum, läuft langsam von der einen zur anderen Seite und spricht, wie zu sich selbst: »Es war genug. Ich hatte genug von der Ehe, genug von der täglichen Gewalt, genug vom Leben. Ich nahm meine zwei Kinder, brachte sie zu einem nahen Verwandten und lief los.«

Schritt um Schritt steuert sie, immer noch ohne Blickkontakt, auf den Bühnenrand zu und sagt: »Ich lief, bis ich an einen Brunnen kam. Ich schaute hinein, er war sehr tief. Ich blickte umher und sah niemanden. Und dann sprang ich!«

In diesem Moment springt sie tatsächlich von der Bühne, und ich spüre, wie meine Sitznachbarn zusammenzucken. Jyotshna steht auf und schaut uns zum ersten Mal an. »Als ich aufwachte, blickte ich in die Augen meines Retters. Gouri ist hier unter euch.« Sie zeigt auf ihn, einen schmächtigen Mann mit verlegenem Lächeln, der nun vom Publikum gefeiert wird.

In schlichten Worten erzählt sie, was geschehen war. Gouri hatte sie beobachtet und gleich Alarm geschlagen. Es gab zu wenig Wasser im Brunnen, um zu ertrinken, aber genug, den Sturz Jyotshnas abzubremsen. Mit Seilen hievte er die bewusstlose Jyotshna aus dem Brunnenschacht und nahm sie für einige Wochen bei sich auf.

Gouri war damals schon Leiter einer NGO, ein Aktivist, der sich gegen Gewalt in der Ehe einsetzte. Durch ihn kam Jyotshna auf die Idee, mit missbrauchten Frauen eines Ureinwohnerstammes zu arbeiten. Die Frauen kannten sich aus in der Herstellung von alternativer Medizin, pflanzlichen Mitteln, die von den Stämmen gegen Malaria, Schlangenbisse und Allergien eingesetzt werden. Bei kanthari entwickelte sie den Plan, eine Kooperative für alternative Medizin aufzubauen. Sie begann mit fünf Teilnehmerinnen, und jetzt, nach nur zwei Jahren, sind es schon über hundert Frauen, die nicht nur ein eigenes Einkommen erzielen, sondern auch gemeinsam gegen gewalttätige Ehemänner vorgehen. Sobald sie von einem Fall von Gewalt in der Ehe erfahren, stellen sie sich in großen Gruppen vor die Hütte und protestieren so lange und so laut, bis der peinlich berührte

Ehemann sich selbst der Polizei stellt, um dem Ad-hoc-Pranger zu entkommen.

Gouri ist fasziniert von dem Tatendrang und den Ideen Jyotshnas und hat sich kürzlich mit einer eigenen Initiative für das kanthari-Programm beworben.

Akt 5 (fünf Monate)

Im fünften Akt geht es darum, die im Institut entwickelten Projekte nach außen zu tragen. Hier zeigt sich, ob eine Idee Relevanz hat, ob sie sich als langfristige und effektive Initiative bewährt. Und ob die Studenten überhaupt das Durchhaltevermögen besitzen, die ersten Hürden zu überwinden. Manche scheitern an bürokratischen Problemen, andere am Druck der Familie, und wieder andere werden von den Menschen, mit denen sie arbeiten wollten, nicht akzeptiert.

Karthik, ein indischer Absolvent, der inzwischen in der Nähe von Pondicherry eine integrative Selbstversorgerkommune und eine Landwirtschaftsakademie für Menschen mit geistiger Behinderung gegründet hat, vergleicht die »kanthari-Energie« mit einer Batterie, die sich zu schnell entlädt, wenn man nach dem vierten Akt nicht direkt mit der Umsetzung seiner Idee beginnt. Ausschlaggebend für den Erfolg ist es, früh Teilnehmer für das jeweilige Projekt zu gewinnen. Denn sobald die ersten Veränderungen in der Gesellschaft sichtbar werden und die ersten Projektteilnehmer beginnen, das Leben selbst in die Hand zu nehmen, ist das Antrieb genug, alles dafür zu tun, die Initiative nicht scheitern zu lassen.

Um sie jedoch mit den Anfangsschwierigkeiten nicht ganz allein zu lassen, stellen wir uns für ein knappes halbes Jahr als Mentoren zur Verfügung.

Wenn sich die Gelegenheit ergibt, besuchen wir auch unsere Absolventen in ihren Herkunftsländern. So statteten wir auch

Harriet in Kampala, der Hauptstadt Ugandas, einen Besuch ab. Sie lebte bis zu ihrer Hochzeit in einem Heim für Kinder verarmter Familien. Sie war ein Flüchtlingskind; ihre Eltern waren vor dem Genozid in Ruanda geflohen und konnten sich nicht mehr um alle Kinder kümmern.

Das Heim befindet sich am Rand von Kabalagala, Ugandas größtem Rotlichtviertel. Einige der Kinder, mit denen sie aufwuchs und zur Schule ging, waren Töchter von Prostituierten. Manche wussten vom Gewerbe der Mütter, andere fanden es erst heraus, als die HIV-Infektion ihrer Mütter diagnostiziert wurde. Häufig bekommen Prostituierte keine angemessene Behandlung. »Prostitution ist in Uganda illegal«, sagt Harriet. »Manche Ärzte weigern sich, die Frauen zu behandeln. Meine Freundinnen sorgten sich um ihre Mütter. Die Sexarbeit ist gefährlich; die Freier können mit ihnen machen, was sie wollen. Wenn sie kein Kondom benutzen wollen, gibt es nur wenige Frauen, die ein Geschäft ausschlagen. Die Not ist zu groß. Auch die Polizisten behandeln sie mit Willkür. Sie ziehen abends nur so aus Spaß durch Kabalagala, um Prostituierte festzunehmen.«

Im kanthari-Institut entwickelte Harriet den Plan, Töchter von Prostituierten zu Krankenschwestern auszubilden. So hätten sie eine geregelte Arbeit und müssten nicht in die Fußstapfen der Mütter treten. Zudem können sie sich später um die Mütter kümmern, wenn diese an Aids erkrankt sind.

Schon bevor Harriet ihre Initiative startete, gewann sie einen internationalen Preis für innovative Ideen. »Alles schien zunächst so einfach. Doch als ich dann aus Kerala kam und meine Arbeit im Rotlichtviertel aufnehmen wollte, hatte ich erst mal einen ziemlich schweren Stand. Die Prostituierten fragten sich mit Recht, was ich dort wollte. Wollte ich sie vielleicht ausspionieren? Ging es mir um den Nervenkitzel? Sie ließen mich links liegen, und ich konnte ihnen ja schlecht hinterherrennen und sie zu ihrem Glück zwingen.«

Harriet ließ sich nicht entmutigen. Sie hatte für sich und ihr

Team T-Shirts anfertigen lassen. Vorne drauf, samt Logo, der Name ihrer Organisation, »Rhythm of Life«. Und hinten ein Text, der über ihr Vorhaben informiert. Diese T-Shirts, die sie immer trugen, wenn sie auf den Straßen unterwegs waren, halfen dabei, dass sich die Prostituierten allmählich an Harriet und ihr Team gewöhnten.

Der Durchbruch kam an dem Tag, als wir sie besuchten. Harriet erhielt ein Paket von einem Schweizer Ärztepaar, das sie im kanthari-Institut kennengelernt hatte. Die beiden hatten selbst lange in Afrika gelebt. Er, Walter Munz, hatte einige Jahre die von Albert Schweitzer gegründete Klinik in Lambarene geleitet, und beide hatten sich sehr für Harriets Vorhaben interessiert. Das Paket enthielt eine Kollektion Femidome (Kondome für Frauen), womit sich die Frauen selbst schützen können. Harriet lud uns ein, sie bei einem ihrer Streifzüge durch Kabalagala zu begleiten, um die ersten Femidome an die Frau zu bringen.

Wir kamen gerne mit, merkten allerdings schnell, dass wir nur störten, denn die Prostituierten betrachteten Paul, Marijn und Tomek als potenzielle Kunden. Also beobachteten wir die Szene aus einer gewissen Distanz. Harriet, ein Temperamentsbündel, zeigte mit großen Gesten und viel Witz, wie das Femidom benutzt wird. Bald ließen die Prostituierten Freier Freier sein, und es dauerte nicht lange, da war Harriet von einem Pulk lachender Frauen umringt.

Mit der Zeit lernte sie auch deren Töchter kennen und konnte sie an eine Hilfsorganisation vermitteln, wo sie zu Krankenschwestern ausgebildet werden.

»Besonders schwer war es, ein geeignetes Büro zu finden. Ohne ein Büro existiert eine Organisation nicht. Doch ich wollte die mühsam gesammelten Spendengelder nicht einfach so für die Miete verschleudern. Ich fragte bei Kirchen an, ob sie einen Unterschlupf für uns hatten, aber die wollten mich nicht. Klar, Rotlichtviertel und Kirche, das passt nicht so gut zusammen. In meiner alten Schule wurde ich dann fündig. Ich machte mit dem Schulleiter einen Deal: Ich unterrichte die Mädchen in Sexualkunde und HIV-Prävention, und sie stellen mir kostenlos Räumlichkeiten zur Verfügung.«

Inzwischen ist das Büro von »Rhythm of Life« ein beliebter Treffpunkt für Schülerinnen, aber auch für Prostituierte und ihre Töchter geworden und Harriet unterrichtet in vielen Schulen rund um Kampala. Doch obwohl sie die größten Hürden überwunden zu haben scheint, gibt es immer wieder neue Stolpersteine. »Es gibt Hilfsorganisationen, die mich als Konkurrenz ansehen. Da frage ich mich, worum geht es ihnen eigentlich? Wenn wir Probleme lösen wollen, sollten wir doch zusammenarbeiten. Und dann gibt es Beamte, die mir vorwerfen, die Prostitution zu fördern. Gegen solche Vorwürfe kann man sich nicht wehren.«

Bei der engen Zusammenarbeit mit unseren Absolventen im fünften Akt lernen wir eine Menge über Hindernisse und Probleme in verschiedenen Ländern und sind so in der Lage, das Curriculum ständig zu verbessern und zum Beispiel den ersten Akt, bei dem es sich im Besonderen um Fehler, Fallen und Fettnäpfchen dreht, für die nächste Generation auszubauen. Relevante Ereignisse der Ursprungsländer, Epidemien, Wirtschaftskrisen oder auch Diskriminierung einer bestimmten Randgruppe werden in vielfältiger Weise in ein virtuelles Land mit dem Namen »Tansalesea« eingebaut. Und so entwickelt sich das fiktive, aber nicht minder realistische Land als eigene Realität, die allen kanthari-Absolventen in lebhafter Erinnerung bleibt.

23. Tansalesea in der Krise

Der Vorhang geht auf, und da steht er, Gouverneur Krown, väterlich, lässig, selbstverliebt; verspiegelte Sonnenbrille, behängt mit blitzenden Medaillen, in der einen Hand ein Bananenbäumchen als Zepter, die andere frei für große Gesten.

»Meine sehr verehrten Damen und Herren! Tansalesier! Es ist eine große Freude, Sie mit meiner Anwesenheit zu beehren und alle Gäste unseres wunderschönen Landes zu begrüßen, der Republik Tansalesea!«

Pause; die Studenten schauen verwundert, manche wirken etwas eingeschüchtert.

»Sie dürfen jetzt applaudieren.« Krown blickt gönnerhaft auf seine Untertanen. Wieder Pause, von draußen hört man nur das immerwährende Krächzen der Krähen und aus dem Publikum einige verlegen scharrende Füße.

»Sie können applaudieren, jetzt!« Krown wird schon ein wenig strenger. Ein paar klatschen gehorsam.

Der Gouverneur hält sich nicht lange mit seinem wenig enthusiastischen Publikum auf. Er kommentiert die hervorragende ökonomische Entwicklung unter seinem Regime, lobt die jährlichen Ernten, die das Land nie im Stich lassen, und natürlich das überragende Gesundheitswesen, das keine Krankheit und keine Behinderung kennt.

Am Ende seiner Rede appelliert er an das Volk und an alle Besucher: »Tragen Sie zum Aufstieg der Nation bei und geben Sie Ihr Geld freigiebig aus, halten Sie nur MasterCard und Visa bereit.«

Jetzt ertönt der Auftakt der Hymne, geborgt von Brahms' »Ungarischem Tanz Nr. 5«, gesungen von den Regierungsmitgliedern. Die Minister für Innere Sicherheit, für das Bildungswesen, für Umwelt, Gesundheit, Kultur, Sport und Religion reihen sich hinter ihrem Gouverneur auf, Hand auf dem Herz, die Flagge hoch erhoben:

> *»Mountains high*
> *and rivers so deep,*
> *green are the meadows,*
> *full of fluffy sheep! Hey!*
> *People are kind*
> *and nobody's blind,*
> *everything's fine*
> *and the country is mine,*
> *just as long as we have cash!«*

Und dann wird marschiert, vorneweg Gouverneur Krown, dahinter der Rattenschwanz von hörigen Untertanen. Die Halle erbebt, Feuerwerkskörper explodieren, selbst die erst so zögerlichen Studenten springen auf, stampfen und klatschen im Rhythmus, die meisten reihen sich ein und schmettern den Refrain:

> *»Come and join the dream of Tansalee!*
> *Come and join the dream of Tansalee!*
> *Don't forget to bring to Tansalesea*
> *MasterCard and Visa!«*

Tansalesea ist ein fiktives Entwicklungsland, das die Studenten spielerisch an mögliche Anfangsschwierigkeiten heranführen soll. Das Land hat seine eigene Währung, eine Nationalbank mit Onlinebanking, den skandalhungrigen Fernsehsender »Tansalesea Channel 1« und zwei Zeitungen, die *Tansa Tribune,* ein eher konservatives Sprachrohr der Regierung, und *The People's Pulse,* ein kritisches Blatt, das die Tansalesier über politische Machenschaften und fragwürdige, z. B. religiöse Rituale informiert.

Es gibt in diesem Planspiel drei Gruppen. Zunächst das Team, bestehend aus Katalysatoren und anderen Mitarbeitern unseres Instituts. Sie spielen die Rollen von mehr oder weniger mächtigen Ministern, ehrlichen oder undurchsichtigen Politikern und Geschäftsleuten und teils unwilligen Beamten, die – sei es aus purer Geldgier, aus Machthunger oder aus Angst, Verantwortung zu übernehmen – den Tansalesiern das Leben schwer machen. Dann gibt es die Studenten, die die engagierte Szene von Aktivisten, Hilfsprojekten und NGOs verkörpern. Diese Gruppe hat wie in vielen ihrer Ursprungsländer auch in Tansalesea einen schweren Stand. Sie wird von der Regierung mit großem Misstrauen beobachtet und nur zähneknirschend geduldet. Und schließlich ist da der dritte Bereich, bestehend aus der Legislative und dem Mediensektor. Die juristische Fakultät der Universität Trivandrum und die örtliche Journalistenschule haben sich bereit erklärt, an diesem Planspiel aktiv teilzunehmen. Sie haben Tansalesea in ihr Curriculum aufgenommen und bringen ihre Themen mit ein. So übernehmen die Jurastudenten die Rollen der Rechtsberater und Anwälte, die Journalistenschüler verkörpern die oft hartnäckig nachfragende Presse.

Zu Beginn zeigt sich die tansalesische Regierung jedoch volksnah und organisiert den Tag der offenen Tür, ein Event unter der Schirmherrschaft von Gouverneur Krown, als Gelegenheit für Hilfsorganisationen, mehr über das Land, seine Probleme, über Menschen, die vielleicht ausgegrenzt oder vernachlässigt werden, und über mögliche Unterstützung zu erfahren. Aktivisten begegnen hier Regierungsangestellten und potenziellen Geldgebern, die den leidenschaftlichen »Weltveränderern« bei Tee und Snacks mehr oder weniger ehrlich gemeinte Angebote machen.

Diese Begegnungen sind gleichermaßen herzlich wie sinnlos. Das liegt auch daran, dass die Studenten von uns bewusst nicht auf die Treffen vorbereitet werden. Die meisten Gespräche sind zum Scheitern verurteilt, denn die Studenten wissen noch nicht, wie sie solche Meetings zu ihrem eigenen Vorteil nutzen können, und sie sehen sich höchst komplizierten Gesprächspartnern gegenüber.

Die ernüchternden Szenen, die sich in den Büros der Ministerialbeamten abspielen, spiegeln unsere vielfältigen Erfahrungen mit Bürokraten, Politikern und Medienvertretern wider. Dank der internationalen Erfahrungen unseres Teams verfügen wir über einen Reichtum an bizarren Erlebnissen aus den verschiedensten Entwicklungs- und Schwellenländern. Die einzelnen Rollen der Katalysatoren, sei es ein korrupter Beamter, ein selbstgefälliger Minister oder auch mal eine ehrlich engagierte Politikerin, werden im Vorhinein sehr präzise durchgedacht und über einen längeren Zeitraum geprobt.

Während dieser ersten Begegnungen machen die Studenten wichtige Erfahrungen. Manche ihrer Gesprächspartner reden ununterbrochen, und viel davon ist nutzloses Zeug. Andere wiederum sind schweigsam, man muss erst die richtigen Fragen stellen, um vernünftige Antworten zu bekommen. Viele der Gesprächspartner verfolgen ihre eigene Agenda und versuchen die Studenten für ihre Zwecke zu instrumentalisieren. Da gibt es Politiker, die sich bereit erklären, bei der Überwindung bürokratischer Hürden behilflich zu sein. Allerdings würden sie es im Gegenzug gerne sehen, dass man sich ihrer Partei oder gar religiösen Bewegung anschließt. Einige Minister werden auch von ihren hereinplatzenden Sekretärinnen abgelenkt. Sie nehmen mitten im Gespräch Telefonate an und scheuen sich nicht, vor den Besuchern mit der Ehefrau über den Wochenendeinkauf zu plaudern. Andere gehen scheinbar interessiert auf die Fragen ein, wobei allerdings jegliche Kritik an den Zuständen in Tansalesea durch Wortverdrehungen kleingeredet wird: »Straßenkinder? Was meinen Sie bitte mit Straßenkindern? Haben wir nicht alle gerne auf der Straße gespielt?« Oder sie stellen ihre Ignoranz aus und schieben die Verantwortung von sich: »Für Albinismus ist das Gesundheitsamt zuständig, das dortige Fachpersonal verfügt über die modernsten Heilmethoden.«

Diese absurden und doch traurig realistischen Interviews werden auf Video aufgenommen und zusammen mit den Studenten analysiert. Und erst durch diese Reflexion sind sie in der Lage, Werkzeuge und Techniken zu erarbeiten, um Gespräche erfolgreicher zu führen.

Vieles dreht sich in Tansalesea, ohne dass man es zunächst bemerkt, um Fehler, Fallen und Fettnäpfchen, es geht um bürokratische Hindernisse und menschliche Blockierer, und es geht uns darum, die zukünftigen Initiatoren so auf ihre Arbeit vorzubereiten, dass sie in der Lage sind, Gefahren frühzeitig zu erkennen und gegebenenfalls abzuwenden.

Die Herausforderungen beruhen auf tatsächlichen Begebenheiten, die im Vorfeld von Journalisten, Rechtsexperten und Entwicklungshelfern aufwendig recherchiert werden. Dabei werden echte Verträge nur leicht modifiziert, um sie dem tansalesischen Rechtssystem anzupassen. Manche der Fälle basieren auf Erfahrungen ehemaliger Kursteilnehmer, die sich auch aus der Ferne mit großer Begeisterung engagieren und ihre eigenen Erfahrungen in die virtuelle Welt Tansaleseas einbringen. Denn die kanthari-Absolventen sind sich darüber einig, dass die in Tansalesea gemachten Fehler sie vor vielen Missgeschicken in der realen Welt bewahrt haben.

Auf dem Weg von der Idee zur Umsetzung begegnen ihnen neben ehrlich interessierten potenziellen Geldgebern auch die bereits erwähnten »Bremser«, »Trittbrettfahrer« und »Hijacker«. Da ist zum Beispiel der Bildungsminister, der den NGOs zunächst gönnerhaft seine Hilfe anbietet, dann aber, sobald er spürt, dass die Initiatoren sich nicht instrumentalisieren lassen, fast aggressiv gegen alternative Bildungskonzepte interveniert. Manche knicken ein und reden ihm nach dem Mund. Wer aber seine Konzepte gut durchdacht hat, wird von diesen Politikern nicht so einfach über den Tisch gezogen. Und da sind die tansalesischen Politiker, Geschäftsleute, Vertreter von Stiftungen und Journalisten. Sie geben zwar vor, sich für ihre Zielsetzungen zu interessieren, letztendlich verfolgen sie jedoch eigene Interessen. Das vermeintliche Interesse lässt die Studenten gelegentlich unvorsichtig werden und unseriösen Partnern auf den Leim gehen.

Beim Tag der offenen Tür im Sommer 2014 war es ein Tourismusunternehmen, das die engagierte Gründerin einer NGO für Chancengleichheit von Ureinwohnerstämmen unter dem Deckmantel von Ökotourismus und Wellness zur Zusammenarbeit überreden konnte. Unsere Studentin plante ein Trainingszentrum für arbeitslose Frauen und war daher entzückt über das Angebot, das der recht seriös wirkende Geschäftsmann ihr unterbreitete. Er wollte nicht nur die Kosten des Trainings übernehmen, sondern auch Arbeitsplätze für die Frauen schaffen. Glücklich über das großzügige Angebot, unterzeichnete sie den vorbereiteten Vertrag noch am gleichen Tag und versäumte dabei eine genaue Prüfung des Kleingedruckten. Es besagte, dass die Frauen, die er in seinem Resort einstellen wollte, keine sexuell übertragbaren Erkrankungen haben durften. Und sie sollten für »unkonventionelle« Touristenwünsche offen sein.

Dem Aktivist und Gründer einer Selbsthilfegruppe für Eltern behinderter Kinder wurde für den Bau eines Ausbildungszentrums ein recht großes Stück Land zum Kauf angeboten. Dafür bekam er vom Ministerium für Entwicklung die notwendigen Zuschüsse. Da sowohl Ministerium als auch der Grundstücksmakler den Kaufvertrag möglichst noch vor den Parlamentswahlen zum Abschluss bringen wollten, unterzeichnete der Aktivist unter Zeitdruck und stellte keine kritischen Fragen. Selbst Fotos des Grundstücks begutachtete er nur oberflächlich, sonst hätte er sich vielleicht die Frage gestellt, warum das unbebaute Stück Land frei von jeglichem Bewuchs war. So wurde er Eigentümer eines Geländes, auf dem vor Zeiten einmal eine Lederfabrik gestanden hatte. Und der neue Besitzer wunderte sich nicht schlecht über die Aufforderung des Umweltamtes, den Grund und Boden auf eigene Kosten abzutragen. Wasser- und Bodenproben hätten gezeigt, dass die fahrlässig entsorgten Chemikalien allmählich ins Grundwasser zu sickern drohten.

Eine rechtsgerichtete, religionsnahe Partei machte sich im Vorfeld von Wahlen mit Sachspenden in der Form von gebrauchten Kleinbussen beliebt. Da die NGO, die sich die Gleichstellung von Frau und Mann auf die Fahnen geschrieben hatte, bei ihrer Arbeit auf Fahrzeuge angewiesen sein würde, nahm sie bereitwillig in Kauf, nun mit auffälliger Parteiwerbung durch abgelegene Regionen zu reisen. Was die dankbaren Aktivisten allerdings nicht in Betracht zogen, war die Tatsache, dass die Inhalte der Partei ihren eigenen Werten diametral entgegenstanden. Da die Partei in der Öffentlichkeit für ein traditionelles Familienbild mit klarer Rollenaufteilung einstand – die Frau und sorgende Mutter bleibt auch zu ihrem eigenen Schutz gerne zu Hause –, sahen sich die Frauenrechtler in großer Erklärungsnot.

Unter all den Hindernissen, die wir in Tansalesea eingebaut haben, ist das wohl größte der Aberglaube, geschürt vom »Babutheismus«. Der Babutheismus ist eine fiktive Religion. Der Religionsstifter, Lord Babu, soll, so die Legende, in früheren Zeiten einmal ein engagierter Umweltaktivist gewesen sein. Er habe sich der Sage nach zur Rettung der Umwelt in einem See ertränkt, um, reinkarniert als Wolf, Flora und Fauna vor den Menschen zu retten. Der Aspekt des Umweltschutzes wurde über die Jahrhunderte durch unterschiedliche Auslegungen kryptischer Niederschriften von Babu-Priestern an den Rand gedrängt. Übrig geblieben ist die Anbetung eines kleinen Straßenköters, der auf unserem Campus herumstreift und als Reinkarnation des heiligen Babu ein höchst komfortables Leben führt.

Der Babutheismus besteht aus einem Sammelsurium von okkultem Hokuspokus. Dabei geht es nicht um Fantastereien, die wir uns ausgedacht haben. Es handelt sich um zwar absurde, aber reale Riten aus den Ursprungsländern der Studenten. Hexenjagd, Exorzismus, Heilsversprechen und Flüche sind nur einige der vielen Mechanismen, um die Menschen im Zaum zu halten.

Obwohl Tansalesea offiziell ein säkularer Staat ist und eigentlich Religionsfreiheit garantiert, ist der »Babutheismus« die in Tansalesea dominierende Religion und ein wichtiger Machtfaktor, der die Entwicklung in vielerlei Hinsicht blockiert. Das ist nur möglich durch die Verquickung von Politik und Religion, von politischen Aktionen und abergläubischen Riten. Beamte, Minister, Parlamentsabgeordnete und sogar der Gouverneur praktizieren vor Parlamentswahlen okkulten Hokuspokus und scheuen sich nicht, ihre Handlungen und Entscheidungen auf babutheistische Werte zu gründen.

Diese Religion hat mit all ihren Mythen, Festen und Ritualen für die Studenten durchaus einen hohen Unterhaltungswert. Auch sind Babu-Tempel unermesslich reich und haben dadurch Macht, die Bevölkerung zu beeinflussen. Da sich die Studenten, wie alle Anfänger, schnell durch Bremser, Trittbrettfahrer und Hijacker einschüchtern lassen, machen sie viel zu rasch Zugeständnisse und stolpern von einer Falle in die nächste. Bis sie irgendwann mit ihren eigenen Fehlern konfrontiert werden. Sie fallen aus allen Wolken, wenn sie sich, begleitet von heftiger Medienberichterstattung, plötzlich vor Gericht verantworten sollen.

Die Krise, die in jedem Jahr mal mehr und mal weniger heftige Auswirkungen auf die Studenten hat, wird durch einen professionellen Krisencoach begleitet, um die aufgebrachten Gemüter wieder abzukühlen und die notwendigen Schritte zum Krisenmanagement einzuleiten.

Dann finden sich die Anwälte ein. Es handelt sich dabei um

Studenten der juristischen Fakultät in Trivandrum; Tansalesea ist seit einigen Jahren auch Teil ihres Curriculums geworden. Und während die betroffenen Aktivisten durch einen Anwalt auf den Tag im Gericht vorbereitet werden, bekommen die Opfer der Skandalpresse durch den stellvertretenden Chefredakteur der *Hindu*, einer indienweit verbreiteten Tageszeitung, einen Schnellkurs zum Thema »Wie behaupte ich mich auf einer Pressekonferenz gegen eine feindselige Gruppe von Journalisten?«.

Die Professoren der Journalistenschule in Trivandrum bereiten ihre Studenten wiederum auf den Showdown, den Tag im Presseklub Trivandrum, vor. Hier können unsere Studenten einer stattlichen Gruppe von rund hundert zukünftigen Journalisten zeigen, was sie in dieser Woche in puncto Krisenmanagement und öffentlicher Argumentation gelernt haben. Und es ist immer wieder erstaunlich, wie sehr sie in dieser Krise durch ehrliche Reflektion und peinliche Analyse an ihren Fehlern gewachsen sind.

Erstaunlich ist aber auch, wie ernst sie die fiktive Welt nehmen.

Es ist ein Montag, der Beginn einer Woche, die erfolgreich zu werden verspricht. Nach Einschätzung unserer Studenten läuft in Tansalesea so weit alles wie am Schnürchen. In den vergangenen recht intensiven eineinhalb Monaten haben sie im Zeitraffer ihre sozialen Ideen umgesetzt. Viele haben bereits erste Finanzanträge bewilligt bekommen, und ausnahmslos alle sind der Meinung, dass die Allgemeinheit nicht anders kann, als ihr Engagement zu begrüßen.

Der Küchengong hat zum Frühstück geläutet, nach und nach tröpfeln die Studenten ins Auditorium, um sich bei Kaffee und Zeitungslektüre auf eine neue Woche vorzubereiten.

An diesem Montagmorgen dauert es nicht lange, da wird der normale Geräuschpegel, klapperndes Geschirr, lautes Geläch-

ter und fröhliche Rufe, plötzlich durch angespanntes Schweigen
ersetzt. Kleinere Grüppchen sitzen zusammen, die Köpfe tief
über die Schlagzeilen der tansalesischen Tagespresse gebeugt.

```
Kinder gegen Geld - NGOs nehmen undurchsichtige
Adoptionspraktiken billigend in Kauf
Witwen müssen weichen - Babu-Priester nutzen Frau-
enrechtler als Botschafter der Witwendiskriminie-
rung
Verseuchter Boden bekommt einen neuen Zweck - Für
die behinderten Kinder von »Up Tansalesea« ist das
Gelände einer alten Lederfabrik gut genug
Auf zu neuen Chancen - NGOs treiben ihre Schutzbe-
fohlenen in moderne Sklaverei
```

So lauten die Schlagzeilen in den Zeitungen, ob regierungsnah
oder kritisch; alle berichten über die Krise, die Tansalesea an
diesem sonnigen Julimorgen überrascht. Man hört leises Kichern, manche sehen sich verstört nach uns, den Übeltätern,
um. Und noch ehe das letzte Stück Toast verschluckt und der
letzte Schluck Kaffee getrunken ist, schallt schon die Eingangs-
melodie des Morgenmagazins von »Tansalesea Channel 1«
durch die Halle. Die Studenten rücken ihre Stühle vor die Lein-
wand und sehen ungläubig, was sie sich selbst in den vergangenen Wochen eingebrockt haben.

> »Guten Morgen, Tansalesea!
> Die Topmeldung von heute: Krise in Tansalesea!
> Ich bin Julius Asearch ...«

Wir, die Katalysatoren, sind in Hochstimmung, denn wir haben
uns ein halbes Jahr auf diesen Tag und die darauffolgende Woche vorbereitet. Diese Woche, das wissen wir aus vergangenen
Jahren, wird entscheidend sein für den Lernfortschritt der Stu-

denten. Denn der beste Lehrer ist die Wut über Fehler, die man selbst gemacht hat.

»Oh, waren wir wütend«, erinnert sich Samuel, der in die meisten Fallen hineingetappt war. »Obwohl es sich doch eigentlich nur um ein Spiel handelte, habe ich vor Enttäuschung und Scham zunächst nicht mehr klar denken können.«

Wir sind immer wieder erstaunt über die hochemotionale Reaktion auf die Vorgänge im fiktiven Land Tansalesea. Einmal kam es fast zu einem gewalttätigen Aufstand, als zwei der Studentinnen und ich von unseren Küchenchefs, die als Polizisten verkleidet waren, abgeführt und übergangsweise in Sicherungsverwahrung gebracht werden sollten. Ich hatte die Rolle einer kritischen Journalistin eingenommen und einige Tage zuvor die beiden Studentinnen angestachelt, mir wichtige, aber geheime Informationen zu besorgen. Dabei wurden sie von Überwachungskameras gefilmt, und damit es gerecht zuging, fand man bei mir die vermissten Dokumente.

Als wir drei mit Handschellen aneinandergekettet wurden und in das Polizeifahrzeug, eine alte Autorikscha, gebracht werden sollten, brach das Chaos aus. Einige protestierten wutentbrannt und mit Tränen in den Augen und versuchten die Polizisten zu stoppen. Andere veranstalteten einen Sitzstreik vor dem Fahrzeug. Irgendwann gelang es den Sicherheitsbeamten, uns in die Rikscha zu manövrieren, und wir fuhren mit lautem Hupen davon.

24. Hexenglaube und Menschenjagd

»Wenn du ein Kind mit dieser Eigenschaft hast, dann sagen die Leute um dich her, da sitzt jemand auf einem Berg Geld.« Mama-Janice hockt vor mir auf der Wiese, und ich höre, wie sie vor Unbehagen Grashalme einzeln ausrupft und zwischen den Fingern zerdrückt.

Jayne hatte sie zu diesem Gespräch ermutigt. Die zurückhaltende Frau hatte gezögert, und mir war es unangenehm, sie zu interviewen, wenn sie noch nicht über ihre schmerzvollen Erlebnisse sprechen wollte. Doch Jayne blieb gnadenlos: »Wenn wir nicht über unsere Ängste reden, haben Dummheit und Aberglaube Macht über uns! Los, Mama-Janice, erzähl von deinen Erfahrungen! Wie hast du dich gefühlt, als deine Tochter zur Welt kam, hat dich ihre Hautfarbe erschreckt? Was sagen die Leute? Wie haben die Ärzte reagiert? Und erzähl ihnen doch, wie du angegriffen wurdest!«

Mama-Janice sitzt da, den Kopf gesenkt, und spricht erst ganz leise, als rede sie mit sich selbst. »Manche glauben, das Kind sei von einem Ausländer. Andere meinen, es sei verflucht oder schwer krank und kann durch Bluttransfusionen geheilt werden.«

»Und wie reagiert der Vater?«

»Der kommt nur selten. Er glaubt mir, dass es sein Kind ist, und er sagt, es macht ihm nichts aus, dass seine Tochter weiß ist.«

»So ein Quatsch«, unterbricht Jayne sie grob. »Er stiehlt sich davon, wie fast alle Väter! Bloß keine Verantwortung übernehmen. Sag selbst, zahlt er etwa?«

»Nein, du hast recht. Er schickt kein Geld.« Sie holt tief Luft, und jetzt wird ihre Stimme lauter, und ich höre sogar einen wütenden Unterton. »Ich darf meine Tochter nie aus den Augen lassen. Nur in der Schule ist sie sicher. Selbst den Nachbarn oder den Eltern der anderen Kinder traue ich nicht!«

Mama-Janice erzählt, wie sie einmal am Rand des Spielplatzes stand, als ein Mann die Kinder befragte, wer denn die Mutter des Mzungo, des weißen Kindes, sei. Mama-Janice war alarmiert. Sie gab den Kindern ein Zeichen, nichts zu sagen, und nahm die Tochter bei der Hand. Der Mann wandte sich jetzt direkt an sie: »Ist das Ihr Kind?«

Sie zögerte, war hin und her gerissen. Einerseits wäre sie am liebsten gleich weggelaufen, andererseits wurde sie auch neugierig. Schließlich siegte die Neugierde, und sie meinte: »Nein, es ist nicht mein Kind. Ich passe nur drauf auf.«

»Das ist gut«, meinte der Mann. »Wenn du mir das Kind anvertraust, versichere ich dir, dass es gut versorgt und von der Krankheit geheilt wird. Ich zahle dir sogar etwas dafür!«

Mama-Janice wurde es heiß und kalt. Das war es doch, wovon die Leute immer gesprochen haben. Sie brachte das Kind ins Haus. Eigentlich hätte sie jetzt die Polizei rufen müssen. Stattdessen nahm sie ein Zwiebelmesser und lief zurück auf den Spielplatz. Als der Mann sie sah, brauchte sie ihm das Messer noch nicht einmal unter die Nase zu halten, er suchte sofort das Weite.

»Ich weiß, ich hätte ihn besser fotografieren oder Krach schlagen müssen«, sagt Mama-Janice leise. »Jetzt läuft er immer noch frei herum und versucht andere zu finden, Kinder und Erwachsene mit … dieser Eigenschaft …«

»Albinismus!«, sagt Jayne streng. »Du musst lernen, es auszusprechen. Nur wenn wir uns nicht mehr dafür schämen, können wir gegen die Hexer und ihre Auftraggeber vorgehen!«

Seit etwa zehn Jahren sind Menschen mit Albinismus in ostafrikanischen Ländern in großer Gefahr. Sie werden gejagt und getötet; die Leichenteile werden an »witch doctors«, »Hexer«, verkauft. Dahinter steht ein Netzwerk, dem verbrecherische Politiker und Geschäftsleute angehören. Die Kunden der Schwarz-magier zahlen ein Vermögen für eine Hand, für Lippen oder einzelne Finger. Die Körperteile werden zu Tränken verarbeitet, die angeblich Macht, Geld oder Potenz versprechen. Manche Politiker ostafrikanischer Länder tragen sogar den Finger eines Menschen mit Albinismus in der Geldbörse, um die nächsten Wahlen zu gewinnen.

Wir hörten zum ersten Mal von der grausamen Praxis, als Jayne Waithera, eine junge Frau mit Albinismus, im Jahr 2009 zu uns nach Kerala kam. Obwohl sie von Anfang an als selbst-bewusste Kämpferin für die Rechte Blinder und Sehgeschä-digter auftrat – Menschen mit Albinismus haben oft auch eine Sehschädigung –, dauerte es einige Monate, bis sie sich über-wand, über ihr eigenes gefährdetes Leben und über das Schick-sal so vieler Menschen mit Albinismus im Osten Afrikas zu sprechen.

»Ich muss zugeben, es fiel mir äußerst schwer, das Tabu, das mein ganzes Leben überschattete, infrage zu stellen«, schrieb Ja-yne damals in einem Artikel. »Tabus – das haben wir schon als Kinder gelernt – dürfen niemals gebrochen werden. Wer dage-gen verstößt, wird aus dem Dorf vertrieben oder sogar mit dem Tod bestraft. Daher zitterte ich am ganzen Leib, als ich wäh-rend eines Workshops in Kerala darüber reden sollte, wie es ist, nur wegen der hellen Haut von Verwandten, Nachbarn, Lehrern und Klassenkameraden als Abschaum und als nicht lebenswert bezeichnet zu werden. Es war das erste Mal in meinem Leben, dass ich mich traute, über die Erfahrungen meiner Kindheit zu sprechen.«

Einer der Auslöser für Jaynes mutigen Tabubruch war der Be-such meiner Mutter. Sie war für einige Wochen nach Kerala ge-kommen und hatte mit viel Freude beim »Tansalesea«-Experi-ment mitgemacht. Unsere Trainingsmethoden waren ihr sehr vertraut, denn in den frühen Siebzigerjahren hatten meine Eltern gemeinsam mit Künstlern und Lehrern die bis heute bestehende

»Kreativitätsschule« gegründet, die Kinder und Jugendliche, unter anderem mit Improvisationstheater, zu selbstbestimmtem Denken anregen soll. Das Theater hatte es meinen Eltern besonders angetan. Und gemeinsam – meine Mutter war Theaterpädagogin und mein Vater Musiker – schrieben sie damals ein Kindermusical unter dem Titel »Hexen! Und das in unserem Dorf!«.

In ihrem Vortrag vor den kanthari-Studenten über die Methoden der Kreativitätsschule kam meine Mutter auch auf dieses Musical zu sprechen. Es handelte von Ausgrenzung und der Macht des Aberglaubens und spielte in meinem Heimatdorf Morenhoven; allerdings im tiefsten Mittelalter. Das Dorf liegt wenige Kilometer von der Stadt Rheinbach entfernt, die im 16. Jahrhundert traurige Berühmtheit durch Hexenverfolgungen und Hexenprozesse erlangte.

Das war für die Kinder von Morenhoven interessant. Sie kannten Hexen nur aus Märchen. Die Frage war, gab es sie denn wirklich? Gibt es sie noch heute? In Märchen verbreiteten die Hexen Angst. Sie waren anders als andere, sie sahen komisch aus. Manchmal konnten sie Dinge, die andere nicht konnten. Sie lebten allein. Niemand mochte sie, sie waren Außenseiter. Wie es ist, Außenseiter zu sein oder selbst andere auszugrenzen, hatten fast alle Kinder schon einmal erlebt. So entstanden Improvisationen verschiedenster Art, wobei der erlittene Schmerz wie die erlebte Schadenfreude zur Sprache kamen. Am Ende stand die Einsicht, dass Menschen von den anderen aus Angst, Neid, Missgunst und Habgier zu »Hexen« gemacht werden. Das wurde dann der Handlungsfaden des Musicals. Der Vortrag meiner Mutter endete mit dem Schlusssong »Hexen gibt es nicht, nur für dumme Leute!«.

Meine Mutter war so in ihre Erinnerungen vertieft, dass sie zunächst nicht bemerkte, dass einige der Zuhörer, besonders diejenigen aus afrikanischen Ländern, vollkommen erstarrt dasaßen. Nach einem angespannten Moment des Schweigens meldete sich Mohamed Salia aus Sierra Leone zu Wort und fragte in die Stille: »Habt ihr Weißen etwa keine Hexen?«

Ich weiß noch, dass wir beide, meine Mutter und ich, ganz baff dasaßen. Mohamed hatte das Eis gebrochen; jetzt prasselten Fragen und aufgeregte Erklärungen auf uns ein. Viele erzählten von persönlichen Erlebnissen, die uns zeigten, dass sie tatsächlich an die Existenz von Hexen glaubten.

Wir waren verwirrt. Wir hatten es hier doch mit intelligenten Menschen zu tun, die mitten im Leben standen. Viele von ihnen hatten ein Studium absolviert. Sie hatten doch einen kritischen Verstand und sollten in der Lage sein, Aberglauben zu hinterfragen, zumal wenn er ihre eigene Existenz bedrohte. Wie sollten wir auf ihre Fragen antworten? Durften wir den Hexenglauben verurteilen, oder war es sogar unsere Pflicht, das zu tun?

Uns wurde bewusst, dass wir etwas losgetreten hatten, das mit größter Behutsamkeit angegangen werden musste. Wir baten um Aufschub und schlugen den aufgeregten Studenten eine gesonderte Diskussionsrunde über Hexenglauben vor. Sie stimmten zu, wollten die Diskussion aber nicht auf dem Campus führen, das würde die Hexen anlocken, und dann hätten wir keine Ruhe mehr vor ihnen. Also einigten wir uns auf das Häuschen auf der anderen Seite des Sees, das meine Eltern während ihres Aufenthalts hier bewohnten. Zeitpunkt und Transportmittel wurden mit Bedacht von den Diskussionsteilnehmern ausgewählt. Da Hexen das Licht scheuen, sollten wir uns am frühen Nachmittag zusammensetzen. Und wir durften nicht mit Autos oder Rikschas fahren. Um unsere Fährten zu verwischen, sollten wir nach dem Willen einiger besonders ängstlicher Studenten mit Booten auf die andere Seeseite übersetzen.

Bei deutschem Ostergebäck und indischem Tee entspann sich schnell eine Diskussion, die besonders von den afrikanischen Studenten dominiert wurde. Obwohl auch die Asiaten Hexengeschichten kannten, schien die Brisanz in afrikanischen Ländern weit höher.

Meine Eltern und ich saßen staunend und sprachlos inmitten der Hexenspezialisten, die uns mit viel »Sachverstand« alles Wissenswerte über das Leben und Wirken von Hexen vortrugen. So erfuhren wir:

Hexen oder Hexer können sich in Tiere verwandeln, in Vögel, Katzen, Schlangen und Affen. Sie können in wenigen Sekunden um die ganze Welt reisen. Sie sind meist nachts oder in den frühen Morgenstunden unterwegs, mit unterschiedlichen Flugobjekten, in Bananenblättern, Kokos- und Erdnussschalen. Daher werden Küchenabfälle und besonders Nuss- und Obstschalen immer weit weg von der Hütte entsorgt, damit die Hexen nicht unnötig angelockt werden.

Normalerweise leben sie in Familiengemeinschaften unter den Menschen. Sogar Kinder haben Hexenkräfte. Sie sind von Menschen nicht zu unterscheiden, allein Zwillinge können sie erkennen. Einer der Studenten, ein ausgebildeter Lehrer aus Liberia, ist ein Zwilling, und er zeigte sich überzeugt davon, sie am Gang und an ihren Bewegungen erkennen zu können. »Ich bin unter Hexen groß geworden, ich habe mit ihnen gelebt, als Kind mit ihnen gespielt und später auch mit ihnen verhandelt.« Und ein blinder Pastor der evangelikalen Kirche in Liberia erklärte voller Überzeugung: »Bevor ich blind wurde, habe ich sie daran erkannt, dass sie über Kopf liefen. Mein Sohn hat die gleiche Begabung.«

In diesem Moment hörte ich ein wütendes Zischen von Jayne, die bisher alles aufmerksam, aber schweigend von der Seite verfolgt hatte: »Dann solltest du deinen Sohn mal schnell zu einem Augenarzt bringen. Der wird dir erklären, dass es sich um eine krankhafte Sehstörung handelt!«

»Oh Jayne, Sister, ich weiß, wovon ich rede! Ich habe sie immer identifizieren können! Manche hinken, andere sehen unterernährt aus, sie haben eine blasse, fast durchsichtige Haut.«

»Meinst du damit Menschen wie mich?«, fragte Jayne lauernd. »Redest du über Menschen mit Albinismus?«

Ohne auf Jaynes Zwischenruf einzugehen, referierte der Pastor weiter: »Manche Hexen kann ich allein daran erkennen, was sie essen. Ihr müsst wissen, viele sind Vegetarier, denn sie essen in ihrer Hexenwelt schon genug Menschenfleisch.« Nun zählte er mit fast sadistischer Leidenschaft all die Grausamkeiten und Unglücksfälle auf, die angeblich auf das Konto der Hexerei gehen: »Sie sind süchtig nach menschlichen Organen, und wenn man sie nicht durch Opfer besänftigt, passieren schlimme Dinge: plötzliche Todesfälle, unheilbare Krankheiten, unerklärliche Unfälle, die Früchte auf dem Feld verdorren, die fetteste Ziege stirbt, ein Geschäft läuft schief, man fällt bei der Prüfung durch, das Auto überschlägt sich, eitrige Pusteln quellen aus der Haut ...«

»Was treibt denn die Hexen an?« Das war die Stimme von Yoshimi, einer sehr bodenständigen blinden Japanerin, die die Moderation übernommen hatte. Sie sorgte durch ihre Fragen dafür, dass sich die Afrikaner in ihrer Angst vor der schwarzen Magie ernst genommen fühlten. Aber sie war auch darauf bedacht, Distanz zu halten, und so bewahrten ihre kritischen Anmerkungen die Anwesenden davor, in einen fast hysterischen Austausch von Horrorszenarien abzugleiten.

Mohamed, ein hochintelligenter Kopf, der hin und her gerissen war zwischen einer aufgeklärten psychologischen Analyse des Aberglaubens und einer unwiderstehlichen Angst vor dem Unerklärlichen, ging auf Yoshimis Frage ein: »Hexen sind nicht in der Lage, sich zu entwickeln. Daher mögen sie es nicht, wenn wir, die normalen Menschen, Erfolg haben; sie mögen generell keinen Fortschritt. Sie sind getrieben von Eifersucht, Neid, Hass gegen Menschen, die mehr im Leben geschafft haben als der durchschnittliche Dorfbewohner.«

»Und wie könnt ihr als Aktivisten dann überhaupt noch etwas in der Welt bewegen?«, wunderte sich Yoshimi.

»Wir müssen extrem vorsichtig sein«, erklärte Mohamed. »Alles, was wir verändern, muss im Sinne der Allgemeinheit geschehen. Wir dürfen niemals arrogant werden, mit unseren Erfolgen prahlen oder uns über andere Menschen erheben; nur so verhindern wir, dass uns ihr Neid trifft.«

»Wenn wir das alles nur aus Angst vor ihnen tun, reagieren wir doch genau, wie die Hexen es wollen!«, warf Jayne jetzt wütend ein. »Die Angst diktiert unser Verhalten, und wir sind nicht in der Lage, uns vom Aberglauben abzuwenden. Nein, Leute! Wir Afrikaner müssen uns Stück für Stück von diesem Hexenglauben befreien. Klar, das ist nicht einfach, denn das wird als Ungehorsam gegenüber unseren Vorfahren und als Angriff auf die Tradition verstanden. Wenn wir aber nichts dagegen tun, wer weiß, vielleicht seid ihr dann die nächsten, die als Hexer verfolgt werden!«

Jayne wusste ganz genau, was es bedeutete, als Hexe angesehen zu werden. Sie wurde Mitte der Achtzigerjahre in Nyiri in Zentralkenia geboren. An ihre Mutter, die noch Schülerin war, als sie schwanger wurde, kann sie sich nicht erinnern. Die Mutter, abgestoßen von Jaynes heller Haut, ließ das Kind in der Obhut der Großmutter und machte sich davon.

Da die Großmutter nicht wusste, was Albinismus bedeutete, legte sie das Baby in die Sonne, damit die Haut nachdunkeln konnte. Sie konnte nicht ahnen, dass die Sonnenstrahlen für Jayne lebensgefährlich waren. Da Menschen mit Albinismus einen Mangel an Melanin aufweisen, erkranken viele ohne ausreichenden Sonnenschutz schon in jungen Jahren an Hautkrebs.

»Es gab in meiner Kindheit nicht viele glückliche Momente. Da meine Großmutter mit drei zu versorgenden Kindern weit unter der Armutsgrenze lebte, mussten wir alle auf den Feldern in der brennenden Sonne arbeiten. Ich durfte mich nur dann ein wenig im Schatten ausruhen, wenn mein Sonnenbrand bereits wässrige Blasen warf.«

Jayne war in ihrem Dorf die einzige Person mit Albinismus. Daher wurde sie besonders von Klassenkameraden und Lehrern gehänselt.

»Mir selbst waren die Gründe für meine Hautfarbe unbekannt. Viele glauben, dass die Väter von Albinokindern Weiße sind, und darum bestrafen die Männer ihre Ehefrauen und verlassen sie meist, wenn sie ein Kind mit heller Haut gebären. Ich war auch lange davon überzeugt, dass mein Vater ein Weißer sein müsse. Die Kinder in meinem Dorf und in der Schule hatten eine andere Erklärung. Sie nannten mich ›Zeru Zeru‹, was auf Kiswahili ›Albino‹, aber auch ›Geist‹ bedeutet. Die Menschen glauben, dass wir niemals sterben und, wenn uns danach ist, einfach so verschwinden können. Viele Kinder und auch Erwachsene haben mich immer wieder gekniffen, um herauszufinden, ob ich wirklich existiere und ob ich wie ›normale Menschen‹ aus Haut, Blut und Knochen bestehe. Wenn ich in der Klasse eine Frage stellte, sah der Lehrer einfach über mich hinweg, und daran hatten die Kinder ihren Spaß. Da gab es niemanden, der mich verteidigte! Doch ich wollte mich nicht unterkriegen lassen, denn ich hatte ja nur ein Leben und konnte nicht in die Haut eines anderen schlüpfen. Sie mussten sich schon an mich gewöhnen.«

Menschen mit Albinismus sind mehr oder weniger sehgeschädigt. Meist brauchen sie eine Brille. Da man ihnen die Sehschädigung in der Regel nicht ansieht, unterstellen uninformierte Lehrer ihnen Faulheit oder sogar eine Lernbehinderung. Zu Anfang konnte Jayne die Tatsache verbergen, dass sie das Geschriebene auf der Wandtafel nicht sah, denn sie hatte glücklicherweise schon vor der Grundschule Lesen und Schreiben gelernt. Während die anderen Kinder im Klassenraum saßen, versteckte sie sich in den Teebüschen nahe der Schule und las in ihren Schulbüchern, mit der Nase dicht über den Zeilen. Niemand schien sie zu vermissen, wahrscheinlich waren die Lehrer sogar froh, dass sie nicht zum Unterricht kam. Wenn die Schulglocke läutete, ging sie nach Hause. Irgendwann wunderte sich die Großmutter, dass nichts in ihren Schulheften geschrieben stand. Und dann gab es für Jayne einen Spießrutenlauf. Abends gab es Prügel von der Großmutter, die sie durch Schläge zurück in die Schule treiben wollte, und morgens gab es Prügel von den Lehrern, die nicht erkannten, dass Jayne aufgrund ihrer Sehschwäche nicht von der Tafel abschreiben konnte.

Mit elf Jahren bekam sie ihre erste Brille, und da erfuhr sie zum ersten Mal, dass sie kein Geist, kein überirdisches Wesen war. Bis auf einen Mangel an Melanin war sie ein ganz normaler Mensch, der sich nur vor der Sonne hüten musste.

»Damals habe ich mich entschieden, nicht mehr darauf zu achten, was andere Leute über mich sagen.«

Die Gefahr, durch Sonneneinwirkung an Hautkrebs zu erkranken, die starke Sehschädigung und die gesellschaftliche Ausgrenzung, das alles wird durch die grausamen Ereignisse in Tansania und den umliegenden Ländern in den Schatten gestellt.

»Kurz bevor ich nach Kerala kam, hörte ich, wie die Leute tuschelten, wenn ich über die Straße lief. Irgendwann kapierte ich, was sie sagten: ›Da geht eine wandelnde Banknote!‹ Der Körper eines Menschen mit Albinismus ist nämlich auf dem Schwarzmarkt bis zu 100 000 Dollar wert.«

Die grausame Praxis der Hexer, auf Menschen mit Albinismus regelrecht Jagd zu machen, hat eine Vorgeschichte. Fischer am Victoriasee weben immer schon Albinohaare in die Netze, um für reichen Fischfang zu sorgen. In vielen afrikanischen Ländern glauben die Menschen, dass eine Frau mit Albinismus Heilkräfte besitzt. Das geht so weit, dass Hexer HIV-positive Männer dazu ermutigen, mit ihnen Geschlechtsverkehr zu haben. Und wenn eine Frau sich weigert, soll sie einfach vergewaltigt werden.

Eine neue gefährliche Stufe erreichte der Aberglaube in der unermesslich grausamen Praxis der Hexer, die besonders in Tansania ihr Unwesen treiben. Sie reden ihren Kunden ein, durch Speisen oder Getränke aus Knochen, Gedärmen, Haut oder Blut von Menschen mit Albinismus Macht, Reichtum oder sexuelle

Potenz zu erlangen und stiften Männer zur Jagd auf Kinder mit Albinismus an. Besonders Babys und Kleinkinder sind begehrt. Viele junge Mütter leben daher in ständiger Angst. Um die betroffenen Familien unter Polizeischutz stellen zu können, haben staatliche Behörden Listen von zu schützenden Familien anfertigen lassen, in denen genau verzeichnet ist, wo sie leben und wo sie zur Schule gehen. Doch diese Schutzmaßnahme ging nach hinten los. Polizisten wurden dabei erwischt, wie sie die Informationen an »Menschenjäger« verhökerten.

In ihrer kanthari-Abschlussrede berichtete Jayne einer entsetzten Zuhörerschaft, dass gerade zwei Wochen zuvor ein kleiner Junge in Tansania vor den Augen seiner Verwandten grausam verstümmelt worden war.

»Wir können gegen solche Praktiken nur vorgehen, wenn wir uns vom Aberglauben lösen. Dafür müssen wir gut informiert sein. Sobald wir die Fakten kennen, sobald wir die Ursachen für Unfälle oder Krankheiten genau bestimmen können, sind wir in der Lage, den Hexenglauben zu entmystifizieren. Ich bin hier in Indien sicher, aber ich muss zurück nach Afrika, um gegen Aberglaube, Macht, Geldgier und alltägliche Diskriminierung von Menschen mit Albinismus vorzugehen!«

Jetzt, fünf Jahre später, besuchen wir Jayne in ihrer kleinen Wohnung in einem Vorort Nairobis. Sie kommt gerade aus Tansania, wo sie zusammen mit einer NGO eine Weltkonferenz für Menschen mit Albinismus vorbereitet hat.

»Tansania ist für uns wohl der gefährlichste Ort auf der Welt. Und natürlich fragen die Leute, warum gerade da, warum bringt ihr durch eine solche Konferenz so viele Menschen in Gefahr? Doch nur aus der Höhle des Löwen heraus können wir uns in der Welt Gehör verschaffen. Daher gilt für die Konferenz die höchste Sicherheitsstufe.«

Ansonsten reist sie durch Afrika und die ganze Welt, um Politiker und Bevölkerung aufzuklären. In Kenia selbst konzentriert sie sich besonders auf die entlegenen Provinzen und formt Netzwerke mit Betroffenen und Eltern von Kindern mit Albinismus.

»Es gibt in den großen Städten wie Nairobi bereits Organisationen, die sich um unsere Belange kümmern. Aber wer nicht in die Stadt kommen kann, hat keine Chance, sich zu informieren, und ist den Hexern und Menschenjägern schutzlos ausgeliefert. Und selbst Menschen aus den Slums von Nairobi wissen oft nicht, was Albinismus bedeutet.«

An einem Morgen steigen wir über ölige Pfützen und Plastikmüll, es riecht nach Seife, Fäkalien, rohem Fleisch und Staub. Überall wird gearbeitet. Ziegenköpfe werden ausgehöhlt, Schaffelle zerteilt, es wird Müll gesammelt und Waren werden verkauft. Hier ist jeder ein Unternehmer. Kinder und Frauen begegnen uns mit freundlichem Lächeln. Aber die Männer sind eher misstrauisch. Sie taxieren besonders Marijn, der sich mit seiner Kamera selbstbewusst einen Weg durch das Chaos bahnt. Trotz des Argwohns der Männer, die diesen Teil der Stadt bewachen, fühlen wir uns sicher, denn wir haben unseren »Homeboy« dabei, James, einen Freund von Jayne. Er ist Filmstudent, stammt aus diesem Slum und ist wie Jayne von Albinismus betroffen. Gemeinsam besuchen wir Mary, eine Freundin Jaynes. Auch sie hat Albinismus.

Mary steht vor ihrer kleinen Blechhütte und wartet schon auf uns. Wir folgen ihr durch einen muffigen, engen Flur in einen winzigen fensterlosen Verschlag, der nur durch den Flur erhellt wird, denn Mary kann sich die zwei Dollar monatlich für die Stromversorgung nicht leisten.

Das Mobiliar beschränkt sich auf ein Bett und ein paar Kisten. Sie macht uns Platz auf der einzigen Sitzgelegenheit, ihrem Bett, schmeißt die unwillige Katze raus und setzt sich auf eine der Kisten. Mary wirkt zunächst ein wenig verhalten, doch allmählich wird sie lebhafter und beginnt aus ihrem Leben zu erzählen.

Als sie und ihr Zwillingsbruder geboren wurden, waren sie bereits Außenseiter. Ihre Großmutter hatte schon Gift besorgt, denn die Leute meinten, es sei ein schlechtes Omen, gleich zwei weiße Babys in der Nachbarschaft zu haben. Aber irgendwie haben sie den ersten Anschlag auf ihr Leben überlebt, doch weitere folgten. Einmal wurden die beiden Kinder zum Nachbarn eingeladen. Es gab eine richtige gekochte Mahlzeit, etwas, das sie sonst nicht kannten. Kurz nach dem Essen wurde der Bruder schwer krank, sein Bauch schwoll an, und am nächsten Tag war er tot. Von da an nahm Mary sich in Acht und aß nur, was andere auch zu sich nahmen. Heute ist sie 46 Jahre alt. Sie ist HIV-positiv, und Aids ist bei ihr vor einiger Zeit ausgebrochen. Ihr Mann ist schon vor Jahren gestorben, und sie hat eine Lungenentzündung, die nur mit teuren Medikamenten behandelt werden kann. Doch auch dafür reicht das Geld nicht. Denn Mary hat vier Kinder, die zum Teil in die Schule gehen. Darüber ist sie glücklich, denn ihre Mutter hatte sie aufgrund ihrer Sehschwäche schon früh von der Schule genommen.

Ob sie sich im Slum sicher fühlte?

»Oh ja, meine Nachbarn sind gut zu mir, besser als meine eigene Familie. Nur in den Nebenstraßen lauern sie mir auf, rufen mir hinterher, ich solle doch mit ihnen nach Tansania gehen, dann seien die Geldprobleme meiner Kinder gelöst. Das macht meine Söhne wütend, und ich muss aufpassen, dass sie nicht noch mehr Aufmerksamkeit auf uns ziehen. Schlimm ist auch die indirekte Diskriminierung. Wenn ich bei anderen zu Hause einen Gegenstand anfasse, wird er sofort mit einem Tuch abgewischt. Gibt man mir aus einer Tasse einen Schluck Wasser zu trinken, dann wird die leere Tasse gleich weggeworfen. Das geschieht zwar etwas versteckt, aber dadurch ist es noch verletzender. Nur durch Jayne und ihre Freunde habe ich gelernt, dass es auch eine Welt gibt, in der man die Menschen nicht nach ihrer Hautfarbe beurteilt.«

Jayne arbeitet gerne mit Menschen wie Mary und Mama-Janice,

denn sie hätte sich für ihre eigene Mutter genauso ein Netzwerk gewünscht. Sie macht sie zu Mitstreitern und organisiert mit ihnen Sehhilfen und Sonnenschutzmittel.

»Für uns ist Jayne ein Schutzengel«, sagt Mary mit Dankbarkeit in der Stimme, »sie ist immer für uns da und hat keine Angst, obwohl sie selbst gefährdet ist.«

»Ich habe Angst«, sagt Jayne später, als wir zurück zu unserem Fahrzeug laufen. »Angst ist wichtig, denn sie sorgt dafür, immer wachsam zu sein. Aber ich habe auch Wut, Wut über die Dummheit der Menschen! Und die gibt mir die Stärke, nicht aufzugeben. Wenn sie glauben, wir seien so speziell und hätten übernatürliche Kräfte, dann sollten sie uns schützen und nicht ermorden!«

25. Die längste Nacht

»Spring nicht! Du könntest dir etwas brechen.«
Karthik war betont ruhig, doch ich hörte einen angespannten Unterton in seiner Stimme.

Paul und ich standen oberhalb des Ufers und verfolgten den Albtraum aus gewisser Distanz. Etwas tiefer, in der Nähe des Wassers, standen Studenten und Mitarbeiter, die vor Unbehagen und vielleicht auch ein bisschen vor Kälte zitterten. Ja, es war ungewöhnlich kühl in dieser Nacht. Der Himmel war schon den ganzen Tag bedeckt gewesen. Immer wieder gab es heftige Regenschauer, und der Wasserstand des Vellayani Sees stieg merklich an.

Normalerweise beglückwünschten wir uns zu diesem See. Er ist ein Teil des Lebens auf dem Campus. Wenn wir morgens bei leichtem Dunst durch die spiegelglatte Fläche schwimmen, um uns her bunte Wasservögel, die ganz in unserer Nähe auf Holzpfeilern sitzen und ihr Gefieder in der aufgehenden Sonne trocknen; wenn wir alle zusammen, Studenten und Katalysatoren, nach dem Unterricht gemeinsam Boot fahren, Wasserschlachten veranstalten oder einfach nur auf »Lazy Island«, einer überfluteten Sandbank, sitzen und diskutieren, wenn wir über dem Wasser tanzende Libellen und in der Dämmerung majestätisch herbeischwebende, riesenhafte Fledermäuse beobachten, dann höre ich oft von Paul einen glücklichen Seufzer: »Gibt es einen schöneren Ort?«

Doch jetzt war alles anders. Oh, wie wir den See in dieser Nacht verfluchten.

»Wenn du springst, zwingst du mich, auch zu springen.« Karthik versuchte es mit einer neuen Strategie. »Ich will aber nicht ins Wasser, es ist mir zu kalt.«

Karthik war einer unserer Studenten. Er stammt aus dem südindischen Pondicherry, ein Diplompsychologe, der jahrelang ein Heim für Kinder mit und ohne Behinderungen geleitet hatte. Er kannte sich, was Psychokrisen angeht, von uns allen wohl am besten aus. Außerdem hatte Karthik mit Anthony, dem sprungbereiten Kommilitonen, in den letzten vier Monaten das Zimmer geteilt und war so auch der Erste, der bei ihm die Veränderung bemerkt hatte. Er riet uns allen, ruhig im Hintergrund zu bleiben. Anthony suche jetzt das Publikum. Und solange er nicht wisse, dass wir alle da waren, könne er ihn vielleicht vom Ufer wegbewegen.

»Ich würde nicht springen. Nachts gibt es Schlangen!«

»Schlangen?« Anthony fing schrill an zu lachen. »Ich will zu den Schlangen!«

In diesem Moment hörte er etwas. Er drehte sich um. Da er vollkommen blind war, konnte er nicht sicher sein, ob außer Karthik jemand in seiner Nähe war. Und dennoch rief er wie ein Stadionsprecher zu einem tausendköpfigen Publikum: »Kommt nur alle her! Seht mir zu, wie ich springe!«

Dann sprang er vom Bootssteg, und damit begann für uns die längste Nacht, die wir bisher im kanthari-Institut erlebt hatten.

Man hatte uns im Vorfeld alles Mögliche prophezeit: Konflikte und Krisen seien bei unserem Konzept vorprogrammiert. Die kanthari-Kurse seien nicht homogen; zu unterschiedlich die Kulturen, die Bildungshintergründe und das Alter der Studenten. Wie soll man da sieben Monate lang zusammenleben und zusammen lernen? Wir hatten die Warnungen ernst genommen und daher in der ersten Kurswoche Workshops zu interkultureller Kommunikation und Konfliktmanagement organisiert. Außerdem entwickeln wir jedes Jahr gemeinsam mit allen Studenten einen Verhaltenskodex, der für alle sichtbar an einer Pinnwand hängt und während der sieben Monate mehr oder weniger eingehalten wird.

Ob mit oder ohne Verhaltenskodex – Kultur-, Bildungs- und Altersunterschiede waren nur selten Ursache für handfeste Konflikte. Wenn es einmal Krisen gab, dann der Liebe wegen, aber das belastete das Leben und die Arbeit am Institut nicht besonders. Sehr viel ernster nahmen wir gelegentliche rassistische Vorkommnisse, und darauf reagierten wir sofort. Da war zum Beispiel eine weiße Südafrikanerin, die rassistische Äußerungen über ihre schwarzen Kommilitonen machte. Als wir sie darauf ansprachen, wies sie alle Schuld von sich. »Ich hab sie nur ›Kaffer‹ genannt. Und das sind sie doch auch! Habe ich etwa kein Recht, mich lieber nicht neben sie zu setzen?« Wir erklärten ihr, dass sie mit diesen Äußerungen nicht mehr willkommen sei, denn hier gebe es keinen Raum für Rassismus. Sie verabschiedete sich mit den Worten: »Ihr Typen habt einfach kein Einfühlungsvermögen!«

Dann war da ein Afrikaner, der unter den anderen afrikanischen Studenten monatelang Angst und Schrecken verbreitete. Täglich drohte er, sie zu verhexen. Das Ganze spielte sich direkt vor unserer Nase ab. Da wir aber die magischen Formeln, die er in seiner lokalen Sprache murmelte, nicht verstanden, hatten wir keine Ahnung, warum seit einiger Zeit selbstbewusste junge Männer, plötzlich eingeschüchtert, mit hängenden Köpfen über den Campus schlichen. Als er offen verkündete, ein Hexer zu sein, ließen wir ihn zum Schutz seiner abergläubischen Kommilitonen gehen und waren froh, dass er uns nicht noch einen Fluch auf den Hals hetzte.

Interessant war, dass manche der europäischen, nordamerikanischen und asiatischen Studenten trotz hohen Bildungsstands Schwierigkeiten mit unserer Lernmethode hatten. Einige stiegen vorzeitig aus, andere waren irritiert, weil es keine Lehrbücher gab. Und viele, besonders diejenigen mit Universitätsabschlüssen, kamen zu Beginn nicht damit klar, Lösungen für Problemstellungen selbst finden zu müssen.

Die meisten unserer Studenten sind extrovertierte, temperamentvolle Lebenskünstler. Es sind – denn sonst würden sie das Wagnis kanthari nicht eingehen – Menschen, die Konfliktsituationen nicht aus dem Weg gehen. Allerdings verfolgen sie auch eine gemeinsame soziale Vision. Und daher bleiben die meisten Konflikte auf einer sachlichen Ebene und werden von den Studenten selbst gut gemeistert. Selten werden wir in einen Konflikt mit hineingezogen.

Dann aber gab es eine Krise, mit der wir nicht gerechnet hatten.

Einer unserer Studenten, nennen wir ihn Anthony, war ein hochintelligenter und kreativer Kopf, der sich nicht in unsinnige Streitereien verwickeln ließ. Er war ein Gewinn für den gesamten Kurs. Aber dann gab es diesen Anthony plötzlich nicht mehr. Fast so, als wäre er über Nacht ausgetauscht worden. Den anderen Studenten zufolge hatte sich die »Verwandlung« am Morgen des ersten Tages eines Kommunikationsworkshops vollzogen. Dabei ist nicht klar, ob die totale Persönlichkeitsveränderung plötzlich passiert oder ob es an diesem Morgen das erste Mal bemerkt worden war.

In den nächsten Tagen verfremdete sich Anthonys Stimme. Sie schien gealtert, seine Worte kamen schleppend, und wenn er sich äußerte, hatte es immer einen drohenden Unterton, der uns allen einen Schauer über den Rücken jagte.

An einem dieser Tage wurde ich von Ojok, einem von Anthonys engsten Vertrauten, angesprochen. Ojok, ein Student aus Uganda, ein baumstarker Kerl, dabei jemand, der alle in ihrer Eigenart zu akzeptieren schien, der keinem etwas übel nehmen konnte, hatte das Gefühl, dass hier etwas gehörig schieflief, und wich dem Freund seit einigen Tagen nicht mehr von der Seite. Und sein Zimmernachbar Karthik hatte beobachtet, dass Anthony Tabletten, die er vorher regelmäßig genommen hatte, seit einiger Zeit einfach in den Papierkorb warf.

Trotz all der Anzeichen, dass hier irgendetwas nicht »normal« war, ging ich zu diesem Zeitpunkt noch davon aus, dass er vielleicht einfach nicht genug schlief und sich zu viel Sorgen um das Lernpensum machte. Anthony stimmte mir zu, dass er nur mal eine Nacht durchschlafen müsse, und dann sei wohl alles wieder in Ordnung.

Am nächsten Morgen kam er zu mir und meinte, er habe trotz Schlaftablette kein Auge zugetan und furchtbare Angstzustände gehabt. Er müsse sofort in eine Klinik. Der Psychiater stellte die Diagnose mit Anthonys Hilfe. Denn wie sich herausstellte, hatte er eine recht imposante Krankengeschichte. Er hatte eine bipolare, also manisch-depressive Störung in einer schlimmen Form. Zudem war er suizidgefährdet. Er muss sein Leben lang Psychopharmaka nehmen. Alles Details, die er den Psychologen beim Bewerbungsgespräch verschwiegen hatte. Der Doktor verschrieb ihm ein Mittel, das ihm in einigen Tagen wieder auf die Beine helfen sollte, und zusätzlich ein gutes Schlafmittel.

Leider war dies nur der Anfang des Albtraums, denn die manische Phase begann jetzt erst richtig. Ojok sollte ihm die Medizin jeden Abend zu einem bestimmten Zeitpunkt verabreichen. Aber er schien sich nicht zu stabilisieren. Im Gegenteil. Seine Stimme veränderte sich weiter. Jetzt bekam sie etwas Gehetztes, Euphorisches.

Zwei Tage später tauchte er bei Ajith auf und behauptete, ihm seien 1500 US-Dollar gestohlen worden. Er habe eine Studentin in Verdacht. Ajith begleitete ihn sofort in sein Zimmer. Anthony hatte das Geld angeblich hinter eine Schublade geklemmt. Um heranzukommen, musste man die Schublade herausschrauben. Aber er dachte gar nicht daran, sondern riss sie mit solcher Gewalt aus der Verankerung, dass die Kugellager durchs Zimmer flogen. Das Geld war nicht da. Ajith war ratlos. Wenn es wirklich da versteckt gewesen war, wie hätte es jemand finden sollen? Und wenn er sich einfach nur einbildete, so viel Geld zu besitzen?

Dann baute sich Anthony vor einer Gruppe von Studenten und Katalysatoren auf und hielt eine Rede. Er verstehe ja, dass die Studenten aus den ärmeren Ländern Geld für ihre Projekte brauchten. Er sei gerne bereit, seine 1500 Dollar an alle zu verteilen. Nur müsse er das Geld erst einmal wiederhaben. Das kam bei seinen Kommilitonen gar nicht gut an. Karthik versuchte ihnen zu erklären, was mit Anthony los war, und berichtete von seinen Wahnvorstellungen, die gewissermaßen durch ein chemisches Defizit ausgelöst worden waren. Die Empörung der Studenten über seinen Auftritt schürte wiederum Anthonys Paranoia, und Ojok, zum Glück kräftig genug, konnte ihn gerade noch daran hindern, in die Küche zu gehen und sich mit einem großen Fleischermesser zu bewaffnen. Anthony war vor seiner plötzlichen Erblindung Werkzeugmacher gewesen, und sein größtes Vergnügen war es, Messer zu schleifen. Und da Joseph, unser Küchenchef, ihn des Öfteren beauftragt hatte, die Fleischermesser zu schärfen, wusste er genau, wo sie sich befanden.

Anthony war inzwischen vollkommen rastlos. Er bildete sich jetzt ein, er brauche keinen Blindenstock mehr und könne die Umgebung »erspüren«. Mit den Händen in alle Richtungen wedelnd, lief er jetzt schwankend auf dem Gelände umher, und Ojok, der auf ihn aufpasste, geriet an den Rand der Erschöpfung. Irgendwie zog es Anthony immer zur Küche oder zum See, zwei Orte, an denen er sich tunlichst nicht aufhalten sollte.

Zu der Zeit fand ein großes Event statt, auf das unsere Studenten seit zwei Monaten hingearbeitet hatten. Als Abschlussveranstaltung des dritten Aktes wurde die Ausstellung »Change for a change« gezeigt. Es ging darum, die Bevölkerung von Trivandrum dazu zu bewegen, sich für eine behindertenfreundliche Stadt einzusetzen. Die Einladung zur Ausstellung lautete ungefähr so: Jeder wird einmal, wenn er nur lang genug lebt, in irgendeiner Form behindert sein. Manche verlieren im Alter ihren Sehsinn, andere ihre Hörkraft, wieder andere ihre Mobilität, und der ein oder andere wird vielleicht sogar dement. Warum sollen wir also damit warten, für uns alle eine barrierefreie Stadt einzurichten?

Es kamen mehr als 200 Besucher, darunter Schüler und Studenten, Vertreter der Medien und Politiker. In Teams von jeweils vier Personen wurden sie durch eine interaktive Ausstellung geführt. Jeweils einer aus jedem Team musste am Eingang eine Farbe ziehen und wurde entsprechend »temporär behindert«. Einer bekam eine Augenbinde und einen Blindenstock in die Hand, einem anderen wurden Kopfhörer mit lauter Musik aufgesetzt. Dem Dritten wurden die Arme an den Körper gebunden, und die vierte Person sollte sich in einen Rollstuhl setzen und den für zwei Stunden auch nicht mehr verlassen.

Alle wurden von einem Begleiter kurz eingewiesen, und dann ging es los. Überall gab es Hindernisse zu umgehen und umfahren. Manche Aufgaben konnten nur mit dem Sehsinn, andere nur durch das Gehör gemeistert werden. Manche Gegenstände waren so hoch platziert, dass die körperlich Behinderten sie nicht erreichen konnten und die Hilfe der Blinden und Tauben benötigten. Dafür mussten sie allerdings ganz genaue Richtungsangaben machen. Es gab Wegweiser, nach denen sich die Teams ausrichten sollten. Allerdings führte einer der Wege über eine kurze Treppe. Vor dieser Treppe stauten sich die Teams. Sie waren ratlos, wie es mit dem Rollstuhl weitergehen sollte. Man versuchte, aus Planken eine Rampe zu bauen; andere wollten den Rollstuhl umständlich über die Stufen heben. Es dauerte oft eine halbe Stunde, bis sie darauf kamen, die Regeln zu brechen, die Wegweiser zu ignorieren und einen anderen, rollstuhlgerechten Weg zu nehmen.

Am Ende wurden alle Teams in einen Dunkelraum geführt, um in dem von uns so genannten »Visionsinkubator« bei Saft und Snacks Ideen für ein behindertenfreundliches Trivandrum zu entwickeln.

All das war ein großer Erfolg. Aber Studenten und Katalysatoren standen unter Hochspannung, denn Anthony hatte seinen eigenen Plan. Er wollte die Vertreter der Medien zusammenrufen und schon wieder eine Rede halten. Ich versuchte ihm das auszureden, doch er blieb stur. Diese Rede sei absolut wichtig für Trivandrum und die ganze Welt. Ojok fragte ihn, worum es denn dabei gehe. Anthony tat erst geheimnisvoll, doch dann vertraute er sich seinem Freund an: In der Küche passierten merkwürdige Dinge. Er habe die Messer gezählt, und drei seien verschwunden. Er wolle die Medien Trivandrums darüber aufklären, was mit diesen Messern passiert war.

Es gab also den ganzen Tag »Anthony-Großalarm«. Alle waren auf der Hut und bemühten sich, ihn von den Journalisten fernzuhalten. Wir sahen schon die Schlagzeile: »Die schrecklichen Geheimnisse der kanthari-Küche«. Irgendwann stand Anthony auf der Bühne und versuchte sich vor den Besuchern auszuziehen. »Change for a change!«, rief er mit kehligem Lachen. Es klang unheimlich, und ich dankte im Stillen Ojok, der mit übermenschlicher Geduld den rasenden Freund im Arm hielt, um ihn und uns in dem erzkonservativen Kerala vor einer Katastrophe zu bewahren.

Wir alle waren glücklich, als der letzte Besucher inspiriert und motiviert gegangen war, ohne etwas von den Merkwürdigkeiten mitbekommen zu haben.

Zum Glück fand sich das Geld. Es war tatsächlich hinter einer Schublade versteckt, nur in einem anderen Schrank. Anthony verkündete daraufhin: »kanthari ist ein Ort voller Wunder! Geld verschwindet auf magische Weise, und Messer lösen sich in nichts auf!«

Dann ging es richtig los. Anthony erklärte, dass es wichtig sei, sich zu bewaffnen, denn es seien schlimme Dinge im letzten Jahr passiert. Er würde alles ans Tageslicht bringen, aber dazu müsse er in den See.

Die Studenten hielten ihn unter ständiger Beobachtung. Aber irgendwann entkam er ihnen, und sie fanden ihn schließlich spätabends splitterfasernackt am Ufer, neben sich ein aufgeklapptes Schweizer Taschenmesser. Karthik redete auf ihn ein, er solle sich wieder anziehen und sich vom See entfernen;

der Wasserstand sei zu hoch, und in der Nacht gäbe es Schlangen. Das machte ihn umso wilder. Anthony brüllte, sodass man es über den gesamten Campus hören konnte, er wolle zu den Schlangen. Dann sprang er.

Zunächst war alles still. Karthik machte Anstalten, ihm hinterherzuspringen. Doch dann hörten wir Anthonys keckerndes Lachen von der anderen Seite des Bootsstegs. »Ihr müsst mir alle zuhören! Aus der Küche sind drei Messer verschwunden, weil die Köche Leute umgebracht und in den See geschmissen haben!«

Die Köche wie auch die Studenten, die reihum des Mordes oder des Diebstahls bezichtigt wurden, standen am Ufer, pikiert und hilflos. Niemand wusste so recht, was jetzt zu tun war. Tayo aus Nigeria zischte wütend, er solle doch im See ersaufen. Aber dann sprang er doch mit Karthik ins Wasser. Zwei Sehende gegen einen Blinden. Doch es war stockduster, und der Blinde war jetzt klar im Vorteil. Der Himmel war bewölkt und das Wasser schwarz wie Pech. Zudem gab es in einigen Bereichen dornige Lotuspflanzen, die das Schwimmen erheblich erschwerten.

Anthony war ein guter Schwimmer. Er tauchte unter den Booten durch, glitt lautlos zwischen die Wasserpflanzen und schien einen Riesenspaß zu haben, denn hier und da tauchte er auf und rief: »Ihr kriegt mich nicht, ich habe ein Messer.« Das war eine Drohung, die alles erschwerte und Karthik und Tayo zum Aufgeben zwang. Dabei bemerkte bis zum nächsten Morgen niemand, dass Anthonys Taschenmesser immer noch auf dem Bootssteg lag.

Die beiden Köche sprangen nun in eines der Boote und versuchten Anthony abzudrängen. Doch er war geschickt, schwamm unheimlich schnell, tauchte weg und schrie oder lachte plötzlich von einer anderen Seite. Manchmal hörte man von ihm für lange Zeit gar nichts, und das war genauso unheimlich. Irgendwann rief er, er wolle jetzt den ganzen See leer trinken, um die Leichen, die die Köche versenkt hätten, zu finden.

Und dann fing er an zu trinken. Er muss Unmengen Seewasser getrunken haben, und wir machten uns alle Sorgen, denn wir waren uns nicht sicher, wie sauber das Wasser war.

Inzwischen waren zwei Boote auf dem See unterwegs. Man versuchte, den einsamen Schwimmer einzukreisen und ein Lasso über ihn zu werfen. Jetzt hatte sich Sandeep, ein Katalysator, in das Geschehen eingemischt, sprang ins Wasser und schwamm in die Richtung, in der er Anthony vermutete. »Es war ein komisches Gefühl«, meinte er später, »wie in einem Albtraum. Ich suche ihn, und immer wenn ich denke, gleich hab ich ihn, gleitet er weg, wie ein Fisch. Außerdem war es nicht sehr angenehm, immer damit zu rechnen, dass irgendwo aus dem Dunkel plötzlich ein Messer auftaucht.«

Als der Mond kurz aus den Wolken lugte, sah Sandeep Anthony dicht vor sich. Um ihn nicht zu ängstigen, redete er auf ihn ein: »Vertrau mir, gib mir deine Hand.« Er hatte ihn fast so weit, doch in diesem Moment kam eines der Boote von der anderen Seite. Anthony brüllte auf und verschwand.

Über drei Stunden ging das so. Irgendwann wurde er müde. Sandeep redete ununterbrochen auf ihn ein, und dann ließ Anthony es doch zu, dass er ihm einen Arm um die Schultern legte, um mit ihm ans Ufer zu schwimmen.

Ajith und Sandeep fuhren ihn nachts um eins in die Klinik, wo der Psychiater schon auf ihn wartete.

Am nächsten Morgen holte ich Anthonys Schwester vom Flughafen ab. Sie hatte die Reise lange vorher geplant, aber für uns kam sie genau zum richtigen Zeitpunkt. Auf dem Weg zum Campus erzählte sie, dass er eine ähnliche Attacke schon mal vor vier Jahren gehabt hatte. Damals sei den Verwandten die Persönlichkeitsstörung zum ersten Mal aufgefallen. Die Schwester hatte große Schuldgefühle. Sie meinte, dass sie als Familienangehörige uns hätte warnen müssen. Das fand ich allerdings auch, aber sie war so voller Sorge, dass ich meinen Mund hielt. Anthony und seine Schwester blieben eine ganze

Woche in der Klinik und flogen anschließend gemeinsam nach Hause.

Nachdem alles überstanden war, erklärte Ojok, der stets das Positive sieht: »Wir haben doch eine Menge dazugelernt, besonders über die Wasserqualität des Sees. Anthony bekam weder Durchfall noch Bauchschmerzen, obwohl er literweise Seewasser getrunken hatte.«

26. Der Herr der Bienen

Jedes Mal, wenn ich an Gulu im Norden Ugandas denke, erinnere ich mich an den Geschmack von Malaquang, einer würzigen Paste aus leicht säuerlichen Blättern und gestampften Erdnüssen, an die Rauchschwaden der Holzfeuer, über denen ein Lamm gart, an runde, grasbedeckte Lehmhütten, an Gewitterstürme und prasselnden Regen und an den leicht holzigen Duft von bittersüßem Honig.

Wir sind irgendwo im Busch, kilometerweit entfernt von der nächsten größeren Straße. Ojok hat uns in weiße Schutzanzüge mit Helm, stichfesten Überschuhen und Handschuhen gesteckt, und jetzt pirschen wir, so leise, wie es für eine Gruppe von sieben Laien eben geht, an die Bienenstöcke heran. Wo immer wir auftauchen, verstummt augenblicklich alles um uns her. Frösche unterbrechen ihr kehliges Ächzen, Zikaden halten in ihrem sägenden Singsang inne, nur die Vögel stoßen spitze Alarmrufe aus, als wären wir gefährliche Raubtiere.

Von weither hören wir Donnergrollen, die Luft wird schwer, und Ojok treibt uns zur Eile an. Wir müssen es vor dem Gewitter schaffen, hier draußen sei man vor Blitzschlägen und herunterfallenden Ästen nicht sicher, und wenn es mal regnet, dann seien keine Wege mehr zu erkennen: »Wie oft habe ich mich schon verirrt!«

Obwohl wir auch auf dem trockenen Boden keine Wege ausfindig machen können, hat es nicht den Anschein, als habe er Orientierungsprobleme. Schnell und zielsicher führt er uns im Zickzackkurs durch die Wildnis. Ojok, von der Statur einem Bären ähnlich, hüpft erstaunlich leichtfüßig auf unwegsamem Gelände vor uns her.

Paul und ich leben auch in den Tropen und sind bestimmt

nicht überängstlich. Wir verlassen auch mal einen ausgewiesenen Pfad und denken nicht ständig an Schlangennester oder anderes Getier. Hier würden wir allerdings ohne Ojoks Führung nicht einfach so durch raschelnde, ja höchst lebendig wirkende Laubhaufen stapfen. Nun gut – es bleibt mir nichts anderes übrig, als ihm zu folgen. Er zieht mich einfach an der Spitze meines Blindenstocks hinter sich her. Er steuert mich durch Dornengestrüpp, über staubtrockene Erdwälle und durch dichtes Buschwerk. Wir klettern durch überwucherte Gräben, über Baumstämme und Luftwurzeln, bis wir atemlos seinen Arbeitsplatz erreichen.

Ein paar Meter vor unserem Ziel bleibt er stehen und flüstert uns zu: »Jetzt müssen wir ruhig sein. Bienen mögen keinen Lärm.« Leise bittet er seinen Helfer näher zu kommen. Es ist jetzt ganz still, ich höre nur ein dumpfes Summen. »Das ist ein einheimischer Bienenstock«, raunt Ojok uns zu.

Wir wissen Bescheid, denn er hat uns zuvor einen Schnellkurs in Bienenzucht gegeben. Dabei haben wir eine Menge über den Unterschied von einheimischen und sogenannten europäischen Bienenstöcken gelernt. Laut Ojok besteht der hauptsächlich im Endzweck. Da die europäischen Bienenzüchter an einer schnellen und effizienten Honigausbeute interessiert sind, bieten sie den Bienen eine Art »Fertighaus« mit vorgepresster Wachswabe. Die wird an einem Metallrahmen in einen praktischen Holzkasten gehängt und kann einfach, sauber und schnell ausgetauscht werden. So verlieren die Bienen keine Zeit mit der Produktion von Wachs, und der Honig kann schneller geerntet werden.

Die einheimischen Bienenvölker müssen sich ihre Wabe erst einmal selbst bauen. »Uns ist das recht«, hatte Ojok erklärt. »Wir haben Zeit. Und so bekommen wir wertvolles Wachs, das weiterverarbeitet werden kann.«

Ojok hatte uns zuvor einen verwaisten einheimischen Bienenstock gezeigt. Dabei handelte es sich um den quergelegten ausgehöhlten Baumstamm einer Elefantenpalme. Diese Palmenart trägt kinderkopfgroße Früchte, die gerne von Elefanten gefressen werden. Die Stämme mit einem Durchmesser von 50 Zentimetern eignen sich laut Ojok hervorragend als Bienenstöcke, denn die Rinde ist hart und das Innere weich und leicht zu entfernen. Es sei nicht einfach, wilde Bienen anzusiedeln. Die Behausung muss von Verunreinigungen befreit und dann von innen mit Honig, geschmolzenem Wachs oder Zuckerwasser eingerieben werden. Die Bienen hätten so den Eindruck, als wäre der Platz schon mal bewohnt worden und würde sich für eine neue Kolonie eignen. Der süße Geruch ziehe aber auch Ameisen und andere Insekten an. Und Bienen seien eigen, sie teilten ihr Heim nicht gerne. Sobald sie anderes Getier vorfänden, gebe es keine Chance, dass sie sich einrichten.

Vor der kreisrunden Öffnung des Bienenstocks hat Ojok ein durchlöchertes Blech angebracht. So werden die Bienen vor größeren Tieren und vor Unwettern geschützt und können leicht ein- und ausschwärmen.

Ojok löst jetzt behutsam das Blech vom Nagel und legt es auf die Seite. Es dauert einige Sekunden, bis das Geschwader die Veränderung bemerkt. Doch dann geht es los. Aus dem leicht verschlafenen Summen entsteht ein Getöse. Und plötzlich sind sie um uns herum. Eine tobende Wolke von wütenden Geschossen, die steinschlagartig gegen unsere Schutzanzüge und gegen die Gitter vor den Gesichtern prallen. Aus dem Innern des Bienenstockes klingt es jetzt, als ob Tausende von Sportwagen über eine ferne Rennstrecke rasen.

Von der Seite vernehme ich ein leises Fauchen. Der Helfer bedient einen kleinen Blasebalg, mit dem er Rauch in den Bienenstock und in unsere Nasen bläst. Zunächst wird das Brausen lauter und aggressiver, doch dann schwillt es ab. Der Rauch betäube die Bienen, er schade ihnen aber nicht. Sie würden einfach nur ein bisschen willenlos und weniger angriffslustig. Ojok zieht seine Handschuhe aus, denn so könne er besser arbeiten. Ob er denn nicht gestochen werde?

»Doch, natürlich, mehrmals am Tag. Aber ich liebe es!« Ohne Zögern greift er in die Baumhöhle und prüft mit bloßer Hand die Fülle der Wabe. Er brummt zufrieden. »Hm, noch etwa zwei Wochen, und dann können wir ernten.«

In diesem Moment scheint es, als ob der Himmel über uns auseinanderreißt. Eine tosende Wasserflut stürzt auf uns herab. Die Schutzanzüge sind im Nu durchweicht und hängen wie Zementsäcke an uns herunter. Der ausgedörrte Boden wird in wenigen Minuten zur schlammigen Masse. Da Ojok den Stock wieder schließen muss, schickt er uns schon mal zurück. Orientierungslos stapfen wir los, und als wir nach einigem Herumirren in Ojoks Hütte ankommen, sitzt er schon da und schüttet sich aus vor Lachen. »Na? Hab ich zu viel versprochen? Macht euch nichts draus, das sind die Freuden eines Landwirts!«

Ojok ist seit vielen Jahren leidenschaftlicher Landwirt, Bienenzüchter, Umweltschützer und Aktivist. Seit Dezember 2012 ist er auch kanthari-Absolvent und Gründer von »Hive Uganda Limited«, einem Honig- und Wachsvertrieb mit angeschlossenem Trainingsinstitut, das sich der Ausbildung von blinden und sehbehinderten Imkern und Umweltschützern in Ostafrika widmet. Er ist selbst hochgradig sehbehindert und davon überzeugt, dass Blinde und Bienen die perfekte Arbeitsgemeinschaft bilden: »Wir brauchen Bienen nicht zu hüten, müssen sie abends nicht wie Kühe oder Ziegen zusammentreiben. Im Vergleich zu anderen Tieren machen sie wenig Arbeit. Und während die Rinderhaltung die Umwelt eher belastet, brauchen Menschen Bienen, die Wild- wie Kulturpflanzen bestäuben, um zu überleben. So kommt blinden Imkern eine wichtige Rolle zu. Denn Bienen sind für alle ein Gewinn, für die Umwelt, die Landwirtschaft und für uns, für diejenigen, die verrückt sind nach Süßem!«

Wenn Ojok von seinen Bienen erzählt, höre ich, wie er vor Begeisterung strahlt. Und selbst wenn er über ernsthafte Themen spricht oder als Aktivist kämpferische Reden schwingt, klingt er immer, als sei das Leben mit all seinen süßen, aber auch bitteren Facetten ein einziger großer Genuss.

Zu seinem Abschluss am kanthari-Institut hielt er ein flammendes Plädoyer: »Da locken sie uns Blinde in die Hauptstadt, nach Kampala, unterrichten uns in Computertechniken. Und was passiert dann? Die Frage ist doch, wer will uns haben? Wo kommen wir unter? Wenn wir eine Arbeit finden, stellt sich uns immer die Frage: Beschäftigen sie uns nur, um ihr schlechtes Gewissen zu beruhigen? Wie oft habe ich Hilfsorganisationen mit ihren Blindenspezialisten, Sonderpädagogen und Sozialarbeitern erklärt, wie wichtig es für uns ist, sinnvoll eingesetzt und nicht einfach nur beschäftigt zu werden. Es geht doch immerhin darum, uns ein würdiges Leben zu ermöglichen. Es gibt aber für uns kaum Arbeit in der Stadt. Wir Blinden werden entweder mit unsinnigen Aufgaben ruhig gestellt oder landen als bestens am Computer ausgebildete Bettler auf der Straße! Warum konzentriert man sich also nicht auf die Möglichkeiten und Notwendigkeiten? In der Landwirtschaft und im Umweltschutz werden Menschen gebraucht. Aber die Sonderpädagogen und Blindenexperten wehren ab: Wie soll man als Blinder ein Feld bestellen, wie soll man sich überhaupt zurechtfinden? Und dann diese Gefahren! Elefanten, Schlangen, Spinnen! Klar, das Leben ist gefährlich. Aber mal ehrlich, ist das Leben in der Stadt, als blinder Bettler auf der Straße, so viel sicherer?«

Während des kanthari-Kurses hat Ojok ein Trainingsprogramm entwickelt, das neben Bienenhaltung, Honig- und Wachsgewinnung auch umweltverträgliche Landwirtschaft beinhaltet. Das Training samt den ersten fünf Bienenstöcken, den Schutzanzügen und der Grundausstattung sollte für die Auszubildenden zunächst einmal kostenlos sein. Sobald sie durch den Verkauf von Honig und Wachs ein regelmäßiges Einkommen erzielten, wären sie in der Lage, die Auslagen in Raten zurückzuerstatten.

Für den Honigvertrieb sollte es eine Kooperative von blinden und sehbehinderten Bienenzüchtern geben. Die vollen Waben würden zentral gesammelt, der Honig abgefüllt und das Wachs weiterverarbeitet werden. Auf diese Weise könnte man hohe Qualität garantieren. Die entstandenen Produkte würden dann auf lokalen Märkten verkauft.

Seine Abschlussrede und das Konzept waren so überzeugend, dass er mit einer beachtlichen Startfinanzierung von Sponsoren, die seine Rede per Videoschaltung mitverfolgen konnten, in sein Heimatdorf zurückkehren konnte. Sofort organisierte er ein Team von blinden und sehenden Mitarbeitern. Eine in Gulu ansässige Hilfsorganisation stellte ihm für eine Übergangszeit Räumlichkeiten zur Verfügung. Er mietete einen Laden für den Honigvertrieb und schrieb uns nach wenigen Wochen Vorbereitungszeit: »Morgen geht's los! Die ersten zehn Blinden haben sich für den Kurs beworben.«

Als wir ihn ein Jahr später in Gulu besuchen, hat er bereits das Leben von vierzig blinden Menschen verändert. Alle haben nun ein regelmäßiges Einkommen. Sie sind in der Lage, ihre Kinder in die Schule zu schicken, und können mit dem erwirtschafteten Profit ihre Bienenzucht ausbauen. Einige der Auszubildenden kommen aus der Stadt. Das hält sie aber nicht davon ab, auch dort Bienen anzusiedeln. Von Ojok lernen sie, Dächer und Straßenränder mit geeigneten Blumen und Bäumen zu begrünen.

Über mehrere Tage besuchen wir Ojoks ehemalige Auszubildende und sprechen mit ihnen und ihren Nachbarn und Familienangehörigen über die sozialen Veränderungen, die hier vor sich gehen. Vor einer kleinen Gruppe von älteren Bäuerinnen, die auf dem steinharten Lehmboden vor ihrer Hütte knien und Erdnüsse mit Steinen klein hacken, bleiben Ojok, Paul und ich stehen. Es sind die nächsten Nachbarn von Okot Thomas, einem blinden Landwirt. Er hat im letzten Jahr das Training von »Hive Uganda Limited« absolviert und unterhält zusammen mit seiner ebenfalls blinden Frau und seinen zwei Kindern einen kleinen landwirtschaftlichen Betrieb mit Bananenplantage und Bienenzucht. Ojok spricht die Bäuerinnen auf ihren blinden Nachbarn an. Zunächst sind die Frauen verlegen und kichern vor sich hin. Doch dann setzt sich eine von ihnen gerade auf und sagt mit Überzeugung in der Stimme: »Zuerst waren wir alle skeptisch. Ja, wir konnten es nicht glauben und haben das ein oder andere gesagt. Und jetzt! Guckt euch mal diese Pflanzung an. Niemand hat so ordentliche Plantagen!«

Die anderen stimmen zu und mischen sich in das Gespräch ein: »Die beiden haben ihre ersten Bananenstauden und die erste Honigernte an uns alle verschenkt. Das hat uns ein bisschen beschämt.«

»Aber jetzt werden sie sogar um Rat gefragt. Ja, man bittet sie, mehr Bienenstöcke aufzustellen.«

Ojok hat uns die Kommentare übersetzt. Er freut sich über die Veränderung in der Haltung der Nachbarn, wirkt aber auch nachdenklich, als wir zusammen durch den Busch zur Straße zurücklaufen. »Es ist nicht leicht, die Menschen hier davon zu überzeugen, dass wir dazugehören. Blinde und Behinderte gelten als verflucht. Das wird sich nicht so schnell ändern, auch wenn wir noch so hart arbeiten. Und selbst wenn wir unentbehrlich geworden sind, werden wir immer Außenseiter bleiben.«

In diesem Moment kommen wir an einer Hütte mit spielenden Kindern vorbei. Als einer der Jungen uns bemerkt, brüllt er so laut, dass es uns in den Magen fährt. Sein Geschrei ist eine Mischung aus Angst und Hass, es ist, als hätte er den Teufel persönlich gesehen. Zunächst versucht er uns wegzuscheuchen, dann macht er sich selbst aus dem Staub. Ojok lacht laut auf. »Kinder zeigen genau, was sie denken. Erwachsene brüllen nicht, aber sie haben oft die gleiche Einstellung.«

Abends sitzen wir bei platschendem Regen und donnerndem Tropengewitter dicht gedrängt in einer der kreisrunden, fensterlosen Lehmhütten und lassen es uns schmecken. Es gibt über dem Feuer geröstetes Lamm, Matoke, einen Brei aus Kochbananen, und die für diese Gegend typische Malaquang-Paste, die mich ein wenig an indonesische Satésoße erinnert.

Ojok erzählt von seinen Plänen: »Mein Traum ist ein Trainingszentrum für blinde Bienenzüchter. Nicht nur aus Uganda. Innerhalb der nächsten zehn Jahre möchte ich Blinde aus ganz Ostafrika, aus Kenia, Burundi, Ruanda und Tansania ausbilden. Gleich hier, in diesen Hütten. Hier haben wir alles, was wir brauchen. Und nichts, was uns stört. Keinen Handyempfang und auch kein elektrisches Licht«, er gluckst vergnügt, »das brauchen meine Auszubildenden auch nicht!«

Das Grundstück, auf dem sich Ojoks Hütten befinden, hat einmal seinem Vater gehört. Nach dessen Tod wollte niemand die Verantwortung für das Areal übernehmen. Es gab allerdings einen Professor aus Kenia, der sich für das Land interessierte. Er wollte eine Bienenforschungsanlage errichten. »Das Projekt war unsere große Hoffnung. Aber die Idee platzte, und wir hörten nichts mehr von dem Professor. Da habe ich mich gefragt, ob ich nicht selbst die Bienenzucht zum Beruf machen soll.«

Ojok startete mit sieben einheimischen Bienenvölkern, die sich von den Blüten der Wildnis ernähren. Heute unterhält er 120 Bienenstöcke und einen gut gehenden Vertrieb. Und trotzdem sieht er sich nicht in erster Linie als Geschäftsmann. »Ich bin zunächst einmal Aktivist. Es geht mir um die Umwelt, um den Wald, um eine gesunde Natur und um den sozialen Status von blinden Menschen. Und dann«, er grunzt genießerisch, »bin ich seit meiner Kindheit verrückt nach Honig!«

Ojok konnte bis zu seinem dreizehnten Lebensjahr normal sehen. Wie andere Jugendliche machte er sich nachts auf die Jagd nach wilden Bienenwaben. Es waren gefährliche Mutproben, denen sich die Jungen des Dorfes unterzogen. Wenn es dunkel wurde, kletterten sie auf hohe Bäume und balancierten auf schwankenden Ästen, um die Waben zu erreichen.

Dann aber veränderte sich das friedvolle Leben der Landbevölkerung Gulus. Ein brutaler Bürgerkrieg brach im Norden Ugandas aus. Zivilisten wurden gefoltert und verstümmelt, Frauen vergewaltigt und Kinder in Massen entführt. Die Rebellen kamen nachts. In großen Horden fielen sie über die Dörfer her, brannten Hütten nieder und machten Jagd auf die fliehenden Menschen.

In seiner kanthari-Abschlussrede berichtete Ojok von der Nacht, die sein Leben verändert hatte: »Ich hatte gerade geschlafen, als ich hörte, wie jemand die Tür eintrat. Von überallher kamen Taschenlampen auf mich zu. Ich schreckte hoch und hörte die Männer brüllen: ›Wenn ihr weglauft, seid ihr tot! Bleibt alle, wo ihr seid! Wo sind die Kinder?‹

Ich stand aufrecht auf meinem Bett, und die Männer kamen zu mir und hielten mich fest: ›Du willst abhauen?‹ Einer nahm sein Gewehr und schlug mir mit dem Kolben immer wieder auf die Schläfe. Ich bin vor Schmerz in Ohnmacht gefallen, und sie haben mich in Ruhe gelassen. Als Folge habe ich mein Sehvermögen fast ganz verloren. Im Gegensatz zu vielen anderen Kindern meiner Region hatte ich aber großes Glück.

Gut, mein Leben hat sich seit dem Krieg drastisch verändert. Ich habe in einer Blindenschule die Brailleschrift gelernt. Als ich wieder nach Hause kam, war ich ein Außenseiter. Ich konnte noch nicht einmal Verstecken spielen, für mich waren die anderen Kinder immer versteckt. Das hat mich aber nicht davon abgehalten, weiter nach wildem Honig zu suchen. Die Jungen, die morgens mit vollen Honigwaben ins Dorf zurückkamen, wurden gefeiert. Oh, sie hatten große Geschichten zu erzählen. Alle bewunderten sie. Und ich? Ich hatte kein Glück. Ständig habe ich mich im Wald verlaufen und musste gesucht werden. Und dann habe ich irgendwann dicht bei unserer Hütte einen liegengelassenen Tontopf entdeckt. Aus dem Topf kam ein Geräusch, das wie: ›Jiujiujiu‹ klang. Ich war erst einmal ganz still und dann habe ich mich langsam, Schritt für Schritt, herangepirscht. Als ich gestochen wurde, war ich richtig glücklich! Da war mir klar, dass es Bienen waren.

Da hatte ich eine Idee: Bienen, die ihr Haus in Tontöpfen einrichten, waren für mich leicht erreichbar. Ich musste einfach nur Töpfe aufstellen und darauf warten, dass sie von den Bienen bezogen wurden. Daraufhin habe ich heimlich den ein oder anderen Tontopf aus der Küche meiner Mutter stibitzt und ihn im Wald, gleich hinter meiner Hütte, aufgestellt. Bald war ich der mit dem meisten Honig. Und keiner wusste, warum! Das Problem war nur, dass die Tontöpfe leicht zerbrachen, und dann war die ganze Ernte dahin. Später habe ich gelernt, richtige Bienenstöcke in Bäumen einzurichten. So bin ich Imker geworden. Und das dank meiner Sehschädigung.«

All das erzählte uns Ojok mit einem warmen Singsang in der Stimme, so als wollte er uns sagen: »Schaut doch nicht so entsetzt drein! Es ist doch alles gut gegangen!«

Ich erinnere mich noch an die Fragen aus dem Publikum: »Kennst du die Leute, die dir das angetan haben?«

»Oh ja«, antwortete Ojok ohne zu zögern, »es waren Männer und Jugendliche aus unseren Dörfern. Sie sind heute unsere Nachbarn.«

»Und wie könnt ihr nach all dem, was passiert ist, weiter zusammenleben?«

Während Ojok über die Frage nachdachte, wurde es ganz still im Saal. Es schien, als ob alles, selbst die Natur draußen, die gurrenden Tauben, die Krähen, die Kröten und die schnatternden Palmenhörnchen, gespannt auf seine Worte warteten.

Seine Antwort war ein Satz, der uns alle schlucken ließ: »Wir können nur überleben, wenn wir vergeben.«

27. *Thumbs Up für eine offene Gesellschaft*

»Seit 18 Jahren bekämpfen sich Rebellen und Regierungstruppen in Uganda, und die Weltöffentlichkeit nimmt den Konflikt kaum wahr. Opfer des Krieges ist die Zivilbevölkerung. Die Rebellen plündern, vertreiben, morden ... Zehntausende haben die Rebellen seit Beginn des Bürgerkrieges getötet, Unzählige mit Spaten und Macheten verstümmelt. Die Ugander versuchen dem Terror zu entfliehen – ganze Ortschaften sind entvölkert ... Die Kämpfer der LRA sind dabei zum großen Teil zwangsrekrutierte Kinder.«

»Der vergessene Krieg in Uganda«, Deutsche Welle, 13. Februar 2004

Am 15. Dezember 2014 hielt Odwar Samuel aus Uganda seine kanthari-Abschlussrede: »Dieser Krieg wurde von der Lord's Resistance Army (LRA) geführt. Das ist eine Rebellengruppe unter der Führung von Joseph Kony, die die ugandische Regierung stürzen will. Er selbst stützt seine Macht auf Aberglauben und argumentiert, Kinder könnten, da sie ohne Sünde seien, fürs Töten nicht zur Rechenschaft gezogen werden. Er hat Kinder benutzt, um jeden umzubringen, der sich in überfallenen Häusern befand. Viele aus meiner Gemeinschaft sind entführt und gezwungen worden, Kindersoldaten zu werden. Ich war einer von ihnen.«

Obwohl wir alle seine Geschichte im Detail kannten, seine Rede viele Male bei vorangegangenen Proben gehört hatten, saßen wir jetzt, wie alle anderen Zuhörer, gebannt auf unseren Stühlen. Es war die Lebensgeschichte eines typischen kantharis, der durch einen Schicksalsschlag Stärke gewinnt und Lösungen für selbst erfahrene Ungerechtigkeiten, für neue und alte Probleme findet. Und doch gab es im Vergleich zu anderen kantharis einen wichtigen Unterschied: Samuel hatte nicht nur *einen* Schicksalsschlag erlitten, er war vom Schicksal regelrecht geprügelt worden.

Ein halbes Jahr zuvor hatten die anderen Studenten beschlossen, Samuels Geschichte als Hörspiel zu vertonen. Dafür interviewten sie ihn viele Stunden lang. Meine Aufzeichnungen basieren auf diesen Interviews. Es ist nur ein kleiner Ausschnitt aus dem Leben eines Menschen, der trotz aller Widrigkeiten nie seine Integrität und positive Lebenshaltung verloren hat.

»kanthari habe ich durch Ojok kennengelernt. Ojok ist mein Freund. Er kommt wie ich aus Gulu. Als ich ihm das erste Mal begegnete, war ich Lehrer an einer Schule für behinderte Kinder. Und ich war schon damals Aktivist. Ich habe mich für die Rechte von Behinderten in meiner Region eingesetzt. Ich weiß noch, dass Ojok mir äußerst reserviert begegnete. Er stellte mir viele Fragen, und ich merkte, dass er sich nicht vorstellen konnte, warum ich, ein Mensch ohne Behinderung, mich für die Belange von Blinden, Tauben und körperlich Behinderten engagierte. Heute verstehe ich sein damaliges Misstrauen. Es gibt viele Aktivisten, die sich für benachteiligte Menschen einsetzen. Aber wenn sie nicht selbst unmittelbar betroffen sind, ist das Feuer schnell verpufft. Ich bin aber selbst betroffen, obwohl ich nicht behindert bin.«

Als Samuel Ojok nach seinem kanthari-Studium begegnete, war er beeindruckt von den Ideen und der Tatkraft, die jener mitbrachte. Und so bewarb auch er sich für den nächsten siebenmonatigen Kurs.

»Ich möchte für eine offene Gesellschaft kämpfen«, erklärte er in seinem Bewerbungsgespräch, »eine Gesellschaft, die nicht auf Aberglauben beruht. Solange wir alles mit Hexerei, Fluch und Magie erklären, werden wir niemals in der Lage sein, Menschen, die anders sind, aufzunehmen. Nur eine offene Gesellschaft ist in der Lage, sich weiterzuentwickeln.«

Es schienen große Worte zu sein. Doch jeder, der Samuels Geschichte kennt, versteht, dass dies keine Allgemeinplätze waren.

Samuel stammt aus einer polygamen Großfamilie. Er wuchs mit 21 Geschwistern, zwei Müttern, seinem Vater und seinen Großeltern auf. Seine Eltern waren verarmte Bauern, die es sich nicht leisten konnten, 22 Kinder auf weiterführende Schulen zu schicken. Die meisten der Kinder brachen die Schule vorzeitig ab und heirateten noch im Jugendalter. Samuel aber wollte nichts lieber, als zur Schule zu gehen, und sein Großvater war der Einzige, der seinen Wunsch ernst nahm. Als Samuel 13 Jahre alt war, schenkte der Großvater ihm zwei Ferkel, die er aufziehen sollte. Mit dem Geld, das er für die ausgewachsenen Schweine bekam, würde er in der Lage sein, die Schule zu finanzieren. Doch der Verkaufserlös reichte gerade mal für ein Fahrrad, das ihm ermöglichte, einen kleinen Fischhandel einzurichten. Dafür radelte er täglich viele Kilometer, kaufte Fisch vom Fluss und verkaufte ihn morgens, noch vor der Schule, auf dem Marktplatz. Er kam meist zu spät in den Unterricht, und die Lehrer hatten nur wenig Verständnis, sodass er umso härter für die Schule arbeiten musste.

Das Leben in seiner Familie war für den Jungen, der sich auf mathematische Gleichungen und englische Grammatik konzentrieren musste, nicht einfach.

»Meine Familie ging mir damals ziemlich auf die Nerven. Ständig gab es Streit. Meine jüngeren Geschwister zankten sich, schrien und heulten, und unsere Mütter, die um die Aufmerksamkeit meines Vaters buhlten, nutzten uns Kinder als Spielball für ihre Kämpfe. Sie verboten uns, mit den Kindern der jeweils anderen Mutter zu reden. Da wir wenig zu essen hatten, waren auch Lebensmittel zwischen den Teilfamilien heiß umkämpft. Unsere Hütten waren strikt in zwei Bereiche aufgeteilt. Jede Mutter lebte mit ihren Kindern in einem der Wohnbereiche, und mein Vater zog von einer Frau zur anderen.

Mein Vater war das Familienoberhaupt. Er wies uns an, was wir zu tun hatten. Pflügen, ernten, pflanzen, Wasser holen, Holz hacken. Zum Spielen gab es keine Zeit. Ballspiele lernten wir erst in der Schule kennen.

Wenn unsere Schwestern verheiratet wurden, freuten wir uns besonders, denn dann gab es etwas zu essen. Bei uns muss die Familie des Mannes für den Brautpreis aufkommen. Da geht es manchmal um eine ganze Herde von Kühen, zusätzlich um ein paar Ziegen und natürlich Hühner. Manchmal auch Geld. Bei einer Hochzeit wird dann eines der Tiere geschlachtet und das Fleisch an alle verteilt.«

Dass Samuel nicht heiraten und stattdessen die höhere Schule besuchen wollte, stieß bei seinem Vater auf Unverständnis. »Manchmal hatte ich das Gefühl, dass er mich von der Schule abhalten wollte. Immer gab er mir neue Aufgaben. Ich sollte noch morgens das Feld umgraben oder die Ernte einholen. Ich konnte mich dem nicht widersetzen, und so musste ich die Schule schwänzen, obwohl ich doch das Schulgeld selbst verdient hatte!«

Trotz all dieser Schwierigkeiten schaffte er den Abschluss und wechselte zum Lehramtsstudium nach Gulu.

Es war das Jahr 1999, ein Jahr, in dem der bereits schwelende Krieg zwischen der LRA, der Lord's Resistance Army, und der staatlichen UPDF, der Uganda People's Defense Force, eine neue, brutale Stufe erreichte. Joseph Kony, seit 1994 Führer der Rebellenarmee LRA, wütete mit seinen Truppen im Norden Ugandas, besonders in den Gebieten des Acholi-Stammes. Er selbst ist ein Acholi, und alle Acholis, die sich nicht für seine Zwecke rekrutieren ließen, wurden als Verräter angesehen. Sie wurden vergewaltigt, gefoltert, verstümmelt, getötet. Wer sich den Rebellen widersetzte, dem schnitt man Lippen, Hände oder Ohren ab. Konys Hauptinteresse galt allerdings der Massenentführung von Kindern. Zunächst waren es Teenager, 12- bis 16-jährige Jungen und Mädchen, die den Kommandeuren in den Camps als Träger und Sexsklaven dienten. Bei Überfällen oder in Schlachten mit der Regierungsarmee wurden sie als Mörder, Soldaten und Kanonenfutter eingesetzt. Später bevorzugten sie noch kleinere Kinder, besonders die 8- bis 13-jährigen, denn Kinder sind formbar, man kann sie leicht beeinflussen und zu jeder Tat anstiften.

Worum es Joseph Kony wirklich ging, bleibt ein Rätsel. Klar ist, dass er sich im Namen seiner Vorgängerin Alice Lakwena, selbst auch eine Acholi, an der Regierung von Yoweri Museveni rächen wollte. Angefangen hatte alles mit einem Guerillakrieg in den Achtzigerjahren. Damals führte Alice Lakwena die Guerilleros an. Sie erklärte, sie sei vom Heiligen Geist beseelt und in der Lage, das Acholi-Volk von der Unterdrückung zu befreien.

»In meiner Gegend sind die Leute sehr religiös und dazu sehr abergläubisch. Man kann ihnen so ziemlich alles erzählen. Lakwena redete den Leuten ein, sie habe übersinnliche Kräfte, und man glaubt heute noch, dass sie Steine in Bomben verwandeln konnte. Ihre Gefolgsleute wurden von ihr mit einem besonderen Nussöl eingerieben, das sollte sie unverwundbar machen. Mit oder ohne Öl, irgendwann waren ihre Truppen doch unterlegen, und sie musste nach Kenia fliehen, wo sie dann irgendwann gestorben ist. Man vermutet sogar, sie war HIV-positiv. Aber selbst das hält die Leute nicht davon ab, sie als Magierin und sogar als Heilige zu sehen.«

Nachdem sie das Weite gesucht hatte, übernahm Joseph Kony ihr Erbe. Er soll ein Verwandter Lakwenas sein. Auch er behauptet, der Heilige Geist sei in ihn gefahren. Rechtfertigung für seine Taten findet er in christlichen Glaubensinhalten, die er geschickt mit Aberglauben mischt.

»Wie auch Lakwena verbreitet er Angst durch magischen Schnickschnack. Und irgendwie ist schon etwas Unheimliches daran, dass er trotz der jahrelangen Fahndung durch internationale Behörden und die Regierungstruppen der UPDF bis heute nicht gefasst werden konnte. Oft soll seine Festnahme unmittelbar bevorgestanden haben. Aber immer wenn die Truppen ein Stück Wald, in dem sich Kony und seine engsten Mitstreiter aufhalten, einkreisen und gerade so weit sind, das Lager zu stürmen, passiert irgendetwas Unvorhergesehenes. Zum Beispiel ein plötzlicher Regenguss, eine Sturzflut wie aus Eimern, die die Sicht behindert. Einmal sollen Bienen die Regierungsarmee angegriffen haben. Auf Bienen kann man nicht schießen. Und Kony und seine Leute konnten fliehen. All diese Mythen machen ihn unsterblich und sorgen dafür, dass er auch heute noch Macht über die Menschen hat, auch über die, die ihn verachten.«

Samuel war 17 Jahre alt, als seine Region von den Rebellen überfallen wurde. Die meisten Rebellen stammten aus den nordugandischen Provinzen Gulu, Kitgum und Pader. Und 90 Prozent der Truppen Konys sollen aus minderjährigen Kindern bestehen.

»Stellt euch mal vor, das waren die Kinder, mit denen ich zur Schule gegangen bin! Und jetzt wurden sie zu Räubern und zu Mördern ihrer eigenen Nachbarn und Verwandten!« Das war psychologisches Kalkül der Rebellen. Da sich die Kinder in ihrer eigenen Region auskannten, wussten sie genau, wo es etwas zu plündern gab und in welcher Hütte andere Kinder übernachteten. Außerdem gingen Konys Kommandeure davon aus, dass ein Mensch, der seine eigenen Angehörigen bestiehlt, foltert oder sogar umbringt, sich schneller innerlich von seiner Familie distanziert. Kinder, die gemordet haben, trauen sich nicht mehr nach Hause, auch wenn sie die Möglichkeit haben, aus den Terrorlagern zu fliehen. Auf der anderen Seite würden auch die Verwandten weniger bereit sein, Waffen gegen ihre eigenen Kinder zu richten.

Die Rebellen kamen meist nachts, sie überwältigten die Landbevölkerung im Schlaf. Sie zündeten Hütten an und zwangen so die Familien rauszukommen. Dann nahmen sie sich diejenigen, die sie für ihre Armee gebrauchen konnten.

»Ich weiß noch genau, es war in einer Nacht zum Montag. Ich war in meinem letzten Semester und übers Wochenende nach Hause gefahren. Wir, meine Brüder und ich, spielten Fußball, bis es dunkel wurde. Dann rief uns meine Mutter, wir sollten doch besser reinkommen. In dieser Nacht teilte ich mir eine Hütte mit sieben meiner jüngeren Brüder. Es war schon spät, als ich durch ein ungewohntes Geräusch aufgeweckt wurde. Wir waren seit einiger Zeit durch Schreckensgeschichten aus Nachbardörfern und durch Warnungen im Radio alarmiert. Und irgendwie wusste ich genau, was da draußen vor sich ging. Mit dem Gedanken, ich könne die Fremden von uns ablenken, schlich ich mich raus und schloss die Tür von außen ab.

Dann bin ich in Deckung gegangen. Und tatsächlich: Obwohl es stockdunkel war, konnte ich etwa fünf Männer erkennen, die sich leise an unsere Hütte heranschlichen. Als sie versuchten, die Tür zu öffnen, habe ich sie angesprochen. Ich wollte sie davon überzeugen, dass sie mit mir vorliebnehmen müssten, denn es sei sonst niemand in der Hütte. In diesem Moment riefen meine Geschwister nach mir. Die Rebellen wurden wild. Sie zwangen mich, die Hütte aufzusperren, und dann nahmen sie uns alle gefangen. Das Ganze ging rasend schnell und fast geräuschlos vonstatten. Sie befahlen uns, keinen Lärm zu machen, sonst würden sie uns erschießen.

Da ich der Älteste war, wurden meine Arme gefesselt. Wir wurden zu einer großen Gruppe von anderen Kindern gebracht. Es waren so viele, dass ich sie nicht zählen konnte. Und dann mussten wir laufen. Drei Tage und drei Nächte, fast ununterbrochen. Es ging immer durch den Busch. Das Ziel war die südsudanesische Grenze. Gegessen haben wir das, was in den Dörfern oder auf den Feldern geplündert wurde. Schlafen konnten wir nur, wenn wir mal eine Essenspause machten. Manche fielen vor Müdigkeit einfach um und wurden dann von den Kommandeuren wach geprügelt.«

Samuel hatte aufgrund der Fesseln wenig Bewegungsfreiheit,

daher sorgten seine Brüder dafür, dass sie zunächst tagsüber und besonders auch nachts immer dicht bei ihm blieben. So konnten sie sich austauschen und Fluchtpläne schmieden. Es waren so viele Kinder, dass die Rebellen Schwierigkeiten hatten, alle unter Kontrolle zu halten. Viele konnten schon während des Marsches entkommen. Auch Samuels Brüder waren in der Lage, früh zu fliehen. Mal verschwand einer beim Feuerholzsammeln, ein anderer trickste die Bewacher beim Wasserholen aus. Die meisten aber flohen in der Nacht, im Schutz der Dunkelheit.

»Ich wollte erst an Flucht denken, wenn der Letzte meiner Brüder entkommen war. Es war Komakech, mein neunjähriger Bruder, der bis zum Schluss bei mir bleiben wollte. Ich bat ihn inständig, sich aus dem Staub zu machen, denn er hatte die Möglichkeit, ungesehen zu fliehen. Er brauchte sich einfach nur im dunklen Wald an einen Baum lehnen und, damit niemand das Weiße seiner Iris sah, die Augen schließen, bis wir alle weitergezogen waren. Irgendwann war er nicht mehr da, und ich hoffte, dass er meinem Rat gefolgt war. Aber jetzt sorgten die Rebellen dafür, dass ich nicht auch noch verschwand. Also wurde ich besonders gut bewacht.«

Unterwegs kamen sie durch Dörfer, die ausgeplündert, zum Großteil niedergebrannt und von den Einwohnern verlassen worden waren. Nur Alte und Behinderte hatte man zurückgelassen. Diese Menschen dienten der LRA als »Trainingsobjekte«. An ihnen sollten die entführten Kinder zu »Mordmaschinen« ausgebildet werden. Um die Hemmschwelle zu senken, sollten sie die Behinderten nicht einfach »nur« erschießen, sie sollten sie mit Macheten und Äxten erschlagen. Wer sich weigerte, hatte mit Folter oder dem eigenen Tod zu rechnen.

»Ich habe beobachtet, wie Kinder aus nackter Angst und mit Ekel vor der eigenen Tat die Befehle befolgten. Irgendwann war ich an der Reihe. Es war eine gelähmte, vor Hunger sehr schwache Frau, die ich mit der Axt erschlagen sollte. Ich konnte nicht, und ich weigerte mich. Ich wusste, jetzt ging es mir an den Kragen. Ein Kommandeur gab einem der Jugendlichen ein Gewehr und den Befehl, mich zu erschießen. Er ging mit mir in den Wald. Ich wartete auf den Schuss. Aber nichts passierte. Er sagte nur: ›Ich kenne deinen Vater. Sieh zu, dass du hier wegkommst.‹ Dann rannte ich, und er schoss. Der Schuss verletzte mich am Fuß, sodass ich unterwegs eine Menge Blut verlor.«

Samuel konnte entkommen und wurde einen Tag später in der Nähe der sudanesischen Grenze von Regierungstruppen aufgegriffen und ins Krankenhaus gebracht. Obwohl seine jüngeren Geschwister zu Hause berichtet hatten, dass er noch lebte, hatten seine Eltern schon die Hoffnung aufgegeben. Sie kannten ihn und ahnten, dass er nicht alles mit sich machen ließ. Doch von Samuels Brüdern und auch von anderen Geflohenen wussten sie, dass es in den Rebellenlagern bei Widerstand keine Gnade gab. Daher war die Überraschung umso größer, als er nach einem langen Monat wieder nach Hause kam.

»Wenn man verloren geglaubt wird und zurückkehrt, kann man nicht so ohne Weiteres in der Familie auftauchen. Es gibt bei uns ein Willkommensritual. Hinter der Hütte werden rohe Eier verstreut. Nur wenn ich auf diese Eier trete, darf ich auch den Sitz meiner Familie betreten.«

Die Wochen, die er in Gefangenschaft verbracht hatte und besonders die Bilder der ermordeten Behinderten ließen ihn nicht los, sie veränderten sein Leben. »Ich wollte jetzt nicht nur einfach Lehrer werden. Ich wollte mit Behinderten arbeiten. Also sattelte ich um auf Sonderpädagogik und wurde Lehrer für blinde, hörgeschädigte und körperlich behinderte Kinder. Das machte mir großen Spaß. Ich lernte die Grundzüge der Gebärdensprache und das Braillealphabet. Am leichtesten fiel mir die Arbeit mit blinden Kindern. Die meisten denken, Blindheit sei eine unüberwindbare Behinderung, aber für mich waren diese Kinder nicht wirklich behindert. Sie waren meine Assistenten und halfen mir bei Übersetzungen und bei der Arbeit mit Kindern, die an spastischer Lähmung litten. Mit diesen Kindern arbeitete ich besonders intensiv. Sie können hören und sehen, können sich aber nicht kontrolliert bewegen und haben oft Schwierigkeiten zu kommunizieren.

Zusammen mit ihren Eltern entwickelte ich für jedes Kind eine eigene Sprache. Man muss ihnen sehr nahe sein, um sie zu verstehen. Wenn dann der kommunikative Austausch funktioniert, gibt es jeden Tag sichtbare Fortschritte. Ich arbeitete viel mit den Eltern. Für mich war es wichtig, dass sie in ihrem Kind nicht in erster Linie die Behinderung sahen. Oft stieß ich auf Widerwillen der Eltern, sich auf ihr Kind mit all seinen Eigenarten einzulassen. Viele hatten Angst, etwas falsch zu machen. Manche fürchteten, von der Gesellschaft ausgeschlossen zu werden. Ich versuchte ihnen Mut zu machen. Aber eigentlich hatte ich keine Ahnung, was diese Menschen durchmachten. Bis … ja, bis ich selbst betroffen war.«

An einem Besuchertag seiner Schule traf er auf seine zukünftige Frau. Sie war die Schwester einer Kollegin, und Samuel war von Anfang an von ihr hingerissen. Sie verabredeten sich zunächst in der Kirche, später in einem kleinen Café. Er lernte ihre Eltern kennen und dann, ein Jahr später, beschlossen sie zu heiraten.

»Die Heirat wurde nie offiziell vollzogen. Die Eltern meiner Frau warten bis heute auf meinen Brautpreis. Und solange der nicht bezahlt ist, gelten Papierdokumente rein gar nichts. Zunächst wurde die Angelegenheit beiseitegeschoben und nicht erwähnt, denn wir bekamen unser erstes Kind, einen Sohn.«

Rafael war ein gesunder, lebendiger Junge. Doch mit zwei Monaten erkrankte er an zerebraler Malaria. Im Krankenhaus wurde er medizinisch versorgt, und das Fieber ging zurück, aber etwas hatte sich verändert. Er reagierte nicht mehr auf seine Umwelt. Samuel wusste sofort, dass etwas mit seinem Gehör nicht stimmte. Aber die Ärzte meinten zunächst, er sei vielleicht noch zu schwach, um zu reagieren. Samuel glaubte den

Ärzten nicht, denn Rafael reagierte noch nicht einmal auf die Stimmen seiner Eltern.

»Ich weiß noch, wie ich erst leise, dann immer lauter vor seinem Bett in die Hände klatschte, doch es kam keine Reaktion. Schließlich ließ ich ein Glas gleich vor seinem Bett zerspringen, aber er blieb still. Panisch reiste ich mit ihm von einem Arzt zum nächsten, aber Tests zeigten deutlich, dass er vollkommen taub war. Man sagte mir, dass manche Malariapräparate irreversible Hörschädigungen hervorrufen können. Der Schock saß tief. Aber ich dachte mir auch, es hätte schlimmer kommen können. Schließlich war ich Sonderpädagoge und kannte mich ja ein bisschen aus. Was ich damals allerdings nicht ahnte, war, welche Hölle mir noch bevorstand.«

Die Neuigkeit, dass der Sohn eines Sonderpädagogen hörgeschädigt war, machte schnell die Runde. Zunächst reagierten die Leute so, wie man es erwarten konnte. Wie kann denn das sein? Im Krankenhaus? Medizin als Ursache? Dann veränderte sich die Stimmung langsam, aber spürbar.

»Man redete nicht mehr mit uns, sondern über uns. Wo immer wir auch hinkamen, wurde es still. Wenn sie uns sahen, flüsterten die Leute miteinander. Wir wurden nicht mehr eingeladen, und Freunde wie Familienangehörige mieden unsere Hütte. Ich erfuhr durch Zufall, wie Gerüchte die Runde machten. Meine Familie sei verflucht. Es sei Hexenwerk, eine Strafe für etwas, was meine Eltern sich einmal hatten zuschulden kommen lassen. Es gab den einen oder anderen, der meiner Frau riet, das Kind beim Überqueren des Flusses einfach fallen zu lassen. Sie wurde durch diese ›Ratschläge‹ sichtlich verunsichert, und ich wurde wütend. Es war doch unser Kind! Ob taub oder nicht, es hatte ein Recht, auf dieser Welt zu sein und von uns geliebt zu werden!«

Dann begannen die gegenseitigen Schuldzuweisungen der jeweiligen Schwiegereltern. Schließlich verließ ihn seine Frau, sie konnte dem Druck und den Einflüsterungen nicht mehr widerstehen. Nun war Samuel mit Rafael allein. Er war gezwungen, seinen Job als Lehrer zu kündigen, denn er musste sich rund um die Uhr um seinen Sohn kümmern.

»Nachts konnte ich nicht schlafen. Ich machte mir Sorgen um mein Kind und um unser Leben. Ich muss zugeben, ich habe in dieser Zeit viel geweint. Ich wusste einfach nicht, wie es weitergehen sollte.«

Da er seinen Sohn vor der Gesellschaft nicht verstecken wollte, trug er ihn tagsüber durch die Straßen und über den Marktplatz. Es war ein seltener Anblick, denn ein Mann, der mit einem Säugling auf dem Arm unterwegs ist, gilt als Schwächling. Kaum jemand sprach ihn direkt an. Alle machten einen großen Bogen um ihn, so als hätte er eine ansteckende Krankheit oder als sei er verflucht.

»Damals war ich noch sehr religiös. Ich suchte Trost in der Kirche. Aber auch da begegnete man mir mit Misstrauen. Das machte mich zornig. Und ich beschloss, selbst zu predigen, für Toleranz und gegen Aberglauben. Für eine offene Gesellschaft und gegen die Isolation von Eltern mit behinderten Kindern. Ja, ich bin von Kirche zu Kirche gegangen und habe wütende Reden gehalten. Und langsam merkte ich, wie der eine oder andere nachzudenken begann.«

Nach einer dieser Reden kam sein Schwager auf ihn zu. Er war sichtlich berührt von Samuels Geschichte und versprach, mit seiner Schwester zu reden. Schon ein paar Tage später kehrte sie wieder zu Samuel zurück.

»Das Jahr der Trennung hatte sich bemerkbar gemacht. Ihre Einstellung zu unserem Sohn hatte sich verändert. Ich konnte ihn ihr anvertrauen und meine alte Arbeit als Sonderschullehrer wieder aufnehmen. Heute haben wir drei Kinder, wir haben noch zwei Mädchen bekommen, und Rafael ist mit seinen acht Jahren in einem speziellen Internat in Kampala. Er spricht fließend Gebärdensprache, und wenn er in den Ferien nach Hause kommt, ist er mein Lehrer.«

Samuel und seine Frau verfolgen nun zusammen einen gemeinsamen Traum. Sie wollen ein Trainingszentrum für Eltern von behinderten Kindern und eine Integrationsschule einrichten. Und als er das Stipendium für den kanthari-Kurs bekam, beschlossen sie beide, er solle seinen Job als Lehrer für immer an den Nagel hängen und sich in sieben Monaten auf die neue Aufgabe vorbereiten.

Samuel absolvierte den Kurs mit größtem Erfolg. In seiner feurigen Abschlussrede beschreibt er sein Traumprojekt »Thumbs Up Uganda« (Daumen hoch):

»Es geht uns darum, dass Eltern gut für ihre behinderten Kinder sorgen können. Es geht uns darum, dass behinderte Kinder aktiv am Schulalltag teilnehmen und weiterführende Schulen und andere Einrichtungen besuchen können. Es geht uns um eine Gesellschaft, die stolz ist auf ihre Vielgestaltigkeit. Freunde, Kollegen, meine Damen und Herren, ›Thumbs Up‹ ist nicht einfach nur ein Trainingszentrum, in dem Eltern lernen, wie sie mit ihren Kindern umgehen. ›Thumbs Up‹ ist nicht einfach nur ein Ort, an dem Eltern lernen, die Einzigartigkeit ihres Kindes zu schätzen. Es ist mehr als das. ›Thumbs Up‹ ist eine Bewegung, die sich gegen Stigmatisierung, Diskriminierung und Aberglauben wehrt. Und um all das zu erreichen, müssen wir gemeinsam für eine offene Gesellschaft kämpfen!«

kantharis weltweit – eine Übersicht

Wir ordnen die unterschiedlichen Kanthari-Farben fünf verschiedenen Typen von Weltveränderern zu:

❭ **Grün:** Das sind die meisten unserer Studenten. Wir nennen sie Initiatoren. Genau wie die grüne Chili, die ihre Wirkung erst langsam entfaltet, braucht auch der Initiator Zeit, eine soziale Veränderung zu erzielen. Bei einem Initiator handelt es sich um eine Persönlichkeit, die Einrichtungen und Projekte langfristig auf die Beine stellt. Dabei kann es sich um ökologische Projekte, um besondere Schul- und Trainingsprogramme oder um einzigartige Wohn- und Heimkonzepte handeln.

❭ **Rot:** Sozialaktivisten. Sie überzeugen durch ihre ungewöhnliche Persönlichkeit, ein besonderes kommunikatives Talent und eine klare Vision. Sie sind oft Anführer von neuen Bewegungen und scheuen sich nicht, mit ihrem Engagement anzuecken.

❭ **Orange:** Sozialentrepreneure verbinden soziales Engagement mit einer Geschäftsidee. Dabei misst sich der Erfolg immer an der tatsächlichen sozialen Veränderung, und das Wirtschaftliche bleibt stets Mittel zum Zweck.

❭ **Gelb:** Diese Farbe haben wir dem Erfinder gewidmet. Es geht ihm um technische oder methodische Innovationen, die benötigt werden, um gesellschaftliche Ungerechtigkeiten auszugleichen oder die Umwelt zu schützen. Es kann sich um Techniker, Architekten, Maschinenbauer oder Ingenieure, aber auch um Grundlagenforscher, Philosophen und Pädagogen handeln.

❭ **Violett:** Diese eher seltene Kanthari steht für diejenigen, die durch Kunst und Kreativität, durch Schauspiel, Musik, Malerei, Schriftstellerei oder Film Normen und Traditionen infrage stellen.

Bis zum Frühjahr 2015 haben kanthari-Absolventen 75 Initiativen in Afrika, Asien und Südamerika realisiert. In diesem Buch werden 26 dieser Gründer und ihre Projekte erwähnt:

Anja Pfaffenzeller (Ubajara, Brasilien),
kanthari-Absolventin von 2011, *grüne Kanthari*

»Bats in Action«
Die deutsche blinde Gymnasiallehrerin hat es sich zur Aufgabe gemacht, Blinde in entlegenen Gebieten von Nordbrasilien zu ermutigen, neue Wege zu gehen. »Ich möchte die Blinden aus ihren Hängematten schütteln, nur so werden sie ihr eigenes Leben in die Hand nehmen können.« Die vorbereitende Schule, die den Namen »Bats in Action« (Fledermäuse in Aktion) trägt, macht blinde Kinder und Jugendliche im ländlichen Brasilien fit für ein aktives und selbstbestimmtes Leben.
www.same-but-different.net

Battihun Mary (Meghalaya, Indien),
kanthari-Absolventin von 2012, *grün*

»Golden Bridge«
Battihun kommt aus einem unwegsamen Gebiet im Dschungel Nordostindiens. Die Wege sind steinig, es gibt nur wenige Brücken über die Flüsse – nicht unbedingt eine Gegend, die für Gehbehinderte wie Battihun geeignet ist. Und doch kehrte sie mit ihrem Mann David, auch er ein kanthari-Absolvent, in ihr Dorf zurück. Jetzt betreibt sie eine Schule, um die Kinder auf ein Leben ohne schwarze Magie und abergläubische Riten vorzubereiten.
www.jingkiengksiar.in

Chhitup Lama (Humla, Nepal),
kanthari-Absolvent von 2010, *grün*

»HEAD Nepal (Himalayan Education And Development)«
Angefangen hatte es mit einer mobilen Blindenschule. Chhitup,
selbst stark sehbehindert, war mit dem Pferd in den Bergen unter-
wegs, um blinde und sehbehinderte Kinder in Brailleschrift und le-
benspraktischen Fähigkeiten auszubilden. Jetzt leitet er ein Inter-
nat und ein Ausbildungszentrum für Kinder und Erwachsene mit
unterschiedlichen Behinderungen.
www.headnepal.org

David Sexton (Meghalaya, Indien),
kanthari-Absolvent von 2010, *gelb*

»Golden Bridge«
David aus den USA hat bis auf den kanthari-Kurs nie eine Aus-
bildung zu Ende gebracht. Und doch ist er einer der begabtesten
Menschen, die uns je über den Weg gelaufen sind. David ist von
Geburt an blind. Er ist Erfinder, Schreiner, Informatiker, Schuldi-
rektor, Bäcker und Tontechniker. Zurzeit lebt er mit seiner indi-
schen Frau Battihun im Dschungel und arbeitet u. a. an techni-
schen Entwicklungen für Blinde in Entwicklungsländern.
www.jingkiengksiar.in

Gyendsen Gonpo (Autonomes Gebiet Tibet, China),
kanthari-Absolvent von 2009, *grün*

»Braille Ohne Grenzen«
Gyendsen war einer unserer ersten blinden Schüler in Tibet. Er ge-
hörte zu den ersten Integrativschülern und nahm an der Lhakpa-
Ri-Expedition teil, die mit sechs blinden tibetischen Teenagern

und dem berühmten blinden Bergsteiger Erik Weihenmayer durch den Kinofilm »Blindsight« weltweit Aufsehen erregte. Heute unterhält Gyendsen die tibetische Braillebuchdruckerei und leitet zusammen mit anderen ehemaligen Schülern die Braille-ohne-Grenzen-Schule in Lhasa.
www.braillewithoutborders.org

Harriet Kamashanyu (Kampala, Uganda),
kanthari-Absolventin von 2013, *rot*

»Rhythm of Life«
»Sie nennen mich ›Happy‹, klar bin ich glücklich, aber reicht das aus? Viel wichtiger ist doch das Gefühl, mit dem ich aus Kerala zurückgekommen bin, mit positiver Energie und starkem innerem Ansporn.« Mit ihrer Organisation »Rhythm of Life« bringt sie einen neuen Lebensrhythmus in das Rotlichtviertel Kabalagala. Sie kümmert sich um die Ausbildung von Töchtern HIV-positiver Prostituierter, sorgt in Schulen für HIV-Aufklärung und ermöglicht Prostituierten neue Wege.
www.rhythmoflifeuganda.org/

Jayne Waithera (Nairobi, Kenia),
kanthari-Absolventin von 2009, *rot*

»Positive Exposure Kenya«
Menschen mit weißer Hautfarbe in einer überwiegend schwarzen Gemeinschaft fallen nicht nur auf. Sie werden als »Zeru Zeru«, als Geister, beschimpft. »Früher mussten wir Menschen mit Albinismus uns lediglich vor der Sonne in Acht nehmen und uns gelegentlicher Hänseleien erwehren. Heute hat der Spießrutenlauf eine gewalttätige Form angenommen. Wir müssen uns gegen Hexenglauben und Menschenjäger zur Wehr setzen.« Jayne vernetzt

259

Menschen mit Albinismus und geht weltweit mutig gegen Aberglauben vor.
www.pe-kenya.org/

Jyotshna Das (Odisha, Indien),
kanthari-Absolventin von 2013, *orange*

»JANAMANGAL (Center for Independent Living)«
Sie hatte genug von dem gewalttätigen Ehemann und wollte ihr Leben beenden. Heute unterstützt Jyotshna andere Frauen in ihrem Kampf gegen häusliche Gewalt. Die Frauen haben nun ein Unternehmen zur Herstellung von traditioneller Medizin gegründet.
www.janamangal.org/

»Karthik«, Ganesan Karthikeyan (Tamil Nadu, Indien),
kanthari-Absolvent 2012, *grün*

»Sristi Village«
Der Diplompsychologe Karthik wuchs in einem Waisenheim auf. Während die nicht behinderten Kinder sich entwickeln und studieren konnten, gab es für seine behinderten »Geschwister« kaum Chancen, einen Beruf zu ergreifen. Karthik hat nun ein Selbstversorgerdorf mit ökologischem Landbau für Behinderte und Nichtbehinderte aufgebaut. Und er initiierte eine landwirtschaftliche Akademie für Menschen mit geistiger Behinderung.
www.sristivillage.org/

Khom Raj Sharma (Pokhara, Nepal),
kanthari-Absolvent von 2009, *grün*

»*Inclusion Empowerment Center (IEC) Nepal*«
Khom ist blind. Er hat keine höhere Schulbildung, kämpft aber mit seinem Trainingszentrum IEC für Bildungschancen von blinden Menschen. Dort werden die Studenten in Computerbedienung und Englisch ausgebildet. Um seine Organisation zu finanzieren, unterhält er ein Internetcafé und vermittelt internationale Freiwillige an NGOs.
www.iecnepal.org.np/

Kyila (Autonomes Gebiet Tibet, China),
kanthari-Absolventin von 2009, *grün*

»*Kiki's Kindergarten*«
Blindheit gilt bei der tibetischen Landbevölkerung als Strafe. Eine Familie, in der der Vater und drei Kinder blind sind, gilt als verflucht. Kyila hatte daher nicht die Möglichkeit, mit anderen Kindern zu spielen. Heute leitet sie einen Kindergarten für blinde und sehende Kinder.
www.kikikids.org/

Manglu Sridhar (Kerala, Indien),
kanthari-Absolventin von 2012, *grün*

»*Backyard School Thalir*«
Manglu gehört zu einem Ureinwohnerstamm, in dem viele Kinder schon im Grundschulalter die Schule abbrechen. Sie leitet heute eine alternative Schule, in der Kinder ihres Stammes alles lernen, was relevant für ihr Leben ist. Selbstverteidigung, Überleben

im Dschungel, Sprachen und Kommunikation, Musik, Tanz und Handwerkskunst.
www.thalirworld.org/

Mohamed Salia (Freetown, Sierra Leone),
kanthari-Absolvent von 2009, *orange*

»*SEED – Supporting Entrepreneurship and Economic Development*« / »*Adakavi Bank*«
Der 14 Jahre andauernde Bürgerkrieg, der während seiner gesamten Kindheit in Sierra Leone wütete, hinterließ viele Behinderte, Waisen und Witwen, die ohne familiären Rückhalt kaum eine Chance haben, selbstständig etwas aufzubauen. Mohamed lebte als Kind für eine Zeit lang in einem Flüchtlingslager und erfuhr selbst, wie sinnvoll Mikrokredite sind. Gefördert von der deutschen Stiftung Social Business hat er ein Trainingszentrum und eine Mikrofinanzbank für Witwen aufgebaut.
www.seedsierraleone.blogspot.de/

Monicah Kaguithia (Rift-Valley-Provinz, Kenia),
kanthari-Absolventin 2010, *rot*

»*Entito Africa Initiative*«
Sie konnte vor den fatalen Traditionen des Massai-Stammes fliehen. Doch viele andere Frauen ihrer Generation leiden ihr Leben lang unter der grausamen Genitalverstümmelung, die noch heute im Geheimen praktiziert wird. Monicah kämpft mutig gegen die Bräuche ihres Stammes, gegen die Verstümmelung, gegen Kinderehen und Ausbeutung von Mädchen.
www.entito-africa.org

Nicholas Kimuyu (Machakos, Kenia),
kanthari-Absolvent von 2011, *grün*

»*Victors Academy*«
Nicholas' Vorschule gibt lernbehinderten Kindern eine Chance, in regulären Schulen aufgenommen zu werden. Er selbst hatte als sehgeschädigtes Kind unter dem Regelschulsystem gelitten und möchte nun Kinder mit unkonventionellen Methoden besser auf den Schulalltag vorbereiten.
https://youtu.be/c_30up1QftA

Nyima Wangdue (Autonomes Gebiet Tibet, China),
kanthari-Absolvent von 2010, *grün*

»*Braille Ohne Grenzen*«
Seine Lebensgeschichte – als Baby von der Mutter verlassen, Arbeit als Viehhirte und später Student in England – klingt nach Bollywood-Drama. Doch mit solchen Vergleichen kann Nyima nichts anfangen. Selbst blind, leitet er heute die von uns gegründete Blindenschule in Lhasa.
www.braillewithoutborders.org

Ojok Simon (Gulu, Uganda),
kanthari-Absolvent von 2012, *orange*

»*Hive Uganda Limited*«
Als Ojok dreizehn Jahre alt war, wurde er von LRA-Rebellen gefoltert und verlor seinen Sehsinn zum Großteil. Seine Leidenschaft für wilden Honig und sein Wunsch, die Umwelt zu schützen und sich für die Rechte und Chancen von Blinden in Uganda einzusetzen, hat Ausdruck in einer einzigartigen Initiative gefunden.

*Heute unterhält er ein gut gehendes Honig-Unternehmen und bil-
det Blinde aus ganz Ostafrika in Bienenzucht und Umweltschutz
aus.*
www.hiveuganda.org/

Odwar Samuel (Gulu, Uganda),
kanthari-Absolvent von 2014, *rot*

»Thumbs Up – Uganda«
*Als Kind von den Rebellen der LRA entführt, wurde Samuel
Zeuge, wie grausam Menschen mit Behinderten umgehen kön-
nen. Später erlebte er gesellschaftliche Ausgrenzung am eigenen
Leib. Seine Initiative richtet sich an Eltern von behinderten Kin-
dern und an die Gesellschaft, sich für Menschen, die anders sind,
zu öffnen. Zudem plant er eine Integrationsschule (»Thumbs Up
Academy«), in der die Lehrkräfte sich auf die Möglichkeiten der
Behinderten und Nichtbehinderten konzentrieren.*
www.thumbsupuganda.org

Sristi K. C. (Kathmandu, Nepal),
kanthari-Absolventin von 2012, *violett*

»Blind Rocks!«
*Sie wollte Tänzerin werden und unterrichtet heute Blinde weltweit
in Bollywood-Tanz, obwohl sie bei ihrer Erblindung hören musste,
dass es mit ihrer Tanzkarriere nun vorbei sei. »Blind Rocks!« will
blinden Menschen Selbstbewusstsein durch Tanzunterricht, Modeberatung und Abenteuersport vermitteln.*
www.blindrocks.org/

Steve Onyang (Kisumu, Kenia),
kanthari-Absolvent von 2013, *grün*

»*Hope Restoration Programme*«
Es ist ein besonderes Heim für Aids-Waisen. Steve und seine Frau Rosemary sorgen mit Theater- und Filmprojekten dafür, dass die Kinder ihre eigenen Geschichten erzählen können. So lernen sie, ihr Trauma zu überwinden, und gewinnen Selbstvertrauen.
www.hope-restoration.org/

Tamás Barko (Budapest, Ungarn),
kanthari-Absolvent von 2012, *violett*

»*Artman*«
Artman ist eine Organisation, die Behinderte und Nichtbehinderte durch Tanzaufführungen zurück in die Gesellschaft führt.
www.artman.hu

Thomas Sarko (Monrovia, Liberia),
kanthari-Absolvent von 2013, *violett*

»*Eureka Literacy Café*«
Thomas ist Dichter und Rapper. In seiner Heimatstadt Monrovia eröffnete er ein Poetry-Slam-Café, um den vom Bürgerkrieg traumatisierten, gewalttätigen Jugendlichen neue Formen anzubieten, ihre Aggressionen zu kanalisieren. Thomas möchte, sobald die Ebolakrise überwunden ist, eine Kunstschule für Straßenkinder gründen.
https://youtu.be/jYi-FO9SCxo

Thuktan Yeshay Bodh (Spiti, Indien),
kanthari-Absolvent von 2013, *grün*

»Gewächshausschule«
Das Spiti-Tal im Himalaya ist sechs Monate lang durch Eis und
Schnee von der Außenwelt abgeschnitten. Kinder gehen im Winter
kaum in die Schule und leiden oft an Vitaminmangel. Unterricht
im Gewächshaus löst beide Probleme.
https://youtu.be/ETTSnXy9ass

Tomek Kozakiewicz (Polen),
kanthari-Absolvent von 2013, *violett*

»kanthari+«
Wie kann man soziales Engagement auch unter schwierigsten Be-
dingungen durchhalten? Mit kurzen Videofilmen dokumentiert
Tomek die Erfolge (und manchmal auch das Scheitern) der kan-
tharis. Er zeigt der Welt, was sie bewirken, und vernetzt Men-
schen, die sich an der Veränderung der Welt beteiligen wollen.
Tomek hat als Produzent zusammen mit Marijn den Film »kan-
thari – Change from Within« über vier unserer Absolventen rea-
lisiert.
www.kanthariplus.org

»Tosin«, Olutosin Oladosu (Lagos, Nigeria),
kanthari-Absolventin von 2013, *rot*

»Turn Trash into Treasure – Abused to Assets«
Wie können sich Frauen in einer von Männern dominierten Ge-
sellschaft dagegen wehren, wie Müll behandelt zu werden? Eine
gute Ausbildung und wirtschaftliche Unabhängigkeit reichen
nicht aus. Tosin kommt durch eine brutale Erfahrung zu ihrer ei-

genen Antwort: Wir benötigen eine grundlegende Veränderung der Geisteshaltung. In ihrem Projekt stellen Frauen aus Abfall wertvolle und wunderschöne Gegenstände her.
www.ttttnigeria.org

Yoshimi Horiuchi (Chiang Mai, Thailand),
kanthari-Absolventin von 2009, *grün*

»Always Reading Caravan«
Sie nennt sich selbst einen Bücherwurm. Seit sie mit sieben Jahren erblindete, verschlang sie ein Braillebuch nach dem anderen. Als Yoshimi durch Thailand reiste, erfuhr die junge Japanerin, wie wenig Spaß die Kinder dort am Lesen haben. Sie lesen für die Schule und später für die Universität, doch nicht zum Vergnügen oder um neue Welten kennenzulernen. Yoshimi wollte das ändern und gründete eine Bücherei für Sehende und Nichtsehende. Bald folgte die nächste, und heute fährt sie zusätzlich mit einem mobilen Buchverleih durch die Lande.
www.alwaysreadingcaravan.org/

Marijn Poels (Berlin, Deutschland),
violett

Marijn ist ein unabhängiger Dokumentarfilmer aus den Niederlanden. Mit seinen bewegenden Filmen gibt er denjenigen eine Stimme, die normalerweise nicht gehört werden. Er ist Regisseur des Films »kanthari – Change from Within«.
www.kantharichangefromwithin.com/
www.marijnpoels.com/

kanthari und Braille Ohne Grenzen

www.blinden-zentrum-tibet.de
www.kanthari.ch
www.kanthari.org
www.kanthari.org/kanthari-alumni/world-map/
facebook.com/kantharis
twitter.com/kantharis

Spendenkonto

Spenden für kanthari und für Braille Ohne Grenzen

Deutschland

Konto:	Förderkreis Blinden-Zentrum Tibet – Braille Ohne Grenzen e. V.
Bank:	Sparkasse KölnBonn
Konto-Nr.:	13806195
BLZ:	370 501 98
IBAN:	DE02370501980013806195
SWIFT-BIC:	COLSDE33

Schweiz

Konto:	kanthari Foundation Switzerland
Bank:	Credit Suisse AG, 8070 Zürich
Postscheckkonto:	PC 80-500-4
IBAN:	CH2904835173568861000
SWIFT-BIC:	CRESCHZZ80A

Weitere Titel von Sabriye Tenberken
bei Kiepenheuer & Witsch

Sabriye Tenberken. Mein Weg führt nach Tibet.
Die blinden Kinder von Lhasa. Taschenbuch.
Verfügbar auch als ❏Book

Sabriye Tenberken. Das siebte Jahr.
Von Tibet nach Indien. Gebunden.
Verfügbar auch als ❏Book

Der Bestseller von Sabriye Tenberken, die in Lhasa die erste Blindenschule Tibets gegründet hat. Von ihrem großen Abenteuer, bei dem sie häufig vor dem Scheitern stand, erzählt Tenberken mit viel Humor und voller Zuneigung zu den Tibetern und ihrer so ganz anderen Kultur.

Was ist aus Tashi, Tendsin, Gyendsen und den anderen blinden Kindern von Lhasa geworden? Sabriye Tenberken erzählt ihre berührenden Lebensgeschichten, berichtet von den Abenteuern des siebten Jahres in Tibet und von der spektakulären Besteigung des Lhakpa Ri im Himalaya.

Kiepenheuer & Witsch

Grönland

Island

Norwegen

Schwed

Kanada

Großbritannien

Deutschland

Frankreich

Vereinigte Staaten

Spanien

Mexiko

Venezuela

Kolumbien

Gambia

Sierra Leone   Ghana   Nigeria

Togo

Peru

Brasilien

Bolivien

Samb

Chile

Süd

Argentinien